f
19.10.06

La Nouvelle Vague

Conception graphique : Atalante

En couverture, Jean-Pierre Léaud dans *Les Quatre Cents Coups* de François Truffaut
(photo © Les Films du Carrosse/André Dino/Coll. Cahiers du cinéma).

© Cahiers du cinéma, 1999.
ISBN : 2-86642-223-6
ISSN : 1275-2517

Claude Chabrol
Jean-Luc Godard
Jacques Rivette
Eric Rohmer
François Truffaut

La Nouvelle Vague

Textes et entretiens parus
dans les *Cahiers du cinéma*,
réunis par Antoine de Baecque et Charles Tesson,
précédés d'un entretien avec André S. Labarthe.

III. Petite anthologie des Cahiers du cinéma

Présentation

Comment peut-on être moderne ?
Entretien avec André S. Labarthe

Quand et dans quel contexte avez-vous commencé à travailler aux Cahiers du cinéma ? *Ecriviez-vous ailleurs auparavant ? A quelle famille cinéphile apparteniez-vous ?*

Avant d'arriver aux *Cahiers*, je n'avais écrit nulle part. Je n'avais de toute façon aucune envie d'écrire ailleurs, même si j'étais fasciné par des revues d'inspiration surréaliste, comme *L'Age du cinéma*, dirigée par Ado Kyrou et ses amis. Je me sentais assez proche du surréalisme. Mais paradoxalement c'est peut-être de trop connaître l'histoire et les petites histoires du surréalisme qui m'a éloigné de ces revues, ou plutôt qui a éloigné ces revues de moi. J'eus soudain le sentiment, probablement exagéré, qu'il s'agissait là d'une secte. Tous ces jeunes – Benayoun, Kyrou, Legrand, José Pierre, etc. – qui s'agitaient autour des bustes de Breton, de Peret... Passons. Du moins je dois au surréalisme d'avoir aimé certains films avant même de les avoirs vus : *L'Age d'or, Peter Ibbetson, Les Nuits de Chicago*, etc. Il ne faut pas oublier que le premier livre de Kyrou, *Le Surréalisme au cinéma*, que tout le monde semble avoir oublié, a eu une importance considérable sur les jeunes gens qui avaient 20 ans en 1950. Une partie d'entre eux le considérait comme une bible. Tant de films cités que personne n'avait vus et que passait sous silence la plupart des histoires du cinéma... C'est dans ces années-là que j'ai découvert, dans les premiers *Cahiers*, les textes de Bazin qui ont constitué une sorte d'antidote au sectarisme et au… cléricalisme surréalistes. Les textes de Bazin m'ont ouvert l'esprit à une tout autre approche du cinéma : ils étaient d'une puissance d'analyse impressionnante et d'une clarté incroyable dans la démonstration. Pendant longtemps, j'ai opposé deux formes de critiques : celle d'analyse, et l'autre dite de goût, qui procédait par excommunication ou au contraire par encensement, sans que les raisons en soient toujours très explicites. D'un côté Bazin, de l'autre Jacques Brunius, ou Benayoun. La lecture de Bazin m'a donc entraîné définitivement du côté des *Cahiers* qui cherchaient à marier les deux formes, critique de cinéma et critique de films. Un jour, j'ai rencontré François Truffaut à la Cinémathèque, rue d'Ulm, il m'a demandé d'écrire un papier sur Sternberg (*Fièvre sur Anatahan*, avril 1956). Le papier est passé, et voilà… J'allais également au Studio Parnasse où il y avait deux camps : les gens de *Positif* et les gens des *Cahiers*. Les premiers avaient une longue pratique de la polémique, influencés par la politique et le surréalisme. Ceux des *Cahiers*, Truffaut au premier chef, étaient aussi violents, mais leurs discours me semblaient plus argumentés.

Ils voyaient plus de films…

… et ils parlaient du cinéma, spécifiquement. Les autres parlaient du cinéma comme on parle de poésie, de manière un peu floue, un peu impressionniste.

Vous avez donc été lecteur des Cahiers *tout de suite.*

Pendant mon service militaire, dès le début des années cinquante.

Lorsque vous arrivez aux Cahiers, *en 1956, quelle ambiance découvrez-vous ? Comment la définiriez-vous en venant ainsi de l'extérieur ?*

Je suis arrivé en écrivant sur des films de Sternberg, Buñuel, Laughton…

C'est-à-dire sur des films qui ne sont alors ni des films Cahiers, *ni des films français. Des films un peu neutres pour la revue de l'époque, sans véritable enjeu polémique ou esthétique…*

Mais c'étaient des films *Cahiers*, sauf qu'ils n'existaient pas encore comme tels.

Quand intervenez-vous dans les enjeux critiques forts de la revue ?

J'ai écrit sur Hawks quand on a fait le numéro spécial lors d'une rétrospective. On s'était partagé les notes. Les rétrospectives étaient très importantes car elles permettaient de faire le point sur un auteur, ou de faire évoluer la critique… Aux *Cahiers*, j'ai très vite senti que l'on parlait du cinéma comme si chacun avait fait des films. On parlait de « travelling », de « plan-séquence », de « profondeur de champ », alors que dans la critique traditionnelle on n'en parlait jamais. On parlait uniquement de l'impression produite sur l'écran, et non de la manière dont elle était obtenue. Aux *Cahiers*, je trouvais que l'on remontait des effets aux causes. Petit à petit, on a fait l'éloge de certaines figures de styles au détriment d'autres. C'est ce qui m'intéressait. Il y avait déjà ça chez Bazin, qui était le premier non-cinéaste à parler comme un cinéaste. Les cinéastes le comprenaient d'ailleurs parfaitement.

Les Cahiers *étaient-ils au centre des débats, ou était-ce plutôt l'hebdomadaire* Arts *?*

Arts était un territoire complètement à part, comme une succursale dont s'occupait Truffaut. Mais il invitait des amis à y écrire. Des liens de pensée se sont tissés entre les deux revues : *Arts* était le haut-parleur des *Cahiers*. C'était la « bonne nouvelle » qui se répandait, et touchait d'autres gens. Cela convenait bien à Truffaut qui était l'un des moins ésotériques aux *Cahiers* ; cela n'aurait pas marché avec Rivette, plus conceptuel, plus abstrait, plus cassant. Avec Bazin, cela aurait moins bien marché car il aurait été tout aussi pédagogue mais moins polémique ou moins drôle. Truffaut avait plusieurs cordes à son arc. *France Observateur* était la deuxième succursale qui prolongeait, mais autrement, les *Cahiers*, avec Bazin, Doniol. Il existait également *Radio Cinéma Télévision*, auquel Moullet et moi avons collaboré, l'ancêtre de *Télérama*. Il y avait chaque semaine un comité de rédaction auquel participait Bazin qui, sur le cinéma, donnait la ligne sans l'imposer. Bazin avait trouvé la bonne distance. Il n'y avait pas d'inimitié ni d'apologie qui naissait de son exercice de la critique, même quand il éreintait ou louait sans réserve. Alors qu'avec Truffaut, beaucoup plus.

La première chose qui vous a frappé en écrivant aux Cahiers *est cette connaissance de l'intérieur du cinéma : aviezvous déjà l'impression qu'un mouvement de cinéma était en train de naître, et qu'il allait prendre le pouvoir dans le cinéma français ?*

Je ne sais pas. Sans doute pas consciemment. Bazin écrivait sur la profondeur de champ, soit un terme technique que seuls les photographes pouvaient connaître, mais pas les critiques ni les lecteurs. Mais avec lui, ce terme devenait clair. On avait donc l'impression de rentrer dans la fabrication des films. Puis c'est devenu un instrument de lecture du cinéma. Bazin insistait également sur le planséquence, au point que cela nous aveuglait : on pensait souvent du mal des films au montage rapide. Et l'on se trompait : Bazin défendait aussi bien *Arkadin* que *Citizen*

Kane... La lecture de la critique faisait donc changer le lecteur de place : il n'était plus seulement un spectateur extérieur au cinéma. Il pouvait rentrer à l'intérieur du secret de la fabrication des films, et prenait place dans ce rapport entre la fabrication et le sens que l'on pouvait construire en tant que spectateur. A partir de ce moment-là, on était à deux doigts de faire des films. Quant au « mouvement » que cela pouvait représenter, il était à mon avis - mais sans doute rétrospectivement - perceptible dès le début des *Cahiers*, surtout au Ciné-club du Quartier Latin, dirigé par Froeschel et Rohmer dans l'ombre. On y passait des films connus ou inconnus : aussi bien *La Dame de Shanghaï* qu'un film suédois que je n'ai jamais revu mais dont je me souviens parfaitement du titre : *Après le crépuscule vient la nuit*. Dans l'équipe qui dirigeait ce ciné-club, des gens voulaient faire des films, même s'ils ne savaient pas encore trop comment. De toute façon, faire des films était dans l'air, y compris dans les mouvements externes à ce groupe, par exemple chez les lettristes, avec Maurice Lemaître ou Isidore Isou. Quand Isou écrit ses livres sur l'histoire des avant-gardes, il montre comment le mouvement lettriste est inéluctablement attiré vers le cinéma. Il essayait même d'inventer un vocabulaire spécifique pour parler d'un nouveau cinéma, un « cinéma lettriste ». Il y avait aussi Marc'O, dès ce moment-là, et je me souviens d'un film qui s'appelait *Close Vision*. C'était des films indépendants, faits avec rien.

Quelle était la position des Cahiers *par rapport à ces courants ?*

Rohmer était intéressé par Isou. Il a écrit sur lui dans un des premiers numéros des *Cahiers*.

Il existait pourtant une certaine méfiance à l'égard de cette position d'avant-garde, mais aussi une fascination pour son côté pratique et sa débrouillardise, son amateurisme...

Ils étaient contemporains, ils se croisaient... Mais les *Cahiers* ont toujours cultivé par la suite une méfiance vis-à-vis de l'avant-garde. Cela a commencé au Festival du film maudit, en 1949, à Biarritz. Quelqu'un des *Cahiers* [Rivette] a écrit que c'était démodé. Le cinéma expérimental a été mal vu : il n'y a rien sur le cinéma underground américain dans les *Cahiers* tout au long des années cinquante... Les *Cahiers* qui prônaient un cinéma du classicisme, ont été très marqués par cette idée de faire un cinéma qui, par principe, s'adresse à tout le monde... Bazin disait que les films naissent égaux... Mais peut-on appliquer la formule aux films underground américains, alors qu'il visent un public particulièrement ciblé ? Cette formule ne s'applique en fait qu'au cinéma qui vise un plus large public... Les premiers courts métrages de Truffaut, Rohmer, Rivette ou Godard n'essayaient pas de se réfugier derrière des mots qui, en effet, étaient devenus intimidants, et de manière pas très intéressante : avant-garde, expérimentation, artiste maudit... Le cinéma expérimental était obscur parce qu'il ne savait pas être clair, et il essayait de faire passer cette obscurité sur le compte de l'imbécillité du spectateur. Les *Cahiers* dénonçaient cela, parfois très violemment... A l'inverse, le numéro Hawks était l'occasion de prôner une forme d'évidence cinématographique : la boucle était bouclée. Après cette lutte contre l'avant-garde, il me semble que l'on avait trouvé la bonne position du spectateur, pour voir et recevoir les films.

Est-ce que l'opposition, au sein de la revue, entre ceux qui aimaient essentiellement le cinéma américain classique et ceux qui étaient déjà attirés par le cinéma nouveau, était déjà sensible à cette époque ?

Cette opposition n'était pas visible au début, elle est venue ensuite. L'ouverture des *Cahiers* à une nouvelle forme de modernité est venue, contrairement à ce qu'on pense, *via* Rohmer. Douchet et Domarchi, les deux Jean, y étaient les plus réticents, ce qui est drôle dans le cas du second car il était philosophe. Cette opposition est devenue très sensible au moment où il y a eu un comité de rédaction avec Florence Malraux, en 1962-1963. Des affrontements ont alors eu lieu sur la direction que devaient prendre les *Cahiers*. Est-ce qu'il fallait, par exemple, s'intéresser à des gens extérieurs au cinéma tels que Barthes, Levi-Strauss, Boulez ? Douchet, je crois, n'a toujours pas changé d'avis sur ce sujet et reste réticent à ce qui est extérieur à une critique spécifiquement cinématographique.

Pourtant, lorsque l'on relit certaines tables rondes de l'époque publiées dans les Cahiers, « Six personnages en quête d'auteur » *(Mai 1957) ou celle sur* Hiroshima *de Resnais (Juillet 1959), il est beaucoup question entre vous de littérature ou de peinture. On sent que l'enjeu se situe à ce niveau dans vos conversations.*

A la fin des années cinquante, certains noms revenaient souvent, Braque par exemple. Dans la table ronde à propos d'*Hiroshima*, Rivette disait « *plutôt Braque que Picasso* ». Mais également Fautrier ou Matisse. Du coté des écrivains nous lisions Blanchot, Pauhlan. Deux livres de Pauhlan, notamment, *Braque le Patron*, et *Fautrier l'enragé*. Quelques années plus tard, deux des portraits de *Cinéastes de notre temps* s'appelleront *Renoir, le patron* ou *Pasolini, l'enragé*. Le premier était réalisé par Rivette, le second par Jean-André Fieschi. Voilà, c'était une culture commune. Commune du moins à un certain nombre d'entre nous : Rivette, Fieschi, Weyergans, assez peu en fin de compte.

C'est une chose que refusait Domarchi, par exemple. Il refusait de venir sur le terrain de la littérature ou de la peinture quand il parlait de cinéma. La fracture, à ce moment-là, était-elle plus culturelle qu'esthétique ?

11

L'environnement faisait qu'on lisait cela ensemble, et ceux qui ne lisaient pas les mêmes choses ont fini par être marginalisés.

Pour comprendre la Nouvelle Vague et le cinéma nouveau qui pointait, pourquoi fallait-il élargir son regard vers la culture, vers quelque chose d'autre que le cinéma ?

Les réponses étaient multiples. Si on posait la question à Truffaut, il aurait répondu par Balzac. Pour lui, il n'était pas nécessaire de lire la *NRF* pour comprendre les nouveaux cinémas. Je n'étais pas sûr qu'il eût raison.

Mais si on vous pose la question à vous, ou aux gens de la tendance dite « moderniste » des Cahiers *?*

Il ne faut pas oublier que nous étions également à l'époque du Nouveau Roman. Tout bougeait au même rythme, et suivre la littérature, la musique, c'était mieux comprendre le cinéma, y compris le cinéma dit classique.

Dans la table ronde sur Hiroshima*, il est par exemple longuement question de Duras…*

On présente presque Duras comme un « auteur américain »…

Aussi important que Faulkner ou Dos Passos…

Domarchi n'aimait que Butor. Moi, je voyais des rapports avec l'ensemble de la littérature, de la peinture, de la musique concrète. Je me souviens avoir écrit dans le *Nouvel Observateur* un texte sur *Le Signe du Lion* de Rohmer et son rapport à la marche à pied. Pour moi, ce film était l'équivalent du Nouveau Roman au cinéma, avec sa tentative de décrire ainsi les rues et les quartiers de Paris. Avec le recul, cela peut paraître bizarre. D'ailleurs, dans cette table ronde sur *Hiroshima*, il y a plein de rapprochements étranges. Mais à l'époque, cela me semblait évident et très clair, comme il était clair, à mes yeux, qu'il y avait un rapport entre *Une Femme est une femme* de Godard et le « *présent* » des livres de Robbe-Grillet, qui marquaient la rupture avec le roman traditionnel, écrit au passé simple.

*A travers cette pensée des autres arts et des autres formes pour comprendre ce qui se passe au cinéma à ce moment-là, deux objets semblent frappants. D'abord la peinture, encore que cela paraisse plus évident (Rohmer parle du cubisme à propos d'*Hiroshima*), mais surtout la musique : l'irruption de la musique contemporaine, cet intérêt critique pour Boulez, Schönberg, Berg...*

L'instauration du Domaine musical, dont s'occupait Boulez à ce moment-là... C'était un phénomène dans la vie culturelle parisienne qui nous avait beaucoup frappés, surtout des gens comme Rivette, Delahaye, Weyergans.

Comment fonctionne ce triangle réflexif entre cinéma, critique et musique ?

La musique aidait à comprendre le fonctionnement des films modernes. Elle fournissait des sortes d'outils pour aborder le cinéma sous un autre angle que celui, interne, des images ou de la mise en scène. Notamment pour les ruptures qui interviennent dans le cinéma moderne, comme les *flash-backs* d'*Hiroshima* ou de *Marienbad* qui ne répondent plus à la logique traditionnelle du récit.

Ou encore les décalages entre bande sonore et bande image chez Godard...

Oui, son utilisation de la musique est très intéressante, avec cet aspect iconoclaste, alors qu'il adore la musique classique.

Vous parlez d'une modernité qui inclut essentiellement Resnais ou Godard. Mais la modernité rohmerienne, bazinienne, apparaissait d'une tout autre manière... Godard et Resnais sont des modernes au niveau de la forme, du style, en rupture avec la tradition. Mais où se situaient Chabrol, Truffaut et Rivette par rapport à ça ?

Rivette était sûrement le plus conscient de cela, il pensait la modernité à la fois en terme d'opposition à la culture classique et d'intégration dans de nouvelles formes artistiques. Godard était plus catégorique : quand tu lui disais moderne, il répondait classique, quand tu lui disais classique, il répondait moderne... Rohmer prônait une sorte de clairvoyance équilibrée : les choses n'étaient pas si simples, et pour lui, le moderne et le classique ne s'opposaient pas comme on pouvait le penser. Ce qui rejoignait la théorie de Renoir sur l'impressionnisme. En ce qui me concerne, je sentais la nécessité d'affirmer très fort ces idées sur la modernité, au-delà même du raisonnable, pour qu'elles soient prises en considération.

Ce qui est étonnant, c'est qu'il faudra attendre le milieu des années soixante et le Nouveau Cinéma pour que les idées modernes qui auraient pu apparaître aux Cahiers *en même temps que les premiers films de la Nouvelle Vague soient vraiment mises en avant...*

Effectivement. La manière de parler de la Nouvelle Vague au moment où elle apparaît reste très terre à terre, pas du tout théorique. C'est une critique des émotions ressenties face aux films, pas du tout une analyse conceptuelle à chaud... Par exemple, les petites plaisanteries de Godard dans la table ronde sur *Hiroshima*. Il dit qu'au fond *Hiroshima* n'est que l'histoire d'une femme qui couche avec un homme, comme s'il ramenait le film dans l'ordre du sentiment et des affects. Moullet avait aussi ce côté très concret. L'article de Rivette sur *Les Quatre Cents Coups* est curieux quant à lui : il veut partir vers les idées, et en même temps il ramène le film à la personne très concrète de Truffaut, il procède un peu à la manière de Moullet…

Si l'on relit les quelques textes qui ont alors permis aux Cahiers *de théoriser la Nouvelle Vague, c'est-à-dire essentiellement les vôtres, on peut distinguer trois idées-force. D'abord, à propos des* Bonnes Femmes, *vous avancez l'idée du petit sujet, de la trivialité comme sujet possible du cinéma. Dans le texte sur* Une femme est une femme, *il y a l'idée du retour au primitif : « Godard, c'est Lumière en 1961 ».*

Le cinéma à l'état naissant…

Et dans celui sur Marienbad, *vous dites que c'est désormais au spectateur de finir le film qu'il regarde…*

Le point commun entre ces trois textes est l'idée d'un retour à la pureté cinématographique. Dans *Marienbad*, c'est par exemple l'étrange séparation entre l'auteur et le spectateur. Il n'y a pas la fraîcheur de la prise de vue des films de Godard dans *Marienbad*, mais il y a le radicalisme des idées qui remettent en jeu la mise en scène et le rapport au spectateur. Quand j'ai relu ces textes, je me suis aperçu que je parlais alors plus des idées sur le cinéma que des films eux-mêmes. J'avais un peu tendance à me servir des films comme prétexte à avancer des concepts.

Mais vous étiez très isolé aux Cahiers *à ce moment pour théoriser au présent sur les films de la Nouvelle Vague. Un peu comme s'il existait à l'époque un tabou à vouloir réfléchir sur ces films ?*

Pour cette manière d'écrire, c'est Bazin qui m'a

influencé. Il a toujours effectivement su concilier critique de film et idée sur le cinéma.

Pourquoi n'a-t-on pas théorisé davantage en direct la Nouvelle Vague, pourquoi a-t-il fallu attendre pour cela le Nouveau Cinéma ?

Non seulement les cinéastes de la Nouvelle Vague n'ont pas théorisé leur cinéma, mais ils conservaient aussi une sorte de pudeur à ce sujet. Il redoutaient beaucoup l'idée que les *Cahiers* soient vus comme une mafia, qui défendait son propre réseau d'amitiés et de cinéma. Alors que quand on les lit, ce n'est pas du tout le cas entre 1958 et 1962. Il n'y a que les gens de la *Lettre du Cinéma* pour croire encore qu'il suffit de former un clan pour que naisse un mouvement de cinéma... Il y avait donc une incertitude à propos de la Nouvelle Vague : Rohmer disait qu'il faudrait en reparler dans dix ou vingt ans *(rires)*. Je me souviens d'une projection d'*Une femme est une femme* : j'étais complètement impressionné mais aussi désarmé... Comment en parler ? C'est une comédie musicale, avec un traitement complexe de la musique, et en même temps il y avait une sorte de fraîcheur dans les vues et la mise en scène...

D'une certaine manière, les Cahiers *n'ont pas été, à ce moment-là, à la hauteur de la Nouvelle Vague. On peut certes dire que c'est une forme de pudeur. Chez Rohmer, c'est une manière de prendre de la distance, de s'élever pour juger en homme de goût... Mais cela surprend quand on relit les* Cahiers *aujourd'hui...*

Le Nouveau roman s'est théorisé au fur et à mesure de son développement, ainsi que le surréalisme, le lettrisme... C'était à chaque fois un combat, une polémique. La polémique des *Cahiers* portait davantage sur le soutien au cinéma hollywoodien ou la défiance vis-à-vis du cinéma français traditionnel ou du cinéma expérimental.

Donc : alors qu'ils étaient armés théoriquement et concep-tuellement par leur précédente activité de critique, les cinéastes de la Nouvelle Vague ont refusé de théoriser leur propre mou-vement.

Les gens des *Cahiers* ont parlé d'eux-mêmes comme cinéastes tout à fait au début : Rivette écrivant sur *Les Quatre Cents Coups* de Truffaut... Mais Truffaut pensait qu'il fallait arrêter d'écrire une fois que l'on devenait cinéaste. Ce n'était pas l'avis de Godard. Ni le mien.

Et la Politique des auteurs, qui est l'invention majeure des Jeunes Turcs dans les années cinquante ? Etait-elle applicable aux cinéastes de la Nouvelle Vague ?

Elle ne pouvait pas s'appliquer à des gens qui n'étaient pas encore reconnus comme des « auteurs ». Elle s'appli-quait d'abord aux « auteurs » qui avaient été sous-estimés par la critique traditionnelle. Lors de la rétrospective Bergman à la Cinémathèque, en 1958, on a vu les rapports qu'il y avait entre ses différents films. Et Bergman devenait un « auteur ». La Politique des auteurs est un point de vue théorique. Il aurait fallu, pour que la Nouvelle Vague soit théorisable au fur et à mesure que les œuvres apparais-saient, que la théorie soit évolutive ou sans *a priori*.

Le seul texte émanant directement de la Politique des auteurs sur la Nouvelle Vague est celui écrit par Luc Moullet sur Godard dès 1960. Il le fait au moment de la sortie de A bout de souffle, *et prend en considération tous ses courts métrages. Comme si Godard était déjà en train de construire une « œuvre », avec ses thèmes, ses obsessions, ses manières. C'est un texte assez étonnant pour cela, très visionnaire en fait.*

17

Le texte de Moullet montre comment un auteur trouve sa formule. Godard semble l'avoir trouvée dès le premier long métrage. Et ce texte de Moullet est encore pertinent aujourd'hui. Mais il était le seul à faire de la Politique des auteurs en direct à propos de la Nouvelle Vague...

On a l'impression, en définitive, que Resnais est l'alibi moderne des Cahiers *à ce moment-là. A travers lui, on peut parler de la modernité, ce que l'on ne fait pas au travers du reste de la Nouvelle Vague, ou très peu, parfois à travers Godard...*

Quel est l'auteur de la Nouvelle Vague qui a fait des tentatives comme celles de Resnais à chacun de ses films ? Si l'on jette, comparativement, un regard très large sur les films de ces années-là, on a le sentiment que les cinéastes de la Nouvelle Vague n'ont inventé qu'une chose : leurs sujets. Ce qui est évidemment faux dès qu'on examine les films un à un : *Paris nous appartient, Les Bonnes Femmes, Les Carabiniers, Adieu Philippine, Les Parapluies de Cherbourg,* etc., etc. Au fond la Nouvelle Vague n'est pas le mouvement qu'on a dit, mais un ensemble d'exceptions. Et ces exceptions parlent le langage de la modernité, comme en témoignent leurs échecs commerciaux successifs.

Comment la critique de l'époque a-t-elle perçu les films de la Nouvelle Vague ?

Au début, c'était l'euphorie. Puis ça a été le réveil. J'ai le souvenir du moment où le rêve s'est brisé, avec les premiers échecs : *Les Carabiniers, Les Bonnes Femmes, Les Godeluraux, L'Œil du malin...* Beaucoup se sont réjouis. Les *Cahiers*, il faut le dire, n'ont guère réagi. Que valait l'auto-défense des *Carabiniers* par Jean-Luc Godard face au déferlement de critiques revanchardes ? Les *Cahiers* n'étaient pas armés pour mener un combat au-delà des strictes frontières de la cinéphilie. Je ne suis pas certain que même si nous avions su théoriser la Nouvelle Vague, comme surent faire les jeunes écrivains de *Tel Quel*, revue contemporaine, nous aurions pu renverser ce mouvement de refus. Le cinéma a à voir avec les médias et cela seul le rend incomparable à tout autre expression artitique – à l'exception, sans doute, du rock, et de la BD. Seule, peut-être, l'autorité de Bazin aurait su modifier certains comportements de la critique mais en serait-il venu à bout ? J'en doute. Du moins y aurions-nous vu plus clair.

Pourquoi ?

Il y avait un « sens de la réalité », comme s'il était inutile ou maladroit de défendre ces films… Les *Cahiers* voyaient les films comme ils arrivaient : ce n'était pas leur problème. S'ils avaient théorisé la Nouvelle Vague dès le début, on aurait peut-être pu défendre ces films.

Comme défendre Party Girl *de Nicholas Ray au nom d'une idée du cinéma alors que le film était méprisé…*

A propos des nouveaux films, la base théorique n'était pas normative. Elle était faite de contrastes ou d'assemblages. Mais c'est aussi ce qui fait la force de la Nouvelle Vague : ne pas avoir été une mécanique rhétorique. Et s'il y avait eu cette théorie sur la Nouvelle Vague, comment aurait-on compris des cinéastes comme Rozier ou Demy ? Ils se sentaient bien aux *Cahiers* car l'accueil était ouvert, pas refermé sur une théorie, avec ses règles, ses interdits. L'idée de modernité était aussi dans *Chronique d'un été* de Jean Rouch. En discutant sur ce film, on n'a jamais autant regretté que Bazin ne soit plus là, car il aurait éclairci le sens du film…

Pour vous, critiques des Cahiers *qui n'étiez pas encore passés à la réalisation de films, comment viviez-vous ce moment ?*

N'aviez-vous pas eu l'impression que la porte se refermait, et que vous arriviez un peu tard pour le passage au film ?

Non, car, je n'ai jamais pensé à un quelconque passage au film. Pas plus qu'aujourd'hui, d'ailleurs.

Mais il est venu un peu plus tard pour votre génération, Moullet, Fieschi, Comolli, vous... Cette idée d'une création critique *était toujours là...*

Il est vrai qu'à partir d'un certain moment il n'a plus été possible de tourner. Mais en avions nous seulement la prescience ? Godard avait présenté tout le monde à Beauregard, après *A bout de souffle* : Chabrol, Rivette, Rozier, Varda ou Demy... Et Beauregard était quelqu'un de très accueillant, sans aucune morgue. Je me souviens que lorsque je le rencontrais il me demandait quand je lui apporterais un scénario. Quel scénario ? Je n'avais pas l'impatience de mes amis, ni sans doute leur exigeante vocation. Je n'ai, en tout cas, jamais eu le sentiment d'un *instant à saisir.*

L'instant décisif était là, cependant, dans la Nouvelle Vague, comme une rupture dans le cinéma français...

Encore fallait-il savoir qu'il s'agissait d'un *instant.*

Entretien réalisé à Paris, le 7 décembre 1998, par Antoine de Baecque et Charles Tesson.

Le Coup du berger
de Jacques Rivette

par Claude de Givray

Il y a toujours eu une certaine impudeur à citer dans une revue les noms propres que l'on peut retrouver au sommaire. Pourtant, si j'abuse ainsi de mes prérogatives de benjamin de la troupe, c'est qu'avec une dérisoire expérience d'un an de journalisme, je me sens en recul devant des coéquipiers dont l'entente remonte à une dizaine d'années.

On a souvent reproché aux *Cahiers du cinéma*, pas tant à leurs rédacteurs en chef, toujours en état d'admirable disponibilité, qu'à leurs jeunes Turcs, un esprit de chapelle. J'avoue qu'il n'y pas si longtemps, lorsque je les voyais faire des descentes à la Cinémathèque ou dans les salles les plus culturelles de Paris, j'étais passablement impressionné par cette étonnante patrouille de choc. Je n'allais pas jusqu'à penser qu'il existât au sein de ce commando une sorte de terrorisme interne qui les contraignait à opter pour les mêmes films. Cependant, je devais reconnaître qu'esthétiquement parlant, ils se tenaient bien les coudes. Par la suite, je pus me rendre compte que cette homogénéité était plus une question de cœur que d'esprit : il n'y avait aucun mot d'ordre préconçu, et si les articles avaient cette efficacité et peut-être aussi cette apparente monotonie, c'est qu'ils bénéficiaient d'une rédaction toute particulière ; avant d'être imprimés, les papiers passaient dans ces gueuloirs collectifs que constituaient les fumoirs de cinéma, les avenues de Paris et les brasseries du Palais-Royal ; de plus, ils avaient un style commun, ils étaient tous écrits par des apprentis metteurs en scène.

Jacques Rivette, le premier, se lança dans la réalisation en 35 millimètres. Cela se passait l'été dernier. Aujourd'hui on peut voir *Le Coup du berger* en début de programme de *Trois jours à vivre* ; mais, depuis, François Truffaut a terminé *Les Mistons* qu'il vient de présenter à ses amis, et Jean-Luc Godard achève *Charlotte et Véronique*, premier d'une série de sketches comiques écrits avec la collaboration d'Eric Rohmer. Enfin Claude Chabol, au mois de novembre, commence un long métrage, *Le Beau Serge*.

Jusqu'ici je n'ai pas beaucoup parlé du *Coup du berger*, propos qui devrait seul m'intéresser ici. Pourtant, je tenais avant tout à inscrire l'effort individuel de Jacques Rivette dans un mouvement collectif. Le sujet du *Coup du berger* est simple comme un problème de mathématiques, d'où ce titre emprunté au vocabulaire des joueurs d'échecs. Cela pourrait être aussi bien l'argument d'un vaudeville ou d'une comédie italienne. Pourtant, c'est un fait divers : une jeune femme imagine un subterfuge pour justifier aux yeux de son mari le port d'un manteau de fourrure que lui a donné son amant. Elle met le vêtement dans une valise à la consigne et prétend avoir trouvé le ticket dans un taxi. Pour, tout à la fois, donner plus de vraisemblance à sa duperie et compromettre l'homme qu'elle trompe, elle fait chercher le bagage par son mari lui-même. Lorsqu'elle ouvrira le paquet, le manteau aura disparu. A la dernière séquence du film, la jeune femme comprendra qui l'a jouée.

Ce résumé n'a pas l'intention de préluder à une longue exégèse d'un réalisateur qui n'en est encore qu'à son opus n° 1, et j'avoue que j'ai quelques scrupules à rendre compte de ce *Coup du berger* dont la meilleure préface pourrait bien être constituée par l'article que Jacques Rivette écrivit lui-même dans ces colonnes à propos de *L'Invraisemblable vérité*.

Je sais que Jacques Rivette préfère à toute autre les références musicales et qu'il ne serait pas vain de citer à propos de son film une partition de Stravinsky plutôt qu'une bande cinématographique. Pourtant, qui connaît ce rédacteur des *Cahiers* ne peut pas manquer d'être frappé par les affinités qui l'unissent à Fritz Lang. Je me bornerai aujourd'hui aux seuls problèmes que posent les personages du *Coup du berger* dont aucun n'est sympathique à première vue : il y a tout d'abord l'amant, celui qui donne et ne comprend pas. Il constitue le postulat, puis tout s'organise autour de la jeune femme, Claire. Claire est à son amant ce que son mari est à elle-même. Les trois personnages n'existant que les uns par rapport aux autres et se justifiant par une sorte de correspondance morale. Il y enfin l'autre, celle qui sanctionne le troc : on ignore son degré de roublardise, mais tout permet de supposer qu'à elle revient la responsabilité d'avoir fixé les *clauses* de ce marché de dupes. « *Les personnages ont perdu toute valeur individuelle, ne sont plus que des concepts humains, et, par conséquence, d'autant plus humains qu'ils sont moins individuels.* »

Cette phrase que Jacques Rivette destinait à Fritz Lang et à son *Invraisemblable Vérité* pourrait très bien être atribuée au *Coup du berger*.

Chez l'auteur de *La Cinquième Victime*, tout comme chez son disciple, on peut distinguer le même goût pour ces drames qui prennent leur essor au second degré. Ce n'est point le fait du hasard, si *Beyond a Reasonable Doubt* et *Le Coup du berger* sont des films à voir au moins deux fois, puisque leur dernière séquence donne un nouvel éclairage à l'affabulation initiale. On conçoit, dans ces conditions, que non seulement la mise en scène réclame une rigueur impeccable – tel est le cas ici – mais aussi que la direction d'acteur se doit d'être inflexible. Or, Jacques Rivette a fignolé amoureusement ses personnages un tantinet crapules et ses partis pris de distribution, quoique surprenants, ne manquent jamais d'être fascinants : ainsi le choix d'Etienne Loinod, acteur non professionnel, et celui d'Anne Doat dont le si doux visage n'est pas sans nous rappeler les héroïnes les plus typiques d'Otto Preminger.

Présentement, notre ami vient d'achever le découpage d'un film dont le sujet, à mon avis, constitue une véritable méditation de l'actualité. Il ne tient qu'à un producteur que nous le voyions un jour, noir sur blanc et pourquoi pas, en couleur.

Cahiers du cinéma, n° 77, décembre 1957.

Le *Beau Serge*
de Claude Chabrol

par Jean Douchet

« Confronter, dans le cadre très minutieusement décrit d'une campagne pauvre, deux types de jeunes hommes, fort opposés et néanmoins amis. » Claude Chabrol présentait ainsi dans les *Cahiers* [1] son *Beau Serge* et (noblesse oblige), par la même occasion, en exécutait la meilleure des critiques. Il y indiquait la tonalité et la dynamique de son film qui en ordonnaient le dessein : « La traversée des apparences. »

« En effet, au-delà des apparences, une vérité doit peu à peu se dégager pour le spectateur : l'instable, le complexé, le fou ce n'est pas Serge mais François. Serge se connaît... François au contraire, ne se connaît qu'au niveau des apparences : sa nature intime est enfouie dans son subconscient et ne se révèle qu'en de brusques éclairs, il se fuit. » Et il ajoutait : « En somme dans *Le Beau Serge*, se juxtaposent deux films : l'un dans lequel Serge est le sujet et François l'objet, l'autre dans lequel François est le sujet, Serge l'objet. Par définition c'est le premier de ces films qui apparaît tout d'abord. L'idéal pour moi est que l'on soit sensible à l'autre. »

Cette volonté psychanalytique (au point que l'on peut considérer *Le Beau Serge* comme le premier film

27

ayant puisé dans cette doctrine, non un simple prétexte dramatique, mais une véritable discipline de pensée) commande le moindre comportement des acteurs. Rien de gratuit dans ce film. Un geste aussi banal que mettre des lunettes trouve sa motivation dans le trouble profond du psychisme de François. A quatre reprises nous les lui voyons porter : durant le générique, en autocar, comme pour l'aider à songer à son retour au village ; au café, lorsqu'il refuse d'accompagner Marie, indiquant par là qu'il veut s'abstraire du monde réel ; avec le père Glomaud, à la fois pour marquer ses distances, se protéger et mieux commettre une avanie ; enfin, en attendant le curé qui vient le visiter dans sa chambre, toute sa conduite traduit un désarroi total, un effritement de sa personnalité. Pour donner le change, il se couche et met ses lunettes, comme pour se réfugier derrière une façade. Mais, poussé dans ses retranchements, révélé enfin à lui-même, il les arrache soudain, comme on arrache un masque. Désormais lucide, véritablement confessé, il peut entrevoir son salut.

Dans ce film concerté, tout se réfère à une symbolique (le papier de la chambre à coucher, le cimetière, la place de l'église, les cigarettes, les lunettes). En cela se reconnaît la fascination qu'exerce sur Chabrol son maître Hitchcock. Le psychanalyste et l'ésotériste ont ceci de commun que, cerbères du domaine des songes, ils sont seuls détenteurs de son trousseau de clefs. Qu'importe si nous ne parvenons pas à ouvrir toutes les portes, l'important est de nous laisser entraîner par eux vers les chemins de l'onirisme.

Le Beau Serge se présente en effet comme une suite de scènes subjectives que des conduites objectiveront. Tout comme chez Hitchcock, nous sommes plongés dans le monde du désir, désir informulé, latent, qui soudain se réalise. Il est un moment, l'un des plus beaux du film, qui mieux que tout commentaire aidera le lecteur à pénétrer l'imagination du cinéaste. Serge, affalé sur le trottoir, cuve son vin près de la place du village. Des enfants, un peu plus loin, jouent au football. Dans le brouhaha des cris on entend confusément l'un des gosses crier à celui qui a le ballon : « A moi François, François à moi ». Serge se lève furibond, chasse la meute des gamins qui s'enfuient, puis, comme poussé par une force intérieure dont il ne se sent pas le maître, il part à la recherche de François. Et, par bouffées, nous parviennent ses propos, véritable confession, qui tous appellent François à l'aide. Il a suffi d'une phrase indifférente et lointaine, juste perçue par son subconscient, pour déclencher toute une conduite incontrôlée, somnambulique mais réelle, celle-là seule qu'aime à capter la caméra de Chabrol.

Il y a du Tennessee Williams dans *Le Beau Serge* et du mélodrame. Mais il n'y a pas de véritable conflit dramatique, pour la bonne raison que les personnages ont perdu la notion même de l'intérêt. La pauvreté de cette campagne de la Creuse rend dérisoire tout effort (l'étang gelé est, à jamais, bourbeux). Reste l'ennui et son infinie tristesse d'où émerge, comme seule échappatoire, le monde imaginaire. Chacun dans ce village cherche un refuge : Serge et son beau-père dans l'alcoolisme, Marie dans la nymphomanie, le curé dans l'onctuosité des belles paroles et des beaux gestes. Jusqu'au bal, minable occasion de s'échapper. Seule, la femme de Serge garde intacte sa confiance dans l'amour et la vie. Elle est le pôle positif du film, celle qui refuse de fuir et de se fuir.

Dire qu'il n'y a pas de conflit est faux. Mais loin de se centrer extérieurement sur un objet de litige, il reste intérieur à chaque individu, il existe directement d'âme à âme. Tout le film est comme un espèce de ballet où les êtres se cherchent, s'évitent, s'attirent ou se repoussent selon la concordance ou la discordance, à chaque instant, mouvantes, de leur affinité. Voilà qui nous rapproche du constat rossellinien. Comme dans *Voyage en Italie*, plus un personnage est éloigné de l'autre, plus il ressent sa présence. Mais dès qu'ils sont face à face, leur sensibilité épidermique l'emporte sur leur affectivité profonde, ils se heurtent. Les caméras de Rossellini, et désormais de Chabrol, aiment à enregistrer le jeu subtil des variations d'intensité.

Ainsi chacune des scènes est un palier, mais leur succession nous mène progressivement à l'explosion finale (dans *Le Beau Serge*, la naissance du bébé, dans *Les Cousins*, l'échec de Charles à ses examens). Ce drame est d'abord ressenti comme un choc et libère les forces insoupçonnées de l'inconscient. Réveillé en pleine nuit, affrontant une violente tempête de neige, pour venir en aide à la femme de Serge qui accouche, François se sent soudain animé du véritable héroïsme christique, qui caractérise tant de tuberculeux. Dans son exaltation, il agit comme dans un rêve, d'où le traitement de la scène, toute en effets visuels, volontairement oniriques. L'auteur laisse d'ailleurs planer un doute. Qui nous dit que François ait été réellement réveillé, que nous n'assistons pas à son défoulement dans un véritable cauchemar ? De toute façon, conduite réelle, conduite rêvée, seul importe que François soit « agi » et que son moi assume cette poussée subconsciente.

S'il fallait, au-delà de la psychanalyse, définir d'une phrase *Le Beau Serge*, je dirais que c'est l'histoire d'une réanimation dans le sens de « rendre le souffle », « rendre à la vie » (au contraire des *Cousins* qui content l'histoire d'un étouffement, d'une asphyxie). Dans ce village qui se meurt, François vient apporter malgré lui une bouffée d'oxygène. La place de l'église est comme un cœur d'où les êtres affluent ou refluent, selon le rythme de la respiration. Par ailleurs, Chabrol a donné à chaque scène le tempo d'un halètement. Et la photo crée, elle aussi, l'impression d'un besoin d'air, à travers la froideur et la grisaille nue de ces sévères paysages. Ce thème de l'air trouvera son expression achevée dans les admirables images finales, par l'échange du souffle, dans l'acception à la fois vitale et mystique du terme. Dans le même temps que le bébé pousse ses premiers vagissements, François, exténué s'affaisse comme s'il rendait son dernier souffle, tandis que Serge, fou de bonheur, retrouve enfin son âme et la joie de vivre.

Cahiers du cinéma, n° 93, mars 1959.

1. Numéro 83, page 22 : La peau, l'air et le subconscient.

Les Quatre Cents Coups
de François Truffaut

par Jacques Rivette

Les Mistons, c'était bien ; *Les Quatre Cents Coups,* c'est mieux. D'un film à l'autre, notre ami François fait le saut décisif, le grand écart de la maturité. Comme on le voit il ne perd pas son temps.

Avec *Les Quatre Cents Coups*, nous rentrons dans notre enfance comme dans une maison abandonnée depuis la guerre. Notre enfance, même s'il s'agit avant tout de celle de FT : les conséquences d'un mensonge stupide, la fugue avortée, l'humiliation, la révélation de l'injustice, non, il n'y a pas d'enfance « préservée ». Parlant de soi, il semble qu'il parle aussi de nous : c'est le signe de la vérité, et la récompense du vrai classicisme, qui sait se limiter à son objet, mais le voit brusquement couvrir tout le champ des possibles.

L'autobiographie n'est pas, pour les raisons que l'on devine, un genre très pratiqué dans le cinématographe ; mais ce n'est pas cela qui doit nous étonner, mais la sérénité, la retenue, l'égalité de voix avec lesquelles est évoqué ici un passé si parallèle au sien. Le FT que je rencontrai, avec Jean-Luc Godard, fin 49, au Parnasse, chez Froeschel, au Minotaure, avait déjà fait l'apprentissage des *Quatre Cents Coups* ; ma foi, nous parlions davantage de cinéma, de films américains d'un Bogart qui passait au

Moulin de la Chanson, que de nous autres, ou par allusions : cela suffisait. Ou, brusquement, une photo le démasquait trois ans avant, au tir forain, ébloui, blême, Hossein réduit, avec, contre son épaule, épanoui, Robert Lachenay; ou bien les trois rangées rituelles d'une classe fossilisée.

Ce mélange de vagues et d'éclairs, cela finissait par rassembler à de vrais souvenirs, une vraie mémoire. Maintenant, j'en suis presque sûr; car, sur l'écran, j'ai tout reconnu, tout retrouvé. La madeleine de Proust ne lui rendait que son enfance; mais d'une pelure de banane, devenue au fond de l'assiette, étoile de mer, FT fait beaucoup mieux; et tous les temps sont retrouvés d'un coup, le mien, le tien, le vôtre, un seul temps dans la lumière que je ne trouve pas d'adjectif pour qualifier, inqualifiable, de l'enfance.

Qu'on le voie bien : ce film est personnel, autobiographique, mais jamais impudique. Rien qui relève de l'exhibition; la prison, c'est beau également, mais d'une autre beauté : beau comme Bombard tenant sa Paillard à bout de bras pour filmer au milieu de l'Atlantique son visage boursouflé et envahi par la barbe. La force de FT est de ne jamais directement parler de lui, mais de s'attacher patiemment à un autre jeune garçon, qui lui ressemble peut-être comme un frère, mais un frère objectif, et de se soumettre à celui-ci, et reconstruire humblement, à partir d'une expérience personnelle, une réalité également objective, qu'il filme ensuite avec le plus parfait respect. Une telle méthode au cinéma, cela porte un très beau nom (et tant pis si FT lui-même le méconnaît), cela s'appelle Flaherty. Et la preuve par neuf de la vérité de cette méthode, et de la vérité tout court, du film, c'est l'admirable scène de la psychologue – impossible, disons-le en passant, dans les conditions vétustes de réalisation que l'on

33

voudrait à toute force nous obliger à conserver – où la plus totale improvisation recoupe la reconstruction la plus rigoureuse, où la confession vérifie l'invention. Dialogue et mise en scène, au terme d'une ascèse discrète, débouchent enfin sur le vrai du direct ; le cinéma y réinvente la télévision, et celle-ci à son tour le consacre cinéma ; il n'y a plus place désormais que pour les trois admirables plans finaux, plans de la durée pure, de la parfaite délivrance.

Tout le film monte vers cet instant, et se dépouille peu à peu du temps pour rejoindre la durée : l'idée de longueur et de brièveté, qui tracasse tant FT, semble n'avoir finalement guère de sens chez lui ; ou peut-être au contraire, fallait-il d'abord une telle obsession de la longueur, du temps mort, une telle abondance de coupes, de heurts, de ruptures, pour venir enfin à bout de l'ancien temps des chronomètres et retrouver le temps véritable, celui de la jubilation mozartienne (que Bresson a trop cherché pour pouvoir le rejoindre). Car voilà un film comme il n'y en a pas tellement, encore que beaucoup s'y essaient plus ou moins adroitement, et trop adroitement, avec un point de départ et un point d'arrivée, et entre les deux, toute une distance parcourue, aussi vaste que celle qui sépare l'Irène Girard à son dîner de réception de l'Ingrid Bergman à la fenêtre de la cellule d'*Europe 51* ; un point de départ qui prend le temps déjà en route, encore construit et minuté, mais déjà secrètement blessé dans sa hâte même et son mécanisme, un point d'arrivée qui n'est pas la conclusion plus ou moins arbitraire de quelque intrigue plus ou moins ficelée, mais un palier où l'on reprend son souffle, sa respiration humaine, avant de replonger dans le temps du réel, dont le sens a été reconquis.

Il suffit sur ce ton, je m'en veux de parler d'une voix si pompeuse d'un film si dépourvu de rhétorique ; car *Les CD coups*, c'est aussi le triomphe de la simplicité.

34

Non pas de la pauvreté, ou de l'absence d'invention, bien au contraire ; mais à qui se place d'emblée au centre du cercle, il n'est nul besoin d'en chercher désespérément la quadrature. La chose la plus précieuse au cinéma, et la plus fragile, est aussi ce qui disparaît davantage de jour en jour sous le règne des habiles : une certaine pureté du regard, une innocence de la caméra qui sont ici telles que si elles n'avaient jamais été perdues. Il suffit peut-être de croire que les choses sont ce qu'elles sont, pour les voir tout simplement être aussi sur l'écran comme chez elles ; et cette croyance se serait-elle perdue autre part ? Mais cet œil, et cette pensée, s'ouvrant au centre des choses, voilà l'état de grâce du cinéaste : être d'abord à l'intérieur du cinéma, maître du cœur d'un domaine dont les frontières peuvent ensuite s'étendre à l'infini : et cela s'appelle Renoir.

On pourrait encore insister sur l'extraordinaire tendresse avec laquelle FT parle de la cruauté, qui ne peut être comparée qu'à l'extraordinaire douceur avec laquelle Franju parle de la folie ; ici et là, une force presque insoutenable naît de l'emploi perpétuel de la litote, et le refus de l'éloquence, de la violence, de l'explication, donne à chaque image un battement, un frémissement interne, qui s'imposent brusquement en quelques brefs éclats, luisants comme une lame. On pourrait parler, comme il se doit, de Vigo, ou de Rossellini, ou, plus justement encore, des *Mistons* ou d'*Une visite*. Toutes ces références ne veulent finalement pas dire grand-chose, et il faut se dépêcher de les faire pendant qu'il en est temps. Je voulais dire seulement, aussi simplement qu'il se puisse, qu'il y a maintenant parmi nous, non plus un débutant doué et prometteur, mais un vrai cinéaste français, qui est l'égal des plus grands, et qui s'appelle François Truffaut.

Cahiers du cinéma, n° 95, mai 1959.

Table ronde sur
Hiroshima mon amour
d'Alain Resnais

ERIC ROHMER : Tout le monde, je pense, sera d'accord, si je dis pour commencer qu'*Hiroshima* est un film dont on peut tout dire.

JEAN-LUC GODARD : Commençons donc par dire que c'est de la littérature.

ROHMER : Et une littérature qui est un peu suspecte, dans la mesure où elle est celle d'un épigone de l'école américaine, celle qui eut en France une telle vogue après 1945.

PIERRE KAST : Les rapports du cinéma et de la littérature sont, au moins, obscurs et mauvais. Tout ce que l'on peut dire, je crois, c'est que les littérateurs méprisent confusément le cinéma. Et les gens de cinéma, confusément, souffrent d'un sentiment d'infériorité. La singularité d'*Hiroshima* est que la rencontre Marguerite Duras-Alain Resnais est une exception à la règle que je viens d'énoncer.

GODARD : Disons alors que ce qui frappe, de prime abord dans ce film, est qu'il est sans référence cinématographique aucune. On peut dire d'Hiroshima que c'est Faulkner + Stravinsky, mais on ne peut pas dire que c'est un tel cinéaste + un tel autre.

JACQUES RIVETTE : Le film de Resnais n'a peut-être pas de références cinématographiques précises, mais je crois que l'on peut lui trouver des références indirectes et plus profondes, car c'est un film qui fait beaucoup penser à Eisenstein dans la mesure où l'on peut y trouver l'application, d'ailleurs très neuve, de certaines idées d'Eisenstein.

GODARD : Quand je disais : pas de références ciné-matographiques, je voulais dire qu'en voyant *Hiroshima*, on a l'impression de voir un film qu'on était dans l'im-possibilité de prévoir par rapport à ce que l'on savait déjà du cinéma. Par exemple, quand on voit *India*, on sait que l'on va être surpris, mais on s'attend plus ou moins à cette surprise. De même, je sais que serai surpris par *Cordelier* comme je l'ai été par *Elena*. Tandis qu'avec *Hiroshima*, j'ai l'impression de voir quelque chose à quoi je ne m'attendais absolument pas.

Un motif central dans la tapisserie.

JACQUES DONIOL-VALCROZE : Est-ce que par rapport à Resnais, nous ne savions pas déjà un peu ce que nous allions voir ? Par rapport à *Nuit et Brouillard* et *Toute la mémoire du monde,* par exemple.

KAST : C'est vrai. Derrière l'apparente diversité des sujets, de *Guernica* au *Chant du Styrène* se dessine comme une manière de motif central dans la tapisserie. On a l'habitude de considérer comme contradictoires l'intelligence et la sensibilité, la passion intellectuelle et l'émotion. Resnais donne du mal à ces amateurs de logique. De cette œuvre, qui est un tout sans faille, si on remonte jusqu'à l'auteur, on n'est pas au bout de ses surprises.

37

RIVETTE : *Hiroshima* explique davantage les courts métrages d'Alain Resnais qu'il n'est expliqué par eux. C'est en voyant *Hiroshima* qu'on comprend enfin exactement ce que Resnais voulait dire dans *Les Statues meurent aussi,* la « *Bibliothèque nationale* »[1], ou même *Van Gogh,* dans lequel Resnais se définissait déjà lui-même comme un cinéaste qui réfléchit. Si bien qu'effectivement *Hiroshima* est l'aboutissement des courts métrages que l'on admirait de façon un peu aveugle. Mais il y a sans doute une part d'*Hiroshima* que nous admirons à l'aveuglette et qu'expliqueront les films suivants de Resnais. De toute façon, je crois qu'avec *Hiroshima* on peut enfin considérer les courts métrages de Resnais comme une œuvre formant un tout. Jusqu'à maintenant, ils étaient éparpillés, même dans notre admiration. Il était normal de les regarder chacun comme un cas particulier. Pour ne prendre que les trois derniers, il y avait évidemment des similitudes entre *Nuit et Brouillard,* la « *nationale* », et le *Styrène*, mais justement, on avait tendance à penser que c'était, sinon un truc que Resnais avait trouvé, tout au moins un « style », avec ce que ça peut comporter à la fois de profond et de maniéré. Dans la « *nationale* », ce que j'aimais, c'était davantage le contenu, le sujet. Je trouvais la forme très belle, mais elle me donnait le sentiment d'être peut-être surajoutée. Après avoir vu *Hiroshima*, je n'ai plus cette sensation.

GODARD : Du reste, *Hiroshima* ressemble beaucoup plus à *Toute la mémoire du monde* qu'aux autres courts métrages de Resnais. Après tout, c'est presque le même sujet : l'oubli et le souvenir.

DONIOL-VALCROZE : Au fond, ces courts métrages, c'étaient surtout des parties d'un grand film que nous ne verrons jamais, mais dont *Hiroshima* nous montre ce qu'il aurait pu être.

KAST : Personne n'a jamais eu l'idée de qualifier Resnais de documentariste, au sens péjoratif du terme. Mais enfin, en concession aux aristotéliciens, il faut bien reconnaître que ses films n'étaient pas des films de fiction.

GODARD : En tout cas, c'étaient des films de science.

KAST : Alors, disons que c'est Marguerite Duras qui a joué le rôle de catalyseur entre le documentaire et la romance, la science et la fiction. Il y avait très longtemps que Resnais pensait au film romancé. Il s'est intéressé à certains romans de Queneau, ainsi qu'aux *Mauvais Coups* de Roger Vailland.

Peut-être le bonheur.

ROHMER : Si on parlait un peu de *Toute la mémoire du monde*. Pour moi, c'est un film qui reste assez obscur. *Hiroshima* m'en a éclairé certains aspects, mais pas tous.

RIVETTE : C'est sans doute le plus mystérieux de tous les courts métrages de Resnais. De par le sujet, à la fois très moderne et très angoissant, il rejoint ce que nous disait Renoir dans ses entretiens, c'est-à-dire que le grand drame de notre civilisation est qu'elle est en train de devenir une civilisation de spécialistes. Chacun est de plus en plus enfermé dans son petit domaine, et incapable de sortir de celui-ci. Personne aujourd'hui n'est capable de déchiffrer à la fois une inscription ancienne et une formule scientifique moderne. La culture et le trésor commun de l'humanité sont devenus la proie des spécialistes. Je crois que c'était là l'idée de Resnais en tournant la « *nationale* ». Il voulait montrer que la seule tâche nécessaire pour l'humanité, pour essayer de retrouver cette unité de la culture, c'était, par le travail de chacun, d'essayer de recoller les fragments éparpillés de cette culture universelle en train de se perdre. Et c'est pourquoi, je pense, *Toute la mémoire du monde* se terminait par ces vues de plus en plus hautes de la salle centrale, où l'on voit chaque lecteur, chaque chercheur, dans son coin, penché sur son manuscrit, mais les uns à côté des autres, tous en train d'essayer d'assembler les morceaux épars de la mosaïque, de retrouver le secret perdu de l'humanité, secret qui s'appelle peut-être le bonheur.

JEAN DOMARCHI : Finalement, c'est un sujet qui n'est pas tellement éloigné, en effet, de celui d'*Hiroshima*. On disait : sur la forme ; mais sur le fond, également, Resnais se rapproche d'Eisenstein, puisque tous les deux tentent d'unifier les contraires, autrement dit, que leur art est dialectique.

RIVETTE : La grande obsession de Resnais, si l'on peut employer ce mot, c'est le sentiment de la fragmentation de l'unité première : le monde s'est brisé, il s'est fragmenté en une série de minuscules morceaux, et il s'agit de reconstituer le puzzle. Pour Resnais, il me semble que cette reconstitution se place sur deux plans. D'abord sur le plan du sujet, de la dramatisation. Ensuite, et surtout, sur le plan, je crois, de l'idée même du cinéma. J'ai l'impression que le cinéma, pour Alain Resnais consiste à tenter de faire un tout avec des fragments a priori dissemblables. Par exemple, dans un film de Resnais, deux phénomènes concrets, sans rapport logique ou dramatique entre eux, sont liés uniquement parce qu'ils sont filmés en travelling à la même vitesse.

GODARD : On comprend tout ce qu'il y a d'eisensteinien dans *Hiroshima*, car en fait, c'est l'idée profonde du montage, et même sa définition.

RIVETTE : Oui. Le montage, pour Eisenstein comme pour Resnais, consiste à retrouver l'unité à partir de la fragmentation, mais sans cacher pour autant la fragmentation, au contraire, en l'accentuant, en accentuant l'indépendance du plan.

40

C'est un mouvement double, qui accentue l'autonomie du plan et en même temps cherche à l'intérieur de ce plan une force qui fasse qu'il puisse être mis en rapport avec un ou plusieurs autres, et finir ainsi par former une unité. Mais attention, cette unité n'est plus celle de la séquence classique : c'est une unité de contrastes, une unité dialectique, diraient Hegel et Domarchi *(rires)*.

DONIOL-VALCROZE : Une réduction du disparate.

ROHMER : En somme, Alain Resnais est un cubiste. Je veux dire qu'il est le premier cinéaste moderne du cinéma parlant. Il y a eu beaucoup de cinéastes modernes dans le cinéma muet, dont Eisenstein, dont les Expressionnistes, dont Dreyer aussi. Mais je crois que le cinéma parlant était peut-être plus classique que le cinéma muet. Il n'y a pas encore eu de cinéma profondément moderne qui essaye de faire ce qu'a fait le cubisme dans la peinture et le roman américain dans la littérature, c'est-à-dire une sorte de reconstitution de la réalité à partir d'un certain morcellement qui a pu paraître arbitraire au profane. Et, dans ce cas, on pourrait expliquer l'intérêt que porte Resnais d'un côté à *Guernica* qui est malgré tout un tableau cubiste de Picasso, même s'il n'est pas le véritable cubisme, mais c'est une sorte de retour au cubisme – et d'autre part le fait qu'il ait été inspiré par Faulkner ou Dos Passos, même si c'est à travers Marguerite Duras.

Le faux problème du texte et de l'image.

KAST : De toute évidence, Resnais n'a pas demandé à Marguerite Duras un travail littéraire de seconde zone, destiné à « faire cinéma », et réciproquement, elle n'a pas supposé une seconde que ce qu'elle avait à dire, à écrire, pourrait être hors de portée du cinéma. Il faut revenir très loin en arrière dans l'histoire du cinéma, à l'époque des grandes naïvetés et des grandes ambitions, relativement peu traduites en actes, d'un Delluc, pour retrouver une telle volonté de ne pas faire de différence entre le propos littéraire et la démarche de création cinématographique.

ROHMER : De ce point de vue, l'objection que j'ai faite au début disparaîtrait – on a pu reprocher à certains cinéastes de s'inspirer du roman américain – dans la mesure où c'était superficiel. Mais puisqu'il s'agit d'une équivalence profonde, peut-être bien qu'*Hiroshima* est un film entièrement nouveau. Ça met alors en question un postulat, qui était jusqu'ici le mien, je l'avoue, et que je peux d'ailleurs fort bien abandonner *(rires)*, et qui est le postulat du classicisme du cinéma par rapport aux autres arts. Il est certain que le cinéma peut tout a fait bien quitter lui aussi sa période classique pour entrer dans une période moderne. Je crois que dans quelques années, dans dix, vingt ou trente ans, on saura si *Hiroshima* est le film le plus important depuis la guerre, le premier film moderne du cinéma parlant, ou bien s'il est peut-être moins important qu'on ne le croit. C'est de toute façon un film extrêmement important, mais il se peut qu'il gagne encore plus avec l'âge. Il se peut aussi qu'il perde un tout petit peu.

GODARD : Comme d'une part, *La Règle du jeu*, et de l'autre des films comme *Quai des brumes* ou *Le Jour se lève*. Les deux films de Carné sont très très importants. Mais aujourd'hui, ils le sont un tout petit peu moins que celui de Renoir.

ROHMER : Oui. Et je réserve mon jugement dans la mesure où certains éléments d'*Hiroshima* ne m'ont pas séduit autant que les autres. Dans les premières images, il y avait quelque chose qui me gênait. Ensuite, très vite, le film a réussi à faire disparaître en moi cette sensation de gêne. Mais je comprends que l'on puisse aimer et admirer *Hiroshima* et en même temps le trouver à certains moments assez agaçant.

DONIOL-VALCROZE : Moralement ou esthétiquement.

GODARD : C'est la même chose. Les travellings sont affaire de morale.

KAST : Il est indubitable qu'*Hiroshima* est un film littéraire. Or, l'adjectif « littéraire », est le sommet de l'injure dans le vocabulaire quotidien du cinéma. Ce qui frappe d'une manière éclatante dans *Hiroshima* c'est la négation de ce tic de langage. Comme si, à la plus grande ambition cinématographique, Resnais avait supposé que devait correspondre la plus grande ambition littéraire. En remplaçant ambition par prétention, on aura d'ailleurs un coquet résumé des critiques qui ont paru dans plusieurs quotidiens après la sortie du film. La démarche de Resnais est faite pour déplaire à tous ceux qui, littérateurs de profession ou de regret, n'aiment dans le cinéma que ce qui justifie le mépris informulé où ils le tiennent. Cette alliance totale du film et de son scénario est si évidente que les ennemis du film ont aussitôt vu que c'est précisément là qu'il fallait attaquer : oui, le film est beau, mais il y a ce texte si littéraire, si peu cinématographique, etc. En fait, je ne vois pas du tout comment il est seulement imaginable de les séparer.

GODARD : Tout ça ferait très plaisir à Sacha Guitry.

DONIOL-VALCROZE : Personne ne voit le rapport.

GODARD : Si, le texte, le fameux faux problème du texte et de l'image. Nous en sommes heureusement enfin arrivés au point où même les littérateurs, autrefois en accord avec les exploitants de province, ne croient plus que ce qu'il y a d'important, c'est l'image. Et ça, Sacha Guitry l'a prouvé depuis longtemps. Je dis bien prouvé. Car, par exemple, Pagnol n'avait pas su le prouver.

43

Puisque Truffaut n'est pas là, je suis très content d'ouvrir à sa place une parenthèse pour dire qu'*Hiroshima* donne tort à tous ceux qui ne sont pas allés voir la rétrospective Guitry à la Cinémathèque.

DONIOL-VALCROZE : Si c'est là le côté agaçant dont parlait Rohmer, je reconnais que les films de Guitry ont un côté agaçant.

Une femme adulte.

ROHMER : Une chose remarquable, dans *Hiroshima,* c'est que je trouve, en effet, souvent les personnages agaçants, et que malgré ça, au lieu de m'en désintéresser, au contraire, ils me passionnent davantage.

GODARD : C'est vrai. Prenons le personnage joué par Emmanuelle Riva. On la croiserait dans la rue, on la verrait tous les jours, elle n'intéresserait qu'un nombre très limité de gens, je crois. Or, dans le film, elle intéresse tout le monde.

ROHMER : Parce que ce n'est pas une héroïne classique, du moins pas celle telle qu'un certain cinéma classique nous avait habitués à dévisager, de Griffith à Nicholas Ray.

DONIOL-VALCROZE : Elle est unique. C'est la première fois que l'on voit à l'écran une femme adulte avec une intériorité et un raisonnement poussés à ce point. Je ne sais pas si elle est classique ou pas, moderne ou pas.

DOMARCHI : Elle est moderne dans son comportement classique.

GODARD : Pour moi, c'est le genre de fille qui travaille aux Editions du Seuil ou à l'*Express,* une sorte de George Sand 1959. A priori, elle ne m'intéresse pas car je préfère le genre de filles qu'on voit dans les films de Castellani. Ceci dit, Resnais a dirigé Emmanuelle Riva d'une façon si prodigieuse que ça me donne envie de lire les bouquins du Seuil ou l'*Express.*

DONIOL-VALCROZE : Dans le fond, plutôt que le sentiment de voir pour la première fois une femme vraiment adulte au cinéma, je crois que la force du personnage d'Emmanuelle Riva est que c'est une femme qui n'essaye pas d'avoir une psychologie d'adulte, tout comme dans *Les Quatre Cents Coups*, le petit Jean-Pierre Léaud n'essayait pas d'avoir une psychologie d'enfant, un comportement préfabriqué par des scénaristes professionnels. Emmanuelle Riva est une femme adulte moderne parce qu'elle n'est pas une femme adulte. Elle est au contraire très enfantine, uniquement guidée par ses impulsions et non par ses idées. C'est Antonioni qui a le premier montré ce genre de femme.

ROHMER : Est-ce qu'il y a déjà eu des femmes adultes dans le cinéma ?

DOMARCHI : Madame Bovary.

GODARD : De Renoir ou de Minnelli ?

DOMARCHI : La réponse va de soi *(rires)*. Disons alors Elena.

RIVETTE : Elena est une femme adulte dans la mesure où le personnage de femme qu'a joué Ingrid Bergman est un personnage, non pas classique, mais d'un modernisme classique qui est celui de Renoir ou de Rossellini. Elena est une femme chez laquelle la sensibilité compte, l'instinct compte, tous les mouvements profonds comptent. Mais ils sont contredits par l'esprit, la raison. Et ça relève de la psychologie classique dans la mesure où il y a intervention de l'esprit et de la sensibilité. Tandis que le personnage d'Emmanuelle Riva est celui d'une femme non pas déraisonnable, mais non-raisonnable. Elle ne se comprend pas. Elle ne s'analyse pas. C'est d'ailleurs un peu ce que Rossellini avait essayé de faire dans *Stromboli*. Mais dans *Stromboli*, le personnage de Bergman comportait des lignes nettes, une courbe

45

précise. C'était un personnage « moral ». Au lieu que le personnage d'Emmanuelle Riva demeure, volontairement, flou et ambigu. Et c'est d'ailleurs le sujet d'*Hiroshima* : une femme qui ne sait plus où elle en est, qui ne sait plus qui elle est, qui essaye désespérément de se redéfinir par rapport à *Hiroshima*, par rapport à ce Japonais, et par rapport aux souvenirs qui lui reviennent de Nevers. Finalement, c'est une femme qui se reprend à l'origine, au début, qui tente de se définir en termes existentiels devant le monde et devant son passé, comme si elle était de nouveau matière molle en train de naître.

GODARD : On pourrait donc dire d'*Hiroshima* que c'est du Simone de Beauvoir réussi.

DOMARCHI : Oui. Resnais illustre une conception existentialiste de la psychologie.

DONIOL-VALCROZE : Comme dans *Rêves de femmes* ou *Au Seuil de la vie*, mais en plus poussé et systématique.

Filmez des montagnes

KAST : Est-ce que cela ne viendrait pas du fait que Resnais dirigeait pour la première fois des acteurs, ouvertement, aux yeux du monde, puisque nous savons qu'il a fait des films en cachette[2].

DONIOL-VALCROZE : Vu la terrible exigence de Resnais vis-à-vis de lui-même, ça explique qu'il ait poussé la direction d'acteurs à un point peut-être encore jamais atteint, même par un Renoir, un Bergman, ou un Cukor. Resnais savait que les gens de cinéma se demandaient : est-ce qu'il sait diriger des acteurs ?

DONIOL-VALCROZE : Franchement, c'est une question que je me suis posée, surtout en pensant au fait que Resnais, autrefois, voulait devenir comédien. On se pose d'ailleurs toujours cette question de la direction d'acteurs lorsqu'un documentariste passe au long métrage de fiction.

DOMARCHI : On se l'est posée pour Franju.

GODARD : Je crois que c'est une question que l'on a tort de se poser. Le cinéma, c'est le cinéma ; il y a un mot de Lubitsch que je trouve admirable. Une fois un jeune type est venu le voir en lui demandant par quoi il fallait commencer pour faire des comédies aussi parfaites que *Sérénades à trois*. Vous savez ce que Lubitsch lui a répondu ? Filmez des montagnes, mon cher ami, quand vous aurez appris à filmer la nature, vous saurez filmez les hommes.

DOMARCHI : *Hiroshima* est, en effet, d'une certaine manière, un documentaire sur Emmanuelle Riva. Je serais curieux de savoir ce qu'elle pense du film.

RIVETTE : Son jeu va dans le sens du film. C'est un immense effort de *Composition*. Je crois que l'on retrouve le schéma que j'essayais de dégager tout à l'heure : une tentative de recoller les morceaux ; à l'intérieur de la conscience de l'héroïne, une tentative par celle-ci de regrouper les divers éléments de sa personne et de sa conscience, afin de faire un tout de ces fragments, ou du moins de ce qui est devenu fragment en elle par le choc de cette rencontre à Hiroshima. On est en droit de penser que le film commence doublement après la bombe ; d'une part, sur le plan plastique et sur le plan de la pensée, puisque la première image du film est l'image abstraite du couple sur lequel retombe la pluie de cendres, et que tout le début n'est qu'une méditation sur Hiroshima après l'explosion de la bombe. Mais on peut dire aussi, d'autre part, que le film commence après l'explosion pour *Emmanuelle Riva*, puisqu'il commence après ce choc qui l'a désintégrée, qui a dispersé sa personnalité sociale et psychologique, et qui fait que l'on devine seulement après, par allusions, qu'elle est mariée, qu'elle a des enfants en France, qu'elle est une actrice, bref, qu'elle a

47

une vie organisée. A Hiroshima, elle subit un choc, elle reçoit une « bombe » qui fait éclater sa conscience, et qu'il s'agit pour elle, à ce moment-là, de se retrouver, de se recomposer. De même qu'Hiroshima a dû se reconstruire après la destruction atomique, de même Emmanuelle Riva, à Hiroshima, va essayer de recomposer *sa* réalité. Elle n'y arrivera qu'en opérant cette synthèse du présent et du passé, de ce qu'elle a découvert elle-même à Hiroshima, et de ce qu'elle a subi jadis à Never.

Bérénice à Hiroshima

DONIOL-VALCROZE : Quel est le sens de la réplique qui revient toujours au début du film dans la bouche du Japonnais : « Non, tu n'as rien vu à Hiroshima ? »

GODARD : Il faut le prendre dans le sens le plus simple. Elle n'a rien vu parcqu'elle n'était pas là. Lui non plus. D'ailleurs, de Paris, il lui dit également qu'elle n'a rien vu, alors qu'elle est parisienne. Le point de départ, c'est la prise de conscience, ou tout au moins le désir de prendre conscience. Resnais, je crois, a filmé le roman que tous les jeunes romanciers français, des gens comme Butor, Robbe-Grillet, Bastide, et bien sûr Margueritte Duras, essayent d'écrire. Je me souviens d'une émission de radio où Régis Bastide, à propos des *Fraises sauvages*, découvrait tout à coup que le cinéma avait réussi à exprimer ce qu'il croyait être du domaine exclusif de la littérature, et que les problèmes que lui, romancier, se posait, le cinéma les avait déjà résolus sans avoir eu même besoin de se les poser. Je crois que c'est un fait très significatif.

KAST : On a déjà vu beaucoup de films retrouvant les lois de la composition du roman. *Hiroshima* va plus loin. Nous sommes au cœur même d'une réflexion sur le récit romanesque lui-même. Le passage du présent au passé, la persistance du passé dans le présent ne sont plus ici commandés par le sujet, par l'intrigue, mais par de purs mouvements lyriques. En réalité, dans *Hiroshima*, c'est le conflit même entre l'intrigue et le roman qui est évoqué. Le roman tend aujourd'hui lentement à se débarrasser de l'intrigue psychologique. Le film d'Alain Resnais se trouve entièrement lié à cette modification des structures romanesques. Le raison en est simple. Il n'y a pas d'action, mais une sorte de double tentative pour comprendre ce que signifie une histoire d'amour. D'abord sur le plan des individus, dans une sorte de longue lutte entre l'amour et sa propre dénégation engendrée par l'écoulement du temps. Comme si l'amour, dans l'instant même où il se manifeste, était déjà menacé par l'oubli et par la destruction. Ensuite, sur le plan des rapports entre une aventure individuelle et une situation historique et sociale donnée. L'amour de ces personnages anonymes n'est pas situé sur l'île déserte réservée ordinairement aux jeux de la passion. Il a lieu dans un cadre précis, qui ne fait qu'accentuer, que souligner l'horreur de la société contemporaine. « Engluer une histoire d'amour dans un contexte qui tienne compte de la connaissance du malheur des autres », dit quelque part Resnais. Son film ne comporte pas un documentaire sur Hiroshima qui serait plaqué sur une intrigue, comme l'ont dit ceux qui regardent les choses un peu vite. Car Tite et Bérénice dans les ruines d'Hiroshima, inéluctablement, ce ne sont déjà plus Tite et Bérénice.

ROHMER : En résumé, dire que ce film est littéraire n'est plus un reproche puisqu'il se trouve qu'*Hiroshima* n'est pas à la remorque de la littérature, mais bien en avance sur elle. Il y a, certes, des influences précises, Proust, Joyce, les Américains, mais elles sont aussi assimilées que par un jeune romancier en train d'écrire son premier roman, premier roman qui serait un événement, une grande date, parce qu'il marquerait un pas en avant.

Le cinéma et le cinéma.

GODARD : Ce côté profondément littéraire explique aussi peut-être le fait que les gens qui d'habitude sont gênés par le cinéma à l'intérieur du cinéma, alors qu'ils ne le sont pas par le théâtre à l'intérieur du théâtre, ou le roman à l'intérieur du roman, dans *Hiroshima* ne sont pas gênés par le fait qu'Emmanuelle Riva joue le rôle d'une actrice de cinéma en train précisément de tourner un film.

DONIOL-VALCROZE : Je crois que c'est une habileté de scénario, et que de la part de Resnais, il y a dans le traitement du sujet des habiletés volontaires. A mon avis, Resnais a eu très peur que son film puisse avoir l'air d'un simple film de propagande. Il ne voulait pas qu'on puisse l'utiliser à des fins politiques précises. C'est peut-être un tout petit peu pour cette raison qu'il a neutralisé un éventuel aspect « combattant de la paix » par la fille tondue après la Libération. En tout cas, il a donné ainsi au message politique son sens profond au lieu de son sens superficiel.

DOMARCHI : C'est pour la même raison que la fille est actrice de cinéma. Ça permet à Resnais de ne pas évoquer au premier degré le problème de la lutte anti-atomique et, par exemple, de ne pas montrer un vrai défilé de gens avec des pancartes, mais un défilé de cinéma reconstitué au cours duquel, à intervalles réguliers, une image vient rappeler au spectateur que c'est du cinéma.

RIVETTE : C'est la même démarche d'esprit que celle de Pierre Klossowski dans son premier roman, *La vocation suspendue*. Il présentait son récit comme une critique d'un livre déjà paru. C'est toujours le double mouvement de la conscience, et on en revient une fois de plus à ce mot clé, qui est en même temps un mot bateau : celui de dialectique, mouvement qui consiste à la fois à présenter la chose et à prendre de la distance vis-à-vis de cette chose pour la critiquer, c'est-à-dire la nier et l'affirmer. Au lieu d'être une invention de metteur en scène, le défilé, pour reprendre le même exemple, devient un fait objectif que refilme une deuxième fois le metteur en scène. Pour Klossowski et pour Resnais, le problème est de donner à leurs lecteurs ou spectateurs le sentiment que ce qu'ils vont lire ou voir n'est pas une invention d'auteur mais un élément du monde réel. Plutôt que le mot d'authenticité, c'est celui d'objectivité qu'il convient d'employer pour caractériser cette démarche intellectuelle, car le cinéaste ou le romancier ont le même regard que leur futur lecteur ou spectateur.

DONIOL-VALCROZE : Voilà sans doute pourquoi Resnais a commencé par faire un film sur Van Gogh, puis sur *Guernica*. Son point de départ, c'est une réflexion sur des documents.

DOMARCHI : Et la « *nationale* », c'est une réflexion sur l'ensemble de la culture.

ROHMER : Et le *Styrène* serait donc une réflexion sur le processus de la création.

L'amour ou l'horreur.

GODARD : Il y a une chose qui me gêne un peu dans *Hiroshima*, et qui m'avait également gêné dans *Nuit et Brouillard*, c'est qu'il y a une certaine facilité à montrer des scènes d'horreur, car on est vite au-delà de l'esthétique. Je veux dire que bien ou mal filmées, peu importe, de telles scènes font de toute façon une impression terrible sur le spectateur. Si un film sur les camps de concentration, ou sur la torture, est signé Couzinet, ou signé Visconti, pour moi, je trouve que c'est presque la même chose. Avant *Au seuil de la vie*, il y avait un docu-

51

mentaire produit par l'Unesco qui montrait dans un montage sur musique tous les gens qui souffraient sur la terre, les estropiés, les aveugles, les infirmes, ceux qui avaient faim, les vieux, les jeunes, etc. J'ai oublié le titre. Ça devait être *L'Homme,* ou quelque chose dans ce genre. Eh bien, ce film était immonde. Aucune comparaison avec *Nuit et Brouillard,* mais c'était quand même un film qui faisait de l'impression sur les gens, tout comme récemment *Le Procès de Nuremberg.* L'ennui donc, en montrant des scènes d'horreur, c'est que l'on est automatiquement dépassé par son propos, et que l'on est choqué par ces images un peu comme par des images pornographiques. Dans le fond, ce qui me choque dans *Hiroshima,* c'est que, réciproquement, les images du couple faisant l'amour dans les premiers plans me font peur au même titre que celles des plaies, également en gros plans, occasionnées par la bombe atomique. Il y a quelque chose non pas d'immoral, mais d'amoral, à montrer ainsi l'amour ou l'horreur avec les mêmes gros plans. C'est peut-être par là que Resnais est véritablement moderne par rapport à, mettons, Rossellini. Mais je trouve alors que c'est une régression, car dans *Voyage en Italie,* quand George Sanders et Ingrid Bergman regardent le couple calciné de Pompéi, on avait le même sentiment d'angoisse et de beauté, mais avec quelque chose en plus.

RIVETTE : Ce qui fait que Resnais peut se permettre certaines choses, et non les autres cinéastes, c'est qu'il sait d'avance toutes les objections de principe qu'on pourra lui faire. Davantage, ces questions de justification morale ou esthétique, Resnais, non seulement se les pose, mais il les inclut dans le mouvement même du film. Dans *Hiroshima,* le commentaire et les réactions d'Emmanuelle Riva jouent ce rôle de la réflexion sur le document. Et c'est pourquoi Resnais réussit à dépasser ce stade premier de la facilité qu'il y a d'utiliser des documents. Le sujet même des films de Resnais, c'est l'effort qu'il doit faire pour résoudre cette contradiction.

DONIOL-VALCROZE : Resnais a souvent prononcé le mot de douceur terrible. Pour lui, c'est caractéristique de cet effort.

RIVETTE : Finalement, les films de Resnais tirent tous leur force d'une contradiction initiale. On en revient toujours là : une tentative (ou une tentation) de résoudre la contradiction fondamentale qui est partout dans le monde et qui fait que l'univers est devenu lui-même une accumulation de contradictions. Il faut d'abord résoudre ou surmonter ces contradictions locales en en prenant conscience et, en même temps, montrer qu'il n'y a pas accumulation, mais série, organisation, construction.

GODARD : On retrouve cette idée sur le plan de la mise en scène, puisque ce que veut Resnais, par exemple, c'est d'arriver à faire un travelling avec deux plans fixes.

DONIOL-VALCROZE : Oui. Les longs travellings avant de Resnais donnent en fin de compte un grand sentiment de permanence et d'immobilité. Alors qu'au contraire, ses champs/contrechamps, en plans fixes, donnent une sensation d'insécurité, donc de mouvement. Son truc de monter côte à côte des travellings faits à la même vitesse, c'est une certaine manière de rechercher l'immobilité.

DOMARCHI : C'est Zénon d'Elée.

GODARD : Ou Cocteau qui disait : « A quoi sert un travelling pour filmer un cheval au galop ? »
De la musique avant toute chose.

RIVETTE : Puisque l'on est dans le domaine de l'esthétique, en plus de la référence à Faulkner, je crois que l'on pourrait également citer un nom qui me semble indubitablement lié à la technique narrative d'*Hiroshima*, c'est celui de Stravinsky. Les problèmes que se pose Resnais à l'intérieur du cinéma sont parallèles à ceux que se pose Stravinsky en musique. Par exemple, la définition que Stravinsky donne de la musique – « une succession d'élans et de repos » – me semble convenir parfaitement au film d'Alain Resnais. Qu'est-ce à dire ? La recherche d'un équilibre supérieur à tous les éléments de la création. Stravinsky utilise systématiquement les contrastes et, en même temps, à l'instant même où ils les utilise, met en évidence ce qui les unit. Le principe de la musique de Stravinsky, c'est la rupture perpétuelle de la mesure. La grande nouveauté du *Sacre du printemps* était d'être la première œuvre musicale où le rythme variait systématiquement. A l'intérieur du domaine rythmique, pas du domaine tonal, c'était déjà presque une musique sérielle, faite de l'opposition de rythmes, de structures et de séries de rythmes. Et j'ai l'impression que c'est ce que cherche Resnais quand il monte à la suite l'un de l'autre quatre travellings, et brusquement un plan fixe, deux plans fixes, et de nouveau un travelling. A l'intérieur du contraste des plans fixes et des travellings, il essaie de trouver ce qui les réunit. C'est-à-dire qu'il cherche à la fois un effet d'opposition et un effet d'unité profonde.

GODARD : C'est ce que disait Rohmer tout à l'heure. C'est Picasso, mais ce n'est pas Matisse.

DOMARCHI : Matisse, c'est Rossellini *(rires)*.

RIVETTE : Je trouve que c'est encore plus Braque que Picasso, dans la mesure où toute l'œuvre de Braque est consacrée à cette réflexion là, alors que celle de Picasso est terriblement multiforme. Picasso, ce serait plutôt Orson Welles, tandis qu'Alain Resnais se rapproche de

Braque dans la mesure où l'œuvre d'art est d'abord réflexion à l'intérieur d'une certaine direction.

GODARD : En disant Picasso, je pensais surtout aux couleurs.

RIVETTE : Oui, mais Braque aussi. C'est un peintre qui veut à la fois rendre violentes les couleurs douces, et d'une grande douceur les couleurs stridentes. Braque veut que le jaune citron soit doux et le gris Manet aigu. Eh bien, on a cité pas mal de noms et fait preuve d'une grande culture. Les *Cahiers de cinéma* sont fidèles à eux-mêmes *(rires)*.

GODARD : Il y a un film qui a dû faire réfléchir beaucoup Alain Resnais, et dont il a d'ailleurs fait le montage : *La Pointe courte*.

RIVETTE : C'est évident. Mais je crois que ce n'est pas être perfide envers Agnès Varda que dire que, par le fait même que Resnais montait *La Pointe courte*, il y avait déjà dans ce montage une réflexion sur ce que Varda avait voulu faire. Dans une certaine mesure Agnès Varda devient un fragment d'Alain Resnais, et Chris Marker aussi.

DONIOL-VALCROZE : C'est à ce moment que l'on peut parler de la douceur terrible d'Alain Resnais, qui lui fait dévorer ses propres amis en en faisant des moments de son œuvre personnelle. Resnais, c'est Saturne. Et c'est pourquoi nous nous sentons tous assez faibles en face de lui.

ROHMER : Nous n'avons pas envie d'être dévorés. Heureusement qu'il reste sur la rive gauche de la Seine et nous sur la droite.

GODARD : Quand Resnais crie : « Moteur », son ingénieur du son lui répond : « Saturne » *(rires)*. Autre chose, je pense à un article de Roland Barthes, à propos des *Cousins*, où il disait plus ou moins que le talent, aujourd'hui, s'était réfugié à droite. Est-ce qu'*Hiroshima* est un film de gauche ou de droite?

La science-fiction est devenue réalité.

RIVETTE : Disons qu'il y a toujours eu une gauche esthétique, celle dont parlait Cocteau et que, d'après Radiguet, il s'agissait d'ailleurs de contredire, afin ensuite de contredire à son tour cette contradiction, et ainsi de suite. Personnellement, si *Hiroshima* est un film de gauche, ça ne me dérange pas du tout.

ROHMER : Du point de vue esthétique, l'art moderne a toujours été à gauche. Mais on est en droit de penser également qu'il est possible d'être moderne sans être nécessairement de gauche, c'est-à-dire que l'on peut, par exemple, refuser une certaine conception de l'art moderne et penser qu'elle est dépassée, non pas dans le même sens, mais dans le sens contraire, si vous voulez, de la dialectique. En ce qui concerne le cinéma, il ne faut pas considérer son évolution uniquement sous un angle chronologique. L'histoire du parlant, par exemple, est très en désordre par rapport à celle du muet. C'est pour ça que même si Resnais a fait un film qui est en avance de dix ans, il ne faut pas considérer qu'il y aura dans dix ans une période Resnais qui succédera à la période actuelle.

RIVETTE : Evidemment, car si Resnais est en avance, il l'est en restant fidèle à *Octobre*, de même que *Les Ménines* de Picasso restent fidèles à Velasquez.

ROHMER : Oui. *Hiroshima* est un film qui plonge à la fois dans le passé, le présent et aussi dans le futur. On y trouve un sentiment très fort de l'avenir, et surtout de l'angoisse de l'avenir.

RIVETTE : On a raison de parler du côté science-fiction de Resnais. Mais on a tort également, parce qu'il est le seul cinéaste à donner le sentiment qu'il a déjà rejoint un monde qui reste encore futuriste aux yeux des autres. Autrement dit, qui sache que l'on est déjà à l'époque où la science-fiction est devenue réalité. Bref, Alain Resnais est le seul d'entre nous qui vive véritablement en 1959. Avec lui, le mot science-fiction perd tout ce qu'il peut avoir de péjoratif et d'enfantin dans la mesure où Resnais sait voir le monde moderne tel qu'il est. Il sait nous en montrer, comme les auteurs de science-fiction, tout ce qu'il a d'effrayant, mais aussi tout ce qu'il a d'humain. Contrairement au Fritz Lang de *Metropolis*, au Jules Verne des *Cinq Cents Millions de la Bégum*, contrairement à cette idée classique de la science-fiction telle qu'elle est exprimée par un Bradbury, un Lovecraft, ou même un Van Vogt – qui sont tous en fin de compte des réactionnaires – il est bien évident que Resnais, lui, a la grande originalité de ne pas *réagir* à l'intérieur de la science-fiction. Non seulement il prend son parti de ce monde moderne et futuriste, non seulement il l'accepte, mais il l'analyse en profondeur avec lucidité et amour. Pour Resnais, puisque c'est le monde dans lequel nous vivons, nous aimons, c'est donc ce monde là qui est bon, juste et vrai.

DOMARCHI : On en revient à cette idée de douceur terrible qui est au centre de la réflexion de Resnais. Au fond, elle s'explique par le fait que, pour lui, la société se caractérise par une sorte d'anonymat. Le malheur du monde vient de ce que si quelqu'un est frappé, il ne sait pas par qui il l'est. Dans *Nuit et Brouillard*, le commentaire indique qu'un type né à Carpentras ou à Brest ne sait pas qu'il va échouer dans un camp de concentration, que déjà son destin est marqué. Ce qui frappe Resnais, c'est que l'univers se présente comme une force anonyme et abstraite qui frappe où elle veut, n'importe où, et dont on ne peut pas déterminer à l'avance la volonté. C'est de ce conflit des individus

57

avec cet univers absolument anonyme que naît alors une vision tragique du monde. C'est là le premier stade de la pensée de Resnais. Ensuite vient un deuxième stade qui consiste à canaliser ce premier mouvement. Resnais a repris le thème romantique du conflit de l'individu et de la société, cher à Goethe, à ses épigones ainsi qu'aux romanciers anglais du XIXᵉ siècle. Mais chez eux, le conflit opposait un homme à des formes sociales nettement définies, palpables, alors que chez Resnais, il n'y a rien de tel. Le conflit est présenté de façon totalement abstraite, c'est celui de l'homme et de l'univers. On peut alors très bien réagir d'une façon extrêmement douce envers cet état de choses. Je veux dire qu'il n'est plus nécessaire de s'indigner, de protester, ou même d'expliquer. Il suffit de montrer les choses sans emphase, avec beaucoup de discrétion. Et la discrétion a toujours caractérisé Alain Resnais.

RIVETTE : Resnais est sensible au caractère abstrait que prend actuellement le monde. Le premier mouvement de ses films est de constater cette abstraction. Le deuxième, de surmonter cette abstraction en la réduisant par elle-même, si je puis dire : en juxtaposant à chaque abstraction une autre abstraction afin de retrouver une réalité concrète par le mouvement même des abstractions mises en rapport.

Partir ou rester.

GODARD : C'est exactement le contraire de la démarche de Rossellini qui s'indignait, lui, de ce que l'art abstrait soit devenu l'art officiel. La douceur de Resnais est donc métaphysique, elle n'est pas chrétienne. Il n'y a aucune idée de charité dans ses films.

RIVETTE : Evidemment pas, Resnais est un agnostique. S'il croit en Dieu, c'est au pire à celui de Saint-Thomas d'Aquin. Son attitude, c'est de dire : peut-être que Dieu existe, peut-être que l'on peut tout expliquer, mais rien ne nous permet de l'affirmer.

GODARD : Comme le Stavroguine de Dostoïevski qui, s'il croit, ne croit pas qu'il croit, et s'il ne croit pas, ne croit pas qu'il ne croit pas. D'ailleurs, à la fin du film, est-ce qu'Emmanuelle Riva s'en va ? ou bien est-ce qu'elle reste ? On peut se poser sur elle la même question que sur l'Agnès des *Dames du Bois de Boulogne*, dont on se demande si elle meurt ou pas.

RIVETTE : Ça n'a pas d'importance. Il est très bien que la moitié des spectateurs croit qu'Emmanuelle Riva reste avec le Japonais, et que l'autre moitié pense qu'elle rentre en France.

DOMARCHI : Marguerite Duras et Resnais disent qu'elle s'en va, et qu'elle s'en va pour de bon.

GODARD : Je les croirai quand ils feront un autre film qui me le prouvera.

RIVETTE : Je crois que ça n'a vraiment pas d'importance, car *Hiroshima* est un film en boucle. Après la dernière bobine, on peut très bien enchaîner sur la première, et ainsi de suite. *Hiroshima*, c'est une parenthèse dans le temps. C'est le film de la réflexion, sur le passé et le présent. Or, dans la réflexion, l'écoulement du temps est aboli parce qu'elle est une parenthèse à l'intérieur de la durée. Et c'est à l'intérieur de cette durée que s'insère *Hiroshima*. En ce sens, Resnais se rapproche d'un écrivain comme Borgès qui a toujours essayé d'écrire des histoires telles qu'à la dernière ligne le lecteur soit obligé de relire l'histoire à partir de la première ligne pour comprendre de quoi il s'agit. Et ainsi de suite, sans arrêt. Chez Resnais, c'est la même idée de l'infinitésimal obtenu par des moyens matériels, les miroirs face à face, les labyrinthes en série. C'est une idée de l'infini, mais à l'intérieur d'un intervalle très bref, puisque finalement le « temps » d'*Hiroshima* peut tout aussi bien durer vingt-quatre heures qu'une seconde.

Deux mots.

ROHMER : Mais est-ce qu'en fin de compte le film signifie autre chose que lui-même ? Peut-on en extraire une vérité ?

RIVETTE : Oui et non. *Hiroshima* signifie que la réflexion fait un cercle, mais qu'il y a cependant un progrès à chaque tour. On retombe sur le vieux père Hegel qui refaisait sans cesse le même dur chemin dans sa *Phénoménologie*, mais chaque fois à un stade supérieur de la conscience.

GODARD : On a toujours, jusqu'à maintenant, considéré *Hiroshima* du point de vue d'Emmanuelle Riva. La première fois que j'ai vu le film, je l'ai au contraire considéré du point de vue du Japonais. Voilà : c'est un type qui couche avec une fille. Il n'y a aucune raison pour que ça continue toute la vie. Mais lui se dit : « Si, il y a une raison ». Et il essaye de persuader la fille de continuer de coucher avec lui. C'est alors qu'un film commence dont le sujet était : Est-ce qu'on peut recommencer l'amour ?

RIVETTE : C'est vrai aussi. Tout le film est une recherche désespérée du dialogue : c'est un double monologue qui voudrait se transformer en dialogue. Et à la fin du film, Emmanuelle Riva et le Japonais ont enfin trouvé ce dialogue puisqu'ils échangent *deux mots*, celui d'Hiroshima contre celui de Nevers. Pour lui, elle s'appellera Nevers, et pour elle, il s'appellera Hiroshima.

DOMARCHI : Pourquoi Resnais, qui est si démonstratif

sur Hiroshima, reste-t-il si discret à propos de Nevers ? Pour lui, j'imagine que la tonsure d'Emmanuelle Riva est au moins aussi terrible que tout ce qui s'est passé après l'explosion de la bombe atomique.

RIVETTE : Il y a plusieurs raisons qui militent en faveur de la discrétion relative avec laquelle Resnais aborde l'épisode de Nevers. D'abord, il est présenté comme faisant partie de la conscience d'Emmanuelle Riva. Or, il est évident que la censure, au sens freudien, continue à jouer, et que par conséquent Nevers ne peut être présenté que par brefs éclats, par bouffées, mais jamais comme de vraies scènes, car nous restons sur le plan de la subjectivité. Ensuite, du seul fait que Nevers n'apparaît que par éclairs, on le ressent comme une plongée à l'intérieur d'une réalité tellement horrible qu'il est impossible de l'affronter autrement que par courts fragments. Par exemple, les quelques plans de la cave font un effet atroce, alors que finalement on ne voit que très peu de choses sur l'écran. Par exemple toujours, le gros plan du chat. C'est ce que j'ai vu de plus effrayant au cinéma, alors qu'après tout ce n'est qu'un gros plan de chat. Pourquoi est-il effrayant ? Parce que le mouvement dans lequel Resnais nous le montre est le mouvement même de l'effroi, c'est-à-dire un mouvement de brusque prise et de brusque recul en même temps : l'immobilité de la fascination devant la *chose*.

GODARD : Oui. C'est le côté marquis de Sade de Resnais. La fille emprisonnée à la Libération, c'est un peu *Les Infortunes de la vertu*.

DOMARCHI : En guise de conclusion, on pourrait parler un peu du jeu des acteurs.

RIVETTE : Non, puisque nous sommes tous d'accord. D'ailleurs, notre débat nous a menés trop haut, et pour le clore dignement, disons simplement, comme nous n'en sommes plus à une formule près, qu'une fois de plus, tout est dans tout, et réciproquement.

Cahiers du cinéma, n° 97, juillet 1959.

1. Rivette désigne ici *Toute la mémoire du monde.*
2. Entre autres, un long métrage en 16mm, avec Danièle Delorme et Daniel Gélin.

Jean-Luc Godard
par Luc Moullet

Les quatre mois qui se sont écoulés entre la première *sneak* et la première publique d'*A bout de souffle*, le 16 mars 1960, ont permis à la bande de Jean-Luc Godard d'acquérir une notoriété jamais atteinte encore, je le crois, avant la sortie d'un film ; notoriété due au Prix Jean Vigo, à la parution d'un disque[1] d'un roman, très lointainement et infidèlement inspiré du film[2] et surtout aux comptes rendus de la presse qui font preuve d'une passion égale autant qu'inédite dans le panégyrique comme dans la destruction.

De tous les films tournés à ce jour par les nouveaux venus du cinéma français, *A bout de souffle* n'est pas le meilleur, puisque *Les Quatre Cents Coups* le coiffent au poteau ; ce n'est pas le plus percutant : il y a *Hiroshima*. Mais c'est le plus représentatif.

Cet aspect de film-type vaudra à *A bout de souffle* un succès bien plus considérable que celui des autres films de jeunes. C'est le premier qui sorte dans un circuit de salles dont l'audience soit essentiellement constituée par le « bon public », le « public moyen » sans tache de snobisme. Voilà donc réalisé ce vœu qui, depuis dix ans, fut le plus cher à la nouvelle génération : faire des films, non pas seulement destinés au public des cinémas d'art et d'essai, mais qui puissent atteindre avec succès les écrans magiques du Gaumont-Palace, du Midi-Minuit, du Normandie, du Radio-City-Music-Hall et du Balzac-Helder-Scala-Vivienne. *A bout de souffle* n'est pas dédié à Joseph Burstyn, ni même à la Warner ou la Fox, mais à la Monogram Pictures, l'Allied Artists d'hier. C'est dire qu'il rend hommage au cinéma américain le plus commercial, nous y reviendrons.

Une progression dialectique

Jean-Luc Godard est né le 3 décembre 1930 à Paris. Etudes à Nyon, puis à Paris, où il obtient un certificat d'ethnologie. D'où sa passion pour Rouch et son désir de devenir le Rouch de France. *A bout de souffle*, c'est un peu « Moi, un Blanc », ou l'histoire de deux maîtres-fous.

Durant sa première année de Sorbonne, l'année propédeutique où, c'est bien connu, les étudiants n'ont rien à faire, il découvre le cinéma grâce au Ciné-Club du Quartier Latin, la véritable source d'où vient la nouvelle génération d'aujourd'hui. De 1950 à 1952, il écrit sept ou huit articles dans le *Bulletin du Ciné-Club* (le cinéma est l'art des bons sentiments), *La Gazette du Cinéma* (il y fit l'un des premiers textes sur Mankiewicz) et les *Cahiers du cinéma* (défense et illustration du découpage classique), qui sont généralement bizarres et médiocres, justes par moments, et incompréhensibles la plupart du temps. Godard lui-même n'y accorda pas grande importance, puisque, presque toujours, il les signa d'un pseudonyme, par exemple Hans Lucas. Il rompt avec sa famille, fait les quatre cents coups, puis son petit tour du monde, c'est-à-dire des deux Amériques, il revient travailler en Suisse comme simple ouvrier au colossal barrage de la Grande-Dixence, à la construction duquel il consacre son premier court métrage, *Opération béton* (1954), financé avec les économies réalisées sur sa propre paye. C'est un honnête documentaire sans plus et sans effets, si l'on néglige un commentaire très malracien : toute sa vie Godard témoignera une grande admiration pour l'auteur des Conquérants (1933). Nous voyons déjà dans ce premier essai le principe qui régira toujours l'œuvre et la personnalité de Godard, celui – après Malraux, voici Montherlant – de l'alternance. Godard ethnologue introverti qui scrute le moindre geste ou regard des autres, sans que l'on puisse voir en retour ce qu'il pense, masqué comme toujours par d'épaisses lunettes sombres, est un personnage inquiétant, justement parce qu'il manifeste l'indifférence la plus totale, alors qu'il est en réalité le plus touché. Ce décalage perpétuel, qu'il entretient quelquefois avec une complaisance que nous aurions tort de blâmer, puisqu'elle nous fournit le meilleur de son humour, explique que Godard soit aussi le plus extraverti des cinéastes. Ce qui est le plus important pour l'homme n'est pas ce qu'il connaît, ce qu'il est, mais ce qu'il ne connaît pas et n'est pas. Sans se renier, mais pour s'enrichir, l'individu cherche à être ce qu'il n'est pas. C'est ce thème qu'étudie d'ailleurs, avec plus ou moins de bonheur à travers les oppositions de deux caractères, un ami de Godard, Chabrol. Si Godard est un grand cinéaste, c'est parce que sa réserve et son ésotérisme naturels, typiques dans ses premiers articles, l'ont poussé vers un exotérisme nécessaire, volontaire et artificiel bien plus important que celui des cinéastes les plus bouillants de vie, Renoir ou Rossellini. Godard saute ainsi du *CCQL* aux Incas, de la Sorbonne au travail manuel. L'on n'aime que le contraire de ce que l'on est.

Sur les traces de Cocteau.

Godard fera donc tantôt ce qu'il aime, mais n'est pas, tantôt ce qu'il n'aime pas, mais est. Tantôt il suivra les leçons de Preminger et Hawks, tantôt il fera leur exact contraire. *A bout de souffle* constituant d'ailleurs une synthèse des deux tendances. D'où, après *Opération béton,* volontairement conventionnel, le très personnel *Une femme coquette* (1955), variation sur les démarches quotidiennes des passants dans les rues de Genève et sur cette fascination de l'automobile venue en droite ligne de *Viaggio in Italia* (*Voyage en Italie* de Rossellini, 1953) et d'*Angel Face* (*Un si doux visage*, Preminger, 1952). Mais que l'élève, dans son ésotérisme prétentieux et enfantin, est inférieur aux maîtres! Tout cela ne rime absolument à rien; aucune direction n'anime le médiocre essai de mise en scène. Nous retrouvons cette confusion dans les nouvelles contributions de Godard aux *Cahiers du cinéma* (1956-1957). Puis rupture, après la production de *La Sonate à Kreutzer* (Eric Rohmer, 1956) et une courte apparition dans *Le Coup du berger* (Jacques Rivette, 1956), avec *Tous les garçons s'appellent Patrick* (1957) que Godard préfère, parce qu'il est inférieur à ses courts métrages postérieurs, parce qu'il respecte les règles de la comédie traditionnelle, parce qu'il lui ressemble moins et parce qu'il a obtenu un gros succès public.

Dans le jardin du Luxembourg, Patrick rencontre Charlotte, lui fait du plat, l'invite pour un soir. Cinq minutes plus tard, il rencontre Véronique, que seule le spectateur sait être la *roommate* de Charlotte : même topo. Les filles s'échangent maintes confidences sur leur soupirant, qu'elles voient soudain embrasser une troisième fille.

Cette bluette vaut par la précision de sa construction, par la vivacité et l'originalité du dialogue, par l'humour des effets répétés semblablement ou différemment pendant les deux scènes du baratin. Et surtout par l'étonnante et amusante spontanéité du comportement des deux femmes entre elles, dans leur minuscule appartement, peintes avec une authenticité encore jamais vue dans le cinéma français. Certes, il y avait eu Becker, Renoir, mais la jeune fille qu'ils décrivaient était la jeune fille d'avant-guerre, et non celle d'aujourd'hui. Et quelle grâce dans la démarche de ses héroïnes, beaucoup plus évidente que dans *Une femme coquette*! La sécheresse de l'effet artificiel d'un superbe montage court (car, Godard, qui vers 1956-1957 était devenu un professionnel du montage, mais du montage des films des autres, ne fait de faux raccords que volontaires et sait monter dans les règles, comme ici, ce qu'un Richard Quine ou un Denys de la Patellière devraient bien lui envier), cette sécheresse s'accordait fort bien avec la grâce naturellement artificielle de ces femmes coquettes. Comme chez Cocteau, nous retrouvons à travers l'artifice le plus violent le réalisme et surtout la poésie.

Cette deuxième oscillation de Godard vers le commerce et sa collaboration à un hebdomadaire qui n'autorisait guère l'ésotérisme (*Arts*, de 1957 à 1959) l'aidèrent à clarifier sa pensée : les textes qu'il donna dès lors aux *Cahiers du cinéma* furent, à la fois, très compréhensibles et très personnels. L'article qu'il consacra à *Amère Victoire* est certainement celui qui évoque le mieux l'œuvre de Nicholas Ray (*Cahiers* n° 79).

Le meilleur dialogue du monde.

De nouveau, changement complet avec *Charlotte et son Jules* (1958), le meilleur court métrage de Godard, l'un des plus personnels qui soient. Quelques plans fixes dans un seul appartement, filmés en un jour pour 550 000 francs : personne n'a encore fait meilleur pour moins cher.

Charlotte descend de la voiture de son amant en titre (Gérard Blain) pour monter dans la chambre de son ex, Jean-Paul Belmondo, qui l'accueille successivement avec toutes les attitudes qu'un homme puisse avoir à l'égard d'une femme : narquois, paternel, condescendant, il passera bientôt à la supplication. Charlotte, qui n'avait pas prononcé un seul mot, lui dit : « J'ai oublié ma brosse à dents » et s'en va.

Jamais encore l'on avait exprimé cette évolution exhaustive et vertigineusement tournoyante des sentiments et des idées si particulières à Godard, et de façon aussi concise, le temps d'un quart de cigare, douze minutes. Deux acteurs remarquables, cette spontanéité artificielle que l'on trouvait plus accusée dans le précédent, et surtout, parachevant cet étourdissant maelstrom physique et moral, un admirable soliloque du héros. Dans la comédie, Godard peut dire tout ce qu'il pense à travers ce que disent ses personnages. Car lorsque ses idées peuvent choquer, il fait en sorte que le personnage qui les exprime devienne comique. C'est pourquoi dans *Charlotte*, et aussi dans *A bout de souffle*, il réussit à aborder, sans quitter le registre léger, les problèmes les plus importants qui se posent à l'homme, et souvent à les résoudre avec une extrême intelligence et avec une extrême élégance. Ce qu'il y a d'admirable chez lui, c'est que ses intellectuels disent des choses extrêmement sérieuses de façon très naturelle, sans pontifier ni embêter : et personne avant lui n'avait encore réussi à concrétiser ce qui nous paraît un langage très abstrait ; d'où notre surprise et notre rire. Critique cinématographique, Godard a le sens du verbe et aime à développer un texte ample, rythmé au petit trot des multiples relatives, avec reprise de souffle très vite, vers la fin du décasyllabique ou de l'octosyllabique que permet d'écrire une ligne

68

d'un cahier, qui nous fait aller, sans heurt ni discontinuité, du Père-Lachaise au Kilimandjaro, ou de Camus
à Truffaut. C'est là le meilleur dialogue du monde, le
plus facile, le plus naturel, le plus coulant pour un
acteur. *Charlotte*, comme tous les Godard, est post-syn-
chronisé ; et Godard, n'ayant plus Belmondo sous la
main après le tournage, imagina de doubler lui-même
son héros, en prenant volontairement bien soin de ne
parler qu'un temps après que Belmondo eût ouvert la
bouche. L'effet accentue le fantastique du texte et
montre en même temps le décalage entre les pensées et
les dires du héros. Lequel possède déjà certains traits de
l'auteur – à la fois admiratif, sceptique et désabusé à
l'égard des femmes – montre donc en lui-même la
nature double de Godard, à la fois réellement et fausse-
ment détaché. Comme celui de von Sternberg dans *The
Saga of Anatahan*, comme celui de Cocteau dans *Le
Testament d'Orphée*, le commentaire dit par Godard est
admirable. Chaque auteur d'un film, en lui prêtant sa
voix, lui donne comme une nouvelle justification physique. C'est l'âme même du cinéaste que l'on retrouve
en contrepoint. Le naturel à la fois nonchalant et ferme
de Godard, avec sa façon particulière de baisser la voix à
chaque effet est la preuve de l'accord parfait entre le film
et le cinéaste, la preuve de sa sincérité.

Les spectateurs et les critiques pointillistes ont hurlé
devant une conception aussi révolutionnaire du dialogue
cinématographique, qui renouvelait également l'art filmique. *Charlotte et son Jules* et *Tous les garçons s'appellent
Patrick*, sous le même prétexte d'amateurisme, ce qui est
ridicule, puisque les films sont tellement dissemblables,
furent refusés par la commission de sélection du Festival
de Tours. Si *Tous les garçons s'appellent Patrick* fut
applaudi à sa sortie, tandis que le film de complément,

Un témoin dans la ville fut sifflé. *Charlotte et son Jules* reçut les quolibets de ceux qui, quelques minutes plus tard, allaient applaudir *L'Eau à la bouche*. Regrettons que les défauts techniques, même transformés en avantages émeuvent à ce point le spectateur; point n'est besoin de savoir que Godard a doublé lui-même son film pour aimer *Charlotte et son Jules*. En fait, ces ricanements sont dus au snobisme des spectateurs et des critiques qui tiennent à faire savoir à la salle que, eux, ils sont conscients du trucage, sans se rendre compte que le décalage est tellement évident qu'il ne peut pas ne pas être volontaire.

Truffaut échoue, mais Godard triomphe.

Toujours en 1958, Truffaut tourna *Une histoire d'eau*. C'était l'histoire de deux jeunes gens qui fuient la banlieue et ses inondations pour découvrir Paris et l'amour. Les plans qu'il avait faits étaient, malgré quelques touches amusantes, immontables. Il passa le relais à Godard, qui tourna quelques raccords, monta et commenta tout et, finalement, sauva le film. Comment? En accentuant son côté disparate pour lui donner un style de ballet naturel, d'abord par ce montage syncopé et tout en raccourcis – puisqu'il n'y avait pas assez de matière – qu'il avait tant admiré dans *The Wrong Man* (*Le Faux Coupable*, Hitchcock, 1956) et *Kiss Me Deadly* (*En quatrième vitesse*, Aldrich, 1954), puis inauguré pour son compte avec *Une femme coquette* et qu'il devait reprendre avec un bonheur confondant par la suite; ensuite par le serpentin infini du commentaire, qui rappelle les phrases immenses de ses dernières critiques. Plus encore que dans *Charlotte,* le texte déborde l'image. Calembours, associations de mots se multiplient de façon à faire perdre pied au spectateur, qui ne peut absolument plus suivre l'hallucinante improvisation de Godard et ne peut ramasser que des bribes. N'oublions pas que Godard a fait ces deux films après avoir admiré *The Quiet American* (*Un Américain bien tranquille*, Mankiewicz, 1957), qui lui a inspiré en partie ce renouvellement par le dialogue et le goût de la construction tournoyante, avec chute finale.

Nous retrouvons aussi l'esprit de Resnais, puisque chaque gag surgit d'un rapport entre le plan, le montage et le commentaire, mais avec en plus la grâce, l'humour et le laisser-aller. D'un anodin petit reportage amusant, Godard a fait un poème frénétique. C'est là l'une des formes limites de l'art cinématographique où l'on découvre au niveau de la synthèse filmique ce que Godard n'avait abordé dans *Charlotte* qu'au niveau du sujet et du dialogue.

Enfin, après quelques scripts écrits pour d'autres et une remarquable composition dans *Le Signe du Lion* (Eric Rohmer, 1959), Godard tourne *A bout de souffle*.

Genèse d'*A bout de souffle*.

A bout de souffle fut d'abord une suite de quelques lignes écrites par Truffaut, que Truffaut lui-même et Molinaro voulurent adapter. Godard le choisit... parce qu'il ne lui plaisait pas. « Je crois que c'est le bon système, remarque Truffaut dans *Radio-Télévision-Cinéma* : travailler librement sur une œuvre, mais dont vous vous sentez suffisamment proche pour l'attirer à vous. On possède ainsi assez de recul pour juger l'œuvre et atténuer ses défauts et on y est en même temps sensibilisé. » Godard voulut d'abord tourner un film sur la mort et l'obsession de la mort chez les héros. Mais, ayant eu la paresse d'écrire un script avant le début du tournage, il se laissa guider par l'inspiration, en se fiant uniquement à quelques lignes directrices. En fait, ce thème se trouve réduit à quelques rares, mais brillantes notations.

A bout de souffle fut tourné en quatre semaines (17 août-15 septembre 1959) en intérieurs et extérieurs réels, en muet, à Paris et Marseille, pour 45 millions, ce qui est minime, si l'on songe que le producteur dut payer une vedette internationale aussi célèbre que Jean Seberg. La caméra fut presque toujours portée à la main par le chef-opérateur lui-même, que l'on cacha un moment dans la boîte d'un triporteur conduit par Godard afin de saisir les gens sur le vif.

Michel Poiccard, voleur d'autos anarchiste, tue le motard lancé à sa poursuite. Il retrouve à Paris son amie américaine Patricia Franchini, dont il réussit à redevenir l'amant. Il la convainc de partir en Italie avec lui. Mais la police découvre l'identité du meurtrier et le traque. Patricia dénoncera Michel, qui se fera accidentellement abattre par la police.

Voilà le thème d'un parfait thriller. Godard a d'abord voulu réaliser un film commercial dans les règles du genre. Mais finalement, un peu par paresse, un peu par goût du risque, Godard a renoncé à garder du genre autre chose que la trame et le principe de l'action physique. Il n'a pas cherché à découvrir l'âme que les conventions cachent au sein d'elles-mêmes, comme Hawks et tous les grands Américains l'avaient fait, et comme Godard avait lui-même essayé de le faire dans *Tous les garçons s'appellent Patrick*. Godard a préféré au double jeu américain le franc jeu français : il n'est pas discret ; il montre noir sur blanc les particularités psychologiques de ses personnages. Ce n'est plus la profondeur uniquement intérieure que les jeunes absolutistes des *Cahiers du cinéma* ont tant vantée cinq années durant, mais une profondeur intérieure et aussi extérieure, donc anticommerciale : je veux dire que Godard s'exprime aussi par ses dialogues, puisque, comme *Hiroshima,* mais en plus sérieux, *A bout de souffle* est le dialogue de deux amants un peu perdus sur les problèmes de leur temps. Cette ambivalence d'*A bout de souffle* fera son double succès auprès du public : les snobs des Champs-Elysées qui, d'ailleurs seront satisfaits, et les salles populaires, qui marcheront à fond sur l'action et les plaisanteries, seront assez diverties pour oublier l'ésotérisme quelquefois ardu de certaines séquences. Car, pour qu'un film plaise au public, il est inutile qu'il lui plaise dans l'intégralité de ses quatre-vingt-dix minutes (les producteurs qui ont peur de choquer leurs clients ne doivent jamais amputer leur film de quelques plans, mais le laisser tel quel ou le refaire entièrement), mais il suffit qu'une vingtaine de traits forts l'excitent.

Je t'en veux... de ne pas t'en vouloir.

Quelles sont les nouveautés d'*A bout de souffle*? D'abord la conception des personnages. Godard n'a jamais suivi dans leur peinture une ligne très précise, mais plutôt une série de directions contradictoires, et ce, consciemment, Godard est un créateur d'instinct et, plutôt que la logique proprement dite (à laquelle il a satisfait dans ses premiers et timides essais, mais qu'il est désormais trop paresseux pour suivre, et je crois qu'il n'y voit guère d'intérêt), il suit la logique de son instinct. Il s'explique là-dessus dans *Charlotte et son Jules :*

« J'ai l'air de dire n'importe quoi,
Mais pas du tout ; alors ça, pas du tout,
Du seul fait que je dis une phrase,
Il y a forcément un lien avec celle qui précède,
Ne fais pas l'ahurie,

C'est de la logique cartésienne,

Mais si,

C'est exprès que je parle comme au théâtre.»

Un film ne s'écrit ni ne se tourne durant les quelques six mois qu'on lui consacre, mais pendant les trente ou quarante années qui ont précédé sa conception. Lorsqu'il tape la première lettre de son script sur sa machine, le cinéaste n'a plus qu'à savoir se laisser aller entièrement, se faire absorber par un travail passif. Il lui suffit de se retrouver soi-même à chaque instant. C'est pourquoi Godard ne sait pas toujours pourquoi tel personnage fait ceci ou cela. Mais en réfléchissant un peu, il découvrira toujours pourquoi. Il est bien certain qu'étant donné un comportement, même contradictoire, l'on peut toujours arriver à l'expliquer. Mais, chez Godard, c'est différent : tout se tient, grâce surtout à l'accumulation des petits détails, pour la simple raison que Godard a tout imaginé naturellement, en se prenant lui-même pour sujet. La psychologie, plus libre, presque invisible, est par conséquent plus efficace.

Nos deux héros ont une attitude morale encore inédite au cinéma. L'effritement du christianisme depuis la fin du siècle dernier, et dont Godard, d'origine protestante, est très conscient, a laissé l'homme libre de choisir entre la conception chrétienne d'une existence humaine relative et la divinisation moderne de l'individu. Chacune a du bon, et nos héros oscillent entre l'une et l'autre, et se sentent un peu perdus. C'est pourquoi le film est marqué du sceau de la plus grande des écoles philosophiques, l'école sophiste.

A bout de souffle est une tentative de dépassement du sophisme, comme chez Euripide, d'adaptation du sophisme à la réalité, d'où puisse sortir le bonheur. Déjà, Belmondo disait à Charlotte :

« Je ne t'en veux pas, si je t'en veux,
Non, je ne t'en veux pas, ou plutôt si
Je t'en veux, je ne sais pas,
C'est drôle, je ne sais pas,
Je t'en veux de ne pas t'en vouloir. »
Et Patricia dira :
« I don't know if I am free because I am unhappy,
Or if I am unhappy because I am free. »

C'est un peu parce qu'elle l'aime que Patricia dénoncera Michel, c'est un peu par goût de la nouveauté et pour avoir le dernier mot que Michel voudra aller se rendre à la police : le changement d'attitude, en notre temps, peut déterminer quelquefois un renversement complet de la psychologie traditionnelle en son exact contraire. Une des conséquences de ce tournoiement perpétuel est la tentation de la mise en scène, qu'il est normal de retrouver dans tous les grands films, puisque les auteurs en sont tous des metteurs en scène. Fascinés par le vertige de leur comportement, nos héros se détachent d'eux-mêmes et jouent avec eux-mêmes, pour voir ce que cela va donner : au dernier plan, par suprême ironie, Michel mourant refait une de ses mimiques comiques favorites, et Patricia lui répond. Dénouement à la fois optimiste et déchirant, déchirant par l'intrusion du comique au cœur du tragique.

Une tentative de libération par le film.

La critique a déjà signalé les différences entre les comportements de l'homme et de la femme, remarquablement bien vus dans l'étude de Jean Domarchi, parue ici-même le mois dernier. Patricia est une belle petite intellectuelle américaine qui ne sait pas trop ce qu'elle veut, et qui finit par dénoncer l'homme qu'elle aime. Comme celui de Charlotte, son personnage est beaucoup moins sympathique que le personnage masculin, plein de brillant, de bagoût, et d'une étonnante lucidité à travers pas mal d'enfantillages. Faut-il croire à une misogynie de Godard? Non, car cette misogynie extérieure, c'est-à-dire limitée au sujet, est le reflet de cette contradiction qui fonde le véritable amour de l'homme pour la femme : admiration plus mépris relatif et amusé pour celle qui préfère, à l'encontre de la raison et du goût, l'homme à la femme. Certains, parce qu'ils veulent que leurs films soient « l'œuvre d'un homme qui aime les femmes, qui le dit, et qui le montre », sont en fait des misogynes, parce qu'ils donnent l'avantage aux filles par le choix extérieur du sujet, parce qu'ils engagent les plus belles actrices du pays et ne les dirigent pas ou mal : ils ne savent pas en montrer les qualités. Encore cette alternance entre ce que l'on est et ce que l'on veut être : « I am not what I am », disait Shakespeare. Tandis que l'association Godard-Seberg donna des résultats magnifiques, sans doute parce que nous retrouvons chez Seberg cette dialectique chère à Godard. Elle est d'autant plus féminine que par sa façon de vivre, par ses cheveux à la garçonne, elle affecte d'être masculine. C'est bien connu, une femme est beaucoup plus sexy en pantalons et en cheveux courts, car cela lui permet d'épurer sa féminité de tout ce qu'elle a de superficiel.

Patricia devient cependant plus estimable lorsqu'elle téléphone à la police. C'est un geste de courage. Elle se décide enfin à sortir de ce terrible imbroglio où elle se cantonne. Mais, comme tout fait de courage, c'est une solution de facilité, Michel le lui reprochera amèrement. Car lui, il assume entièrement la charge de son personnage : il joue le jeu, il n'aime pas Faulkner ni les demi-mesures, et il va au bout de son dilemme perpétuel. Mais il joue trop bien le jeu : sa mort sera la sanction naturelle exigée à la fois par la logique, le spectateur et la morale. Il est allé trop loin, il a voulu se mettre à l'écart du monde et des choses pour les dominer.

C'est là que nous nous apercevons que Godard, tout en collant littéralement à son héros, s'en détache très légèrement, grâce à sa deuxième personnalité de cinéaste objectif, cruel et entomologiste. Godard est Michel et n'est pas Michel, puisqu'il n'est ni assassin, ni décédé, bien au contraire. Pourquoi cette légère supériorité de l'auteur sur le personnage, qui me gêne un peu? Parce que Michel n'est que le double virtuel de Godard. Il réalise ce que pense Godard. Une scène comme celle où Michel s'en va soulever les jupes des Parisiennes, montre bien cette différence. On a reproché à *A bout de souffle* d'avoir une justification essentiellement psychanalytique. Il est bien certain que le cinéma commence où finit la psychanalyse, mais lorsque le cinéaste est conscient des bizarreries de son âme et de leur vanité, elles peuvent devenir source de beauté. *A bout de souffle* est une tentative de libération par le film : Godard n'est pas, n'est plus Michel parce qu'il a fait *A bout de souffle* et que Michel ne l'a pas fait.

Un chef-d'œuvre est toujours ésotérique.

Remarquons que la forme du film est tout entière à l'image du comportement du héros, voire de l'héroïne. Mieux, elle justifie ce comportement. Michel, et encore plus Patricia, sont dépassés par le désordre de notre temps et les perpétuels accroissements et changements moraux et physiques absolument particuliers à notre époque. Ils sont victimes du désordre, et le film sera donc un point de vue sur le désordre, intérieur autant qu'extérieur, comme *Hiroshima* et *Les Quatre Cents Coups*, un effort pour le dominer plus ou moins achevé, plutôt moins achevé, parce que, s'il était vraiment achevé, le désordre n'existerait plus. Tourner un film sur le désordre sans que la structure de l'œuvre en soit imprégnée me paraîtrait la condamnation la plus sûre de ce film. Ce que j'admire dans *Les Quatre Cents Coups*, c'est que le désordre s'y résout tout au long, grâce au détachement de Truffaut, et surtout dans la séquence finale, grâce à une solution plastique, par l'ordre, c'est que Truffaut y est à la fois un jeune homme et un vieillard de soixante-dix ans. Mais il y a là un peu plus de malice naturelle que de franchise, car l'artiste n'est qu'un au moment où il fait son film, et toute évolution au cœur de l'ouvrage est forcément affectée, soit en son origine soit en sa conclusion. La supériorité de Godard sur Truffaut, c'est donc, que là où Truffaut, par un effort appliqué, s'efforce de faire entrer la civilisation de notre temps dans les cadres du classicisme, Godard, plus honnête, cherche la justification de notre époque à partir d'elle-même.

En art, la valeur serait l'ordre, et la non-valeur le désordre, prétendent certains; je ne le crois pas, car le propre de l'art est de n'avoir pas de loi; même le respect du public est un mythe, qu'il est quelquefois opportun de dénoncer. La mise en scène recrée cette impression de désordre par deux voies différentes, comme toujours chez Godard : d'abord par le naturel, la liberté, le hasard de l'invention. De la vie, Godard prend tout ce qu'il perçoit, sans choisir. Plus exactement, il choisit tout ce qu'il voit, et ne voit que ce qu'il veut. Il n'omet rien, et cherche simplement à montrer ce que signifie tout ce qu'il voit ou tout ce qui lui passe par la tête. D'incessantes ruptures de ton naturelles créent cette impression de désordre. Il ne faut donc point se choquer de ce que l'on passe subitement, au cours d'une scène d'amour, de Faulkner à Jean de Létraz. De même, lorsque Godard fait un jeu de mots, il le fait ou bon ou très mauvais, auquel cas sa médiocrité volontaire nous fait rire. Ce que Godard montre, c'est l'unité profonde qui ressort de ce désordre, de cette diversité permanente et extérieure. On a dit que le film n'était pas construit, et n'évoluait pas, ni ses personnages, sauf dans le dernier quart d'heure, et de façon assez légère. Mais c'est parce que Godard est contre l'idée d'évolution, tout comme Resnais, qui arrive à cette même conclusion par le moyen totalement opposé d'une œuvre extrêmement construite. C'est donc que cette conception est dans l'air du temps : la caméra est un miroir que l'on promène le long d'un chemin, mais il n'y a plus de chemin. Comme *Hiroshima*, *A bout de souffle* pourrait durer deux heures, et il durait effectivement deux heures au premier montage. Le très remarquable *Time Without Pity* (Joseph Losey, 1957) témoigne d'une construction très précise, et d'une progression constante, mais combien arbitraires ! Godard, lui, suit un ordre supérieur, celui de la nature, celui dans lequel les choses se présentent à sa vue ou à son esprit. Comme il le dit deux pages plus haut :

« Du seul fait que je dis une phrase,

Il y a forcément un lien avec celle qui précède. »

Le film est une suite de sketches, d'intermèdes sans relation, à première vue, comme l'interview de l'écrivain. Mais du seul fait qu'ils soient, ces épisodes ont une relation profonde entre eux, comme tous les phénomènes de la vie. L'interview de Parvulesco pose de façon claire les principaux problèmes que nos amants ont à résoudre. Comme *Astrophel and Stella* (Sir Philip Sidney, 1581), *A bout de souffle* est formé de petits cercles isolés qui, à la fin de la séquence ou du sonnet, se découvrent reliés par un cône identique à un point commun, Stella chez Sidney, Patricia ou autre chose chez Godard.

Peu importe donc la nature de l'effet, pourvu qu'il y ait un effet dans le plan. C'est ça le réalisme. D'où la multiplication des petites idées, des gags. On a reproché à Godard le cumul des *private jokes*, compréhensibles aux seuls cinéphiles ou aux seuls Parisiens. La masse du public ne les comprendra pas, mais ne sera pas gênée de ne pas les comprendre, car elle ne les percevra pas, à quelques exceptions près. Il est vrai qu'elle perdra gros. Mais il se trouve qu'une bonne part des grandes œuvres sont naturellement ésotériques, à commencer par Aristophane, illisible sans notes. Une œuvre a d'autant plus de chances d'accéder à l'éternité qu'elle définit précisément et exhaustivement un seul temps et un seul espace. Même les classiques, et Griffith, comme Autant-Lara, ont abusé de ces private-jokes que nous ignorons généralement, car ils ne sont plus nos contemporains. Lorsque Michel regarde Patricia à travers l'affiche enroulée et l'embrasse, c'est un hommage à un film inédit d'un petit cinéaste américain. Point n'est besoin de le savoir pour goûter l'effet, moins réussi cependant que dans l'original.

Plus justement, on pourrait lui reprocher les petites idées qui ne portent pas. Cet allumage des réverbères sur les Champs-Elysées ne donne absolument rien.

A quoi bon ce sous-titrage qui met en relief de façon criarde les différences fondamentales entre la langue française et la langue américaine, ce film d'Apollinaire dialogué par Boetticher, cette absence de générique ? c'est original, amusant, sans plus.

Ça n'est pas très gênant, car un détail chasse l'autre, et l'on n'a pas le temps de se rendre compte de l'inefficacité de l'un d'entre eux.

Tandis que, chez Doniol ou chez Chabrol (*A bout de souffle* est d'ailleurs la meilleure contribution cinématographique de l'homme aux lunettes d'écaille), comme les effets sont plus rares, et moins bons, cela se voit.

Pourquoi toujours des critiques ?

Ce que je viens de dire est faux, je m'en excuse. Car ce qu'il y a de particulier chez Godard, c'est que tout ce que l'on peut dire sur lui sera toujours exact (en même temps qu'il fait ce qu'il dit, il suit son principe : « Je fais toujours le contraire de ce que je dis », confesse-t-il à Michel Leblanc dans *L'Etrave* de décembre 1959). Une critique de Godard ne saurait se tromper, mais elle accumulera toujours les mensonges par omissions, que Godard me reprochera violemment. Car la vérité cinématographique, à l'image de la vie, est ambiguë, à l'opposé de la vérité des mots. Dans l'*Express* (23-12-1959), Godard nous ressort sa marquise : « Je dois l'avouer, j'ai une certaine difficulté à écrire. J'écrivais : "Il fait beau. Le train entre en gare" et je restais des heures à me demander pourquoi je n'aurais pas pu aussi bien écrire le contraire :"Le train entre en gare. Il fait beau", ou "Il pleut". Au cinéma, c'est plus commode. En même temps, il fait beau et le train entre en gare. Il y a un côté inéluctable. Il faut y aller. »

Voilà qui explique le goût et la répulsion de Godard pour la critique, qui lui permet de clarifier le désordre qu'il constate. Les périodes de désordre et de progression, comme le XXe ou le XVIIIe, par opposition aux périodes de plus grande stabilité et de création, comme le XVIIe et le XIXe, dont quelques génies se détachent, voient le triomphe de la réflexion sur soi, de l'effort de synthèse (d'où les multiples références picturales, cinématographiques et littéraires d'*A bout de souffle*). Ces périodes sont essentiellement marquées par l'œuvre des critiques (ni Racine ni Molière n'ont vraiment fait de critique, à l'opposé de Voltaire et Diderot qui n'ont presque fait que ça), naturellement doués pour la synthèse. Et qui dit synthèse dit importance considérable du montage. Aujourd'hui, nous avons donc un tas de créateurs-critiques et monteurs qui ne l'emportent jamais nettement sur les autres. De la nouvelle génération, aucun nom ne peut se détacher des autres. Si *A bout de souffle* est meilleur qu'*Hiroshima*, c'est parce que Godard avait vu et critiqué *Hiroshima* avant de commencer son film ; ce n'est pas parce que Godard est plus fort que Resnais. Donc, si vous voulez devenir très célèbre aujourd'hui, ne vous dirigez pas vers la création, mais plutôt vers la politique. Œuvre de personnalités très différentes, le jeune cinéma français est quand même un peu une œuvre collective. Il y a ceux qui vont un peu plus loin, ceux qui vont un peu moins loin ; la différence est quantitative.

Ce que je viens de dire est faux, car Godard réussit ce tour de force, bien dans ses cordes d'ailleurs, d'être à la fois très rossellinien, comme nous l'avons vu jusqu'ici, et pas rossellinien du tout. Et c'est pourquoi l'on pense souvent à Resnais. Godard observe minutieusement la réalité, mais en même temps, il cherche à la recomposer au moyen d'artifices flagrants. Tous les débutants, par peur des hasards du tournage, ont tendance à préméditer soigneusement leurs films et à faire de grandes figures de style. Dans *Charlotte et son Jules*, par exemple, nous découvrions une utilisation scientifique du décor aussi poussée que chez Lang. Ainsi s'explique le style du montage d'*A bout de souffle,* où les flashes alternent de façon savante avec les plans très longs. Parce que la conduite des personnages reflète une série de faux raccords moraux, le film sera une suite de faux raccords. Seulement, voilà, oh! que c'est beau, que c'est délicieux, ces faux raccords! Mais en fait, c'est bien ce qu'il y a de moins neuf dans le film : l'expression systématique et simpliste du sujet par le découpage, le montage et le choix des angles. Ça n'est pas très malin de foutre une contre-plongée chaque fois qu'un personnage est accablé, Aldrich, Berthomieu et Clément l'ont fait toute leur vie : ça porte rarement. De même, il y a procédé lorsque, au cours d'un même panoramique, l'on saute de Seberg et Belmondo sur les Champs-Elysées à Belmondo et Seberg sur les mêmes Champs, en passant par l'ombre de De Gaulle et Eisenhower défilant, cela veut dire que la seule chose qui compte, c'est soi, non pas la vie politique, extérieure et sociale – et la censure, en coupant les plans où nos généraux figuraient, les a réduits à l'état d'entités, de fantoches ridicules – cela veut dire que ce qui restera de notre temps, ce sera *A bout de souffle*, mais certainement pas De Gaulle ni Eisenhower, pitoyables et nécessaires figurines comme le sont tous les hommes d'Etat. Il y a procédé lorsque, très différemment de celle de *Vertigo* (*Sueurs froides*, Hitchcock, 1957) et de celle des *Cousins* (Chabrol, 1958), la caméra du grand Coutard tourne, tourne sans cesse en même temps que l'âme des héros. Cela a un sens précis. C'est l'expression très classique d'un comportement moderne.

Mais ce qui fait la légère supériorité d'*A bout de souffle* sur cet autre film à formule qui s'appelle *Hiroshima*, c'est que, chez Godard, la spontanéité l'emporte sur la formule, qui la complète et la résume, à l'encontre de chez Resnais, où la spontanéité ne concerne que la direction d'acteurs. Autre supériorité de Godard, c'est qu'il s'attaque à quelque chose de concret, tandis que le souvenir, l'oubli, la mémoire, le temps, sont des choses qui ne sont pas concrètes, qui n'existent pas, et qui, comme le didactisme chrétien ou le communisme ne sont pas assez sérieuses pour être traitées par ce langage profond qu'est celui de l'écran. L'inaptitude d'*Hiroshima* à évoquer concrètement ces problèmes est d'ailleurs fascinante, elle aide même à l'expression de quelque chose de très différent.

Godard ne s'est peut-être pas senti assez fort pour exprimer ce désordre de notre temps avec clarté et en plans fixes ; et il a appelé à la rescousse la facilité de la technique. Il n'y a pas d'opposition entre le point de vue et ce qui est montré, comme chez Truffaut ; mais c'est peut-être là la rançon de la sincérité la plus parfaite. Quoiqu'à mon avis *A bout de souffle* n'eût pas été moins génial s'il avait été privé de ces artifices.

La réconciliation de l'homme avec son temps.

En fait, je crois qu'*Hiroshima* a prouvé qu'il était nécessaire de recourir à certains trucs pour reproduire la vision de notre monde contemporain, où, physiquement comme moralement, un nombre considérable d'artifices conditionnent notre champ de vision. Le cinéma à hauteur du regard de l'homme finit par être démodé. Et là où Resnais réussissait à demi, là où ses copistes, snobs comme Pollet (l'excellente *Ligne de mire*, 1959), irréfléchis comme Hanoun (*Le Huitième Jour,* 1959) ou Molinaro (*Une Fille pour l'été*, 1959), échouaient lamentablement, Godard réussit à nous faire admettre que cet univers moderne, métallique et terrifiant comme la science-fiction, magnifiquement représenté par Jean Seberg, moins « vivante » que chez Preminger, plus lunaire dans la décomposition de son être, est un univers merveilleux et plein de beautés. Godard est un homme qui vit avec son temps, comme le montre l'estime qu'il porte aux marques de civilisations proprement modernes, automobiles ou bandes dessinées de *France-soir*. Car la véritable civilisation de notre temps, ce n'est pas celle, réactionnaire, de droite, incarnée par l'*Express* ou les pièces de Sartre, caractérisée par le refus de ce qui est et l'intellectualisme morose, c'est bien celle, révolutionnaire et de gauche, représentée entre autres par ces fameuses bandes dessinées.

C'est pourquoi, sous le prétexte qu'ils sont les plus grands artistes franco-suisses, l'on aurait tort de rapprocher Godard de Rousseau. Si Jean-Jacques nous propose la nature contre l'artificiel, Jean-Luc, lui, revendique à cent pour cent la civilisation moderne, la ville et l'artificiel. Suivant la tradition américaine, au sens noble du mot, d'un Whitman, d'un Sandburg, d'un Vidor et même d'un Hawks, il accomplit la plus haute mission de l'art, il réconcilie l'homme avec le temps qui est le sien, avec ce monde que tant de plumitifs constipés prennent pour un monde en crise – et qui, souvent, sont mal placés pour juger, n'en connaissant point d'autre – un monde qui crucifie l'homme. Comme si l'homme n'était pas plus apte à se révéler dans un monde qui semble le harceler. Pour Godard, le XXᵉ siècle n'est pas un énorme affront à la face du créateur ; il suffit de savoir voir et admirer. La force, la beauté de sa mise en scène, qui, en son accomplissement, ne saurait imposer d'autre image que celle de la sérénité, de l'optimisme, nous font découvrir toute la grâce profonde de ce monde terrifiant au premier contact, à travers cette poétique du faux raccord et de la perdition.

Cahiers du cinéma, n° 106, avril 1960.

1. Columbia, 1960
2. Pierre Seghers Ed., 1960.

Les Bonnes Femmes
de Claude Chabrol

par André S. Labarthe

> « *Notre art, c'est d'être aveuglé par la vérité ;
> seule est vraie la lumière sur le visage grotesque qui
> recule, rien d'autre.* » **Kafka.**

D'une manière générale, le dernier film de Chabrol a
reçu de la part de la critique un accueil pour le moins
mélangé. Si on ne l'a que rarement détesté, il est intéressant de noter que ceux mêmes qui l'ont, en partie ou
en totalité, goûté – disons de Pierre Marcabru à René
Cortade et Claude Choublier – n'aient pas su trouver à
leur plaisir (ou à leur déplaisir) les justifications qu'on
aurait pu attendre. A tel point qu'on peut se demander si
Les Bonnes Femmes ont été véritablement comprises.
Tout se passe comme si ceux qui ont reconnu que c'était
le meilleur film de Chabrol, celui où il était allé « jusqu'au bout de lui-même » (Choublier), n'aient su aller
eux-mêmes jusqu'au bout de leur argumentation. On
regrette, par exemple, que Pierre Marcabru, dont les
réserves l'emportent d'assez loin sur les louanges, n'ait
pas poussé son analyse à son terme : chacune de ses
affirmations se révèle à la fois juste et fausse selon qu'elle
s'applique à un élément du film ou à son ensemble ; chacune nourrit la condamnation du film alors que, déve-

loppée, restituée au moment du film qu'elle définit, elle fût vraisemblablement passée à son actif. Ces affirmations donnent le ton qui a marqué la quasi-totalité des critiques. Je me permets donc d'en relever quelques-unes : « Si je ne craignais de faire sourire, je dirais que les personnages n'ont pas d'âme… Une certaine manière de prendre les personnages de haut, de ne point se compromettre avec eux, de garder ses distances, de se tenir à carreau… *Le Beau Serge* laissait espérer mieux. C'est un auteur qui s'escamote. Et qui n'a rien à dire. » Nous allons voir que la vérité n'est pas si simple.

On aura compris, je pense, que je tiens le dernier film de Chabrol non seulement pour son chef-d'œuvre, mais encore pour l'aboutissement de tout le jeune cinéma français. Je ne voudrais pas blesser les meilleurs supporters d'*A bout de souffle*, dont je me flatte d'être, mais le film de Godard était-il, comme on l'a dit, l'aboutissement de la Nouvelle Vague ? Un film d'auteur, certes, mais est-ce vraiment les cinéastes qui se définissent d'abord comme auteurs qui font progresser un langage ? Je pense plutôt qu'ils profitent de ses progrès, mais qu'ils ne les déterminent pas ou seulement dans une assez faible mesure. *A bout de souffle* est un film de Godard avant d'être un film moderne, tandis que *Les Bonnes Femmes* sont évidemment d'abord un film moderne. Ce qui signifie, en simplifiant, que Godard se sert du cinéma, que Chabrol le sert. Chabrol n'a peut-être « rien à dire », mais après tout ce n'est pas le message qui fonde obligatoirement la vocation de cinéaste, ce peut être aussi la simple et impérieuse nécessité d'exercer un regard.

La mise en scène, chez Chabrol, n'est rien d'autre que l'exercice de ce regard. La plus grande maîtrise, rien d'autre que l'exercice d'un regard plus pur. Toute la carrière de Chabrol peut se résumer dans l'histoire de cette purification et si *Les Bonnes Femmes* sont son meilleur film, c'est qu'il est le film du plus pur regard. Car cette ascèse de la forme va si loin, dans ce cas précis, le regard de Chabrol s'est à ce point purifié de ce qui n'était pas lui-même, que la mise en scène en arrive à se constituer en catégorie pure, entendez en condition a priori du métier de cinéaste. C'est en ce sens que *Les Bonnes Femmes* doivent être considérées comme un aboutissement – au même titre que *Le Déjeuner sur l'herbe*. (D'ailleurs Chabrol ne serait-il pas le cinéaste le plus proche de l'auteur du *Testament du Docteur Cordelier*?) Avec *Les Bonnes Femmes* comme avec *Le Déjeuner sur l'herbe*, le cinéma est définitivement entré dans une ère nouvelle, l'ère du réalisme, du synthétisme, de l'objectivité, choisissez le mot qui vous plaît le plus, bref l'ère où la pureté de la mise en scène fonde dialectiquement l'objectivité du réel.

Reconnaître cette fonction de la mise en scène, c'est reconnaître que tombent à plat les accusations de vulgarité qui ont été portées contre *Les Bonnes Femmes*. Renoir lui-même, depuis *French Cancan*, n'a cessé d'essuyer de semblables reproches. Le malentendu vient d'une confusion, toujours renaissante, entre deux ordres d'idées différents. *Les Bonnes Femmes* sont aujourd'hui le lieu de cette confusion. « *Le Beau Serge* laissait espérer mieux », écrit Marcabru. C'est vrai si l'on juge les films à l'aune du cinéma traditionnel. Seulement ce cinéma, c'est précisément celui que Chabrol critique, puis Chabrol metteur en scène, n'ont jamais cessé de stigmatiser. Si au contraire on admet une émancipation du jeune cinéma, alors il faut admettre que chacun des films de Chabrol est une étape sur la voie de cette émancipation. Pourquoi donc crier à la trahison aujourd'hui où voici Chabrol parvenu sur la face inconnue de la lune? On finit par se demander si ce ne sont pas ceux qui ont le plus soutenu les efforts de Chabrol à ses débuts qui ont par la suite trahi le plus le cinéma.

Mais si l'on convient que Chabrol pose aujourd'hui sur le réel son plus pur regard, on ne lui reprochera plus sa vulgarité, mais le choix de ses sujets. Je rappelle l'argumentation : *Le Beau Serge* avait le mérite de faire partie de la trame biographique de Chabrol ; derrière la mécanique des *Cousins* se laissait encore découvrir certaine complicité de l'auteur avec ses personnages. Bref Chabrol connaissait ce dont il parlait! Avec *A double tour*, on décrochait franchement : l'éclat de la mise en scène, dit-on, n'arrivait pas à masquer la profonde impassibilité de l'auteur qui vraiment commençait déjà « à prendre ses personnages de haut », à « garder ses distances », à « se tenir à carreau ». Seul peut-être, autant que je m'en souvienne, Louis Marcorelles entrevit à quoi répondait cette distance que Chabrol prenait aussi impitoyablement à l'égard de son sujet : la nécessité de l'objectivité. Même ceux qui avaient salué le talent d'entomologiste de Chabrol à travers ses deux premiers films reculèrent lorsqu'il s'agit de reconnaître le plus bel échantillon de talent. Pourtant, si l'évolution de Chabrol se définit par une ascèse toujours plus grande de la forme, une conception toujours plus catégorique de la mise en scène, il ne faut pas hésiter à affirmer que les premiers films de Chabrol se trouvaient desservis par le caractère autobiographique de ses sujets, véritable poussière dans l'œil du cinéaste. Aussi proche de ces sujets qu'on puisse en effet l'imaginer, comment Chabrol eût-il pu ne pas charger ses personnages par avance des sentiments qu'ils lui inspiraient, comment eût-il pu réussir à ne pas ajouter à leurs traits comme le reflet de l'intérêt sentimental qu'il leur portait? C'est ce reflet qu'avec *Les*

Bonnes Femmes il est parvenu à éliminer à peu près complètement. Ce que Marcabru traduit à sa manière : « C'est un auteur qui s'escamote ». Choisir un sujet aux antipodes de ses préoccupations personnelles, ce n'était donc pas fuir la responsabilité de son art, mais, tout au contraire, s'engager un peu plus loin, assurer plus fermement la fonction de la mise en scène : le goût de Chabrol pour ce qu'il appelle « les petits sujets » n'a pas d'autre signification.

C'est d'ailleurs ce qui fait que *Les Bonnes Femmes* ne sont pas seulement le meilleur film de Chabrol, mais aussi celui où la part de son scénariste Gégauff est la plus grande. Mieux : c'est parce que c'est le meilleur film de Chabrol que c'est surtout un film de Gégauff. N'est-ce pas dans la mesure où Gégauff sera l'auteur du sujet que le regard de Chabrol sera le moins contaminé par la proximité de ce sujet ?

Voici donc que Gégauff dispose, sous le pur regard qu'est le cinéaste, un petit monde qu'il a élu, le petit monde des bonnes femmes. Voici qu'il le fait vivre, l'anime d'une vie propre, lui invente un destin autonome. Là-dessus Chabrol braque son objectif – son microscope ? – et observe ces étranges animaux : quatre bonnes femmes en blouse blanche, parlant toutes avec la voix molle de Bernadette Lafont, vivant la même vie faite des mêmes gestes, traversée des mêmes hantises. Il les examine avec curiosité, Kast dirait l'œil d'un zoologue découvrant une colonie de martiens. Sans aménité de principe, mais sans inimitié : l'objectivité est à ce prix. *Les Bonnes Femmes*, c'est d'abord la rencontre de deux planètes.

Vu ainsi, non pas du haut de sa méfiance ou de son mépris, comme on l'a dit, mais à distance, il est clair que ce petit monde apparaîtra tout dénué de signification.

Mais attention : cela ne signifie pas qu'il n'aura, pour lui-même, aucun sens. Cela signifie que le regard du cinéaste se veut pur de tout préjugé. L'étude des mœurs humaines ne diffère pas par nature de celles des animaux : elle n'en diffère que par son objet. D'où ces longues scènes à la piscine et surtout au Jardin des Plantes où l'impassibilité de l'objectif juxtapose, comme un collectionneur ses timbres, les cris des animaux et les rires des bonnes femmes. Car ce ne sont pas seulement les gestes, le comportement des bonnes femmes qui nous apparaissent absurdes, c'est aussi leur langage, dont nous saisissons les caractéristiques formelles avant les significations. Le langage lui-même est objectivé, disons même réifié.

Le cinéma ne nous avait pas habitués à une telle objectivité. Nous avions coutume d'assister à un film en suivant l'enchaînement de ses significations : si tel personnage faisait tel geste, nous en connaissions immédiatement la signification (les tenants et aboutissants), s'il parlait, nous allions directement au sens de ses paroles. Même si, accessoirement, nous notions la tonalité de la voix, la grâce du geste. Avec *Les Bonnes Femmes* nous voici privés de cette confortable habitude que nous avions d'aller du sens à la forme. On pourrait presque dire que *Les Bonnes Femmes* sont le premier film qui par principe ne soit pas un film à thèse.

Toute la première partie des *Bonnes Femmes* fait la part de ce principe. Le danger était, bien sûr, que le film s'en tînt là, qu'il ne fût qu'une manière de tourner en rond autour de son objet sans que celui-ci ne nous livre la moindre parcelle de son mystère. Le danger était que les auteurs enfermassent une fois pour toutes leurs personnages dans une cage de verre, et versassent, au mieux, dans une sorte de misanthropie sans espoir. On sait que tel est le point des plus vives attaques qui ont été menées contre Chabrol dès son second film. Complaisance dans le sordide, mépris des personnages : le fascisme, paraît-il, est au bout de la route. Mais je ne vois pas qu'une analyse un peu serrée des films conduise à pareille conclusion. Je veux bien qu'il entre quelque masochisme dans cette première partie des *Bonnes Femmes*, puisque, après tout et en quelque façon, nous faisons partie de ce monde qui nous est montré. Et la musique souligne suffisamment les intentions qu'ont eues Gégauff et Chabrol de faire grinçant, voire féroce. J'accorde aussi à Marcabru qu'à ce niveau « les personnages n'ont pas d'âme », mais à la condition de reconnaître que ce n'est là qu'une vérité partielle, donc une contre-vérité, bref une erreur féconde si l'on admet avec Marx que « le faux est un moment du vrai ». Le jugement de Marcabru signale un autre danger qui guettait Chabrol : introduire de l'humain pour être sûr qu'il soit là.

L'affirmation de Marcabru est finalement une contre-vérité parce que ce constat impartial finit précisément par déboucher sur l'âme des personnages – je ne crains pas de faire sourire – et que le ton grinçant des premières images finit pas disparaître pour laisser affleurer un sentiment de profonde humanité, dirai-je une sorte de tendresse ? Peu à peu, cette pantomime absurde, ces concerts effrayants d'« inanité sonore », à force de se répéter, de se multiplier, s'ordonnent et finissent par avoir non pas un sens comme la rivière, mais du sens. L'itinéraire même du film est cette découverte progressive. L'humanité naît du seul spectacle – c'est-à-dire de la seule ascèse de la mise en scène – et n'est plus, comme cela se fait toujours, plaquée de l'extérieur, surajoutée par l'auteur à ses personnages, passée en contrebande par le détour d'un « grand sujet ».

Pour se garder de cette pétition de principe, le cinéaste ne prendra jamais trop de précautions. Et Chabrol plus qu'aucun autre. Nous en avons examiné deux, d'ailleurs corrélatives : la mise en scène constituée en catégorie pure et le choix d'un « petit sujet ». Il en existe une troisième, qui n'est pas la moins originale. Ici entre en jeu Ernest, ce mystérieux personnage qui suit les bonnes femmes d'un bout du film à l'autre, jusqu'au moment de son intervention. Dira-t-on en effet qu'on ne peut observer impassiblement, d'un regard innocent, ce dont par définition on fait partie, alors Chabrol répond au moyen d'Ernest. En Ernest s'incarne, se condense, se projette, toute la subjectivité dont l'auteur a dû se débarrasser pour se faire pur regard. La fonction d'Ernest est donc double : problématiser le rapport de l'observateur et de l'objet observé, exorciser les dernières traces de subjectivité en la précipitant dans l'ordre de l'objectivité. Ainsi se trouve maintenue l'essentielle ambiguïté qui définit l'artiste : ni tout à fait innocent, ni tout à fait coupable, il reste le témoin d'un tourment fondamental.

Cahiers du cinéma, n°108, juin 1960.

L'Année dernière à Marienbad, d'Alain Resnais

par André S. Labarthe

Plutôt que de surenchérir, comme on ne manquera pas de faire, sur le caractère d'exception de *Marienbad,* je ferai ici état de la démarche inverse. Le dernier film d'Alain Resnais est une œuvre datée. Il a été réalisé dans certaines conditions. Il s'appuie inévitablement sur un acquis. Il s'inscrit nécessairement au terme d'une évolution ou d'une certaine idée de l'évolution du cinéma. C'est pourquoi je dirai pour commencer que *Marienbad* est le dernier en date des grands films néoréalistes.

Souvenez-vous de l'analyse que faisait Bazin de l'art du récit dans le cinéma néoréaliste italien et plus particulièrement dans *Païsa*[1]. C'était il y a quinze ans. Le néoréalisme était alors l'avenir du cinéma. Il apportait à l'art du film sa première révolution importante sans laquelle les œuvres que nous aimons aujourd'hui ne seraient pas tout à fait ce qu'elles sont.

Essentiellement, le néoréalisme substituait au scénario classique, fondé sur l'agencement dramatique des scènes, un scénario ouvert, plus proche par conséquent de l'expérience que nous avons du réel. Le film néoréaliste se présente comme une suite de fragments sans lien logique apparent et séparés les uns des autres par des manques, fragments et manques constituant les pleins et déliés d'une trame sans rapport avec le tissu serré dont le cinéma avait jusqu'ici tiré le maximum de ses effets.

Conséquence remarquable : cette conception nouvelle du cinéma impliquait une façon nouvelle de regarder les films. Au spectateur passif succède le spectateur actif qui convertit la trame discontinue du récit en une continuité cohérente. Exactement comme il procède dans la vie courante. Le film, désormais, ne fonctionne plus sans lui.

Cette révolution du récit – Bazin le montrait aussi – rejoignait celle de *Kane* et des *Amberson*, bien que par des voies différentes. *Kane*, comme *Païsa*, tournaient également le dos à une conception finaliste du scénario et de la mise en scène. Au spectateur ils proposaient non plus une matière pré-digérée, prête à être absorbée, mais au contraire une matière brute (même si, en fait, elle était extrêmement travaillée) d'où il pouvait extraire son film. En un mot, le sens du film n'était plus imposé au spectateur, mais devait être construit par lui à partir des éléments du film. Comme dans la vie courante, encore, le sens des événements n'est jamais qu'une hypothèse et si l'image est un langage[2], c'est un langage sans signification.

On voit tout de suite comment les films de Resnais et, au premier chef, Marienbad, s'inscrivent naturellement dans le sillage de l'expérience néoréaliste. Mêmes lacunes dans le scénario, même ambiguïté de l'événement, même effort exigé du spectateur. On objectera, avec quelque apparence de raison, qu'entre les lacunes de *Païsa*, du moins sommes-nous en mesure d'en identifier les scènes. Mais en est-on si sûr? Ne serions-nous pas plutôt notre propre dupe? N'est-ce pas plutôt qu'au spectacle de *Païsa* nous faisons déjà nôtres ces fragments de réel? Si « représenter » c'est arracher le réel à son passé et à son avenir pour le rendre à l'événement pur, même un plan d'actualité est un plan équivoque. La preuve en est la diversité des significations qui s'attachent instantanément à un événement, qu'il nous soit relaté dans les colonnes d'un journal du soir ou montré dans les bandes d'Actualités. Tant il est vrai que nous sommes incapables de regarder (je ne dis même pas de comprendre) un événement sans en faire immédiatement notre chose, sans l'interpréter, sans que notre regard ne s'ajoute à lui pour former un amalgame, un mixte dont la nature appartient autant au document qu'à la fiction dont nous l'enveloppons. Tout cela revenant à dire qu'on ne lit pas le réel, comme on lirait un roman, mais qu'on lit en lui.

Le cinéma traditionnel avait réussi à dissiper toute possibilité d'équivoque en accompagnant chaque scène, chaque plan, de ce que le spectateur devait en penser : de sa signification. A la limite, ce cinéma-là n'avait pas besoin de spectateur puisque celui-ci était déjà inclus dans le film. La nouveauté des films de Welles et des grandes œuvres néoréalistes fut de requérir de façon expresse la participation du spectateur. C'est en ce sens qu'il faut parler de phénoménologie : le regard du spectateur fait autant le film que la volonté de ses auteurs.

Par rapport à Welles ou Rossellini, l'originalité du film de Resnais et Robbe-Grillet est d'avoir systématisé cette découverte. Dans *Kane* ou dans *Païsa*, les lacunes du récit étaient, en quelque façon, tolérées. Elles étaient nécessaires parce qu'inévitables. De ces lacunes, Resnais et Robbe-Grillet ont fait l'objet même de *Marienbad*. Si bien que le film apparaît comme la surface d'émergence d'images énigmatiques à propos desquelles la seule chose que nous puissions affirmer est qu'elles appartiennent au même film. *Marienbad* est en ce sens un documentaire, mais d'un genre très particulier : le spectateur ignore de quoi il est le documentaire. En somme, Resnais et Robbe-Grillet ont réuni un certain nombre de documents, d'images-témoins, et laissent au spectateur le soin de les convertir en une fiction qui leur donnera un sens. Le premier homme découvrant le monde dut éprouver la même difficulté à le comprendre, c'est-à-dire à l'ordonner. Devant *Marienbad* nous serions tentés de nous écrier avec Valéry : « On dirait que le monde est à peine plus vieux que l'art de faire le monde. »

Il est curieux que personne n'ait noté qu'aucun des artisans du néoréalisme – ni Visconti, ni Rossellini, ni De Sica, ni même Fellini – n'a eu recours au retour en arrière. Welles lui-même l'abandonne après son premier film. Tout se passe comme si tout l'effort vers plus de réalisme, avec lequel se confond l'histoire du néoréalisme, aboutissait à l'élimination inéluctable de tout ce qui pût rompre la chronologie des faits ; puisqu'en fin de compte, c'est l'Histoire qui justifiait le cinéma, il fallait s'en tenir à la chronologie de l'Histoire. Et il est certain que dans cette optique le flash-back apparaît comme l'ultime tricherie, un procédé inadmissible. Si l'on admet que la dernière conséquence de l'esthétique néoréaliste eût été ce film, dont rêvait Zavattini, qui se fût fait la relation précise et exhaustive de 90 minutes de la vie d'un homme, n'en doutons plus : le flash-back est une imposture.

En fait, les choses ne sont pas aussi simples. Nous avons vu comment, dans le cinéma traditionnel, tout manque, toute lacune dans le récit, était considéré comme une faute, tout l'effort des auteurs, scénariste aussi bien que metteur en scène, consistant à éliminer ces manques et à poser le film comme un bloc sans faille. Le flash-back répondait alors au même souci ; il n'était pas destiné à autre chose qu'à combler les dernières lacunes, qu'à cimenter l'histoire dans ses antécédents.

Mais *Kane*, dira-t-on ? Mais *Lola Montès* ? Mais *Hiroshima* ? C'est précisément le génie de Welles, Ophuls et Resnais, que d'avoir utilisé un procédé classique à des fins absolument contraires à celles que ce procédé servait jusqu'ici. Dans *Kane*, dans *Lola Montès*, dans *Hiroshima*, la fonction du flash-back n'est plus d'effacer la discontinuité du récit, je dirais même : au contraire. Bien entendu, l'ancienne fonction persiste sous la nouvelle : le flash-back sert encore l'histoire. Il reste encore le signe d'une volonté de signification puisqu'il se rattache à une chronologie. Dans *Marienbad* ce signe disparaît à son tour. Dès lors, la chronologie d'une histoire n'apparaît plus que comme le dernier préjugé « essentialiste » : dire que le mot fin vient après trois ou quatre cents plans, c'est donner un sens au film qui coulerait, comme un fleuve vers la mer, depuis quelque chose qui serait le commencement vers quelque chose qui serait la fin. Dans *Marienbad*, rien n'aboutit à rien. Le mot fin lui-même ne vient pas mettre un terme sur l'écran à une aventure qui aurait suivi le cours du temps. Bref, comme le sens, le temps (la chronologie) n'existe pas en dehors du regard qui se pose sur les choses et c'est pourquoi *Marienbad* a doublement besoin du spectateur pour se constituer en histoire. Si ce film existe, c'est à la façon d'un objet : comme les taches de Rorschach.

En résumé, toute scène, dans *Marienbad*, à quelque niveau de réalité que la situe la conscience du spectateur, participe du même réalisme qui est le réalisme du support. Pour reprendre le parallèle avec le mode de récit traditionnel, je dirai qu'habituellement le spectateur est tenu d'accommoder sur les différents plans du film (exactement comme le regard accommode lorsqu'il passe d'un objet à un autre situé plus loin dans le champ de perception) tandis que *Marienbad* se présente à lui comme un objet à deux dimensions dont toutes les parties se situent sur le même plan de réalisme. Entre un plan du passé et un plan du présent, aucune différence objective : c'est le spectateur qui structure le film, qui établit des différences de réalité, qui constitue l'objet (le film) en perspective (disons en trois, quatre ou cinq dimensions).

En somme, Resnais et Robbe-Grillet font au cinéma ce que font depuis longtemps certains peintres abstraits : ils proposent non pas une histoire, mais une suite d'images appartenant au même plan de réalisme qui est le film, et c'est le spectateur qui introduit une profondeur. Car le véritable successeur du peintre figuratif n'est pas le peintre abstrait, mais celui qui regarde une peinture abstraite. Il y a donc moins de rapport entre Delacroix et Nicolas de Staël qu'entre Delacroix et le spectateur d'une toile de Staël. C'est que la peinture a changé de fonction. Le travail du peintre ne consiste plus à peindre un sujet, mais à faire une toile. Il en est de même au cinéma. Le travail du réalisateur n'est plus de raconter une histoire, mais simplement de faire un film où le spectateur découvrira une histoire. Le véritable successeur du metteur en scène traditionnel n'est pas Resnais, ni Robbe-Grillet, mais le spectateur de *Marienbad*.

Cahiers du cinéma, n° 123, septembre 1961.

1. Cf. « Le néo-réalisme et l'école italienne de la Libération » in *Esprit,* Janvier 1948.
2. Mais on commence à découvrir que rien n'est moins sûr. Qui croit encore en une « grammaire cinématographique » ?

Une femme est une femme
de Jean-Luc Godard

par André S. Labarthe

Valéry, fort préoccupé, comme on sait, de toucher en tout à l'essentiel, s'était fait une règle de ne confier ses mots au papier qu'avec la plus extrême circonspection. C'est ainsi qu'il se défendit toute sa vie d'écrire : « La marquise sortit à cinq heures » – et d'ailleurs ne l'écrivit jamais. Le roman ne l'intéressait pas : il n'y voyait qu'exercice futile et le comble de la facilité.

Ce que dénonçait en effet la boutade de Valéry, c'est l'art du roman tout entier en tant qu'il est l'art du savoir. Considérez la phrase fameuse : elle n'a d'autre fonction que d'augmenter notre savoir, elle n'a valeur que d'information[1]. Et si le passé simple est le temps du roman par excellence, c'est parce qu'il est le temps du savoir qui diminue l'intensité de l'image et la voile à la conscience présente (celle du lecteur). La petite phrase citée par Valéry cache ce qu'elle voudrait montrer. Purement et simplement : elle escamote la sortie de la marquise.

La réaction assez vive à laquelle nous assistons sous la bannière du « nouveau roman » découle directement de la faillite du roman traditionnel. Désormais, le roman ne s'adresse plus au savoir, il s'adresse à la conscience. C'est pour cette raison que les livres de Robbe-Grillet sont écrits comme *Le Cimetière marin* : au présent. Car si le passé simple est le temps du savoir, le présent est par définition le temps de la conscience, c'est-à-dire le temps du regard[2]. En arrachant l'objet au savoir pour le rendre à la conscience, le roman découvre l'évidence. Mutation exemplaire de la fonction romanesque qui finit par rattacher roman et cinéma à un tronc commun qui est Lumière.

Dans cette quête de l'évidence, le cinéma est privilégié. Il est solidement entraîné à cette invention technique, qui est aussi sa charte : l'enregistrement automatique du réel. Garantie formidable, si on y réfléchit : aucun autre art n'en possède de comparable. En recourant à l'évidence, il n'est pas sûr que le roman ait raison. Le postulat technique du cinéma, au contraire, lui assure qu'il n'a pas tort. C'est pourquoi l'histoire du cinéma n'est peut-être que l'effort inlassable pour remonter le courant, retourner à la source vive de l'image, redécouvrir sa pureté originelle.

Si donc, comme on l'a dit, le cinéma selon Godard se caractérise par une valorisation du présent (et le monde selon Godard par une attention exclusive portée aux valeurs du présent), ce ne peut être que par fidélité au cinéma. A vrai dire, Godard se soucie peu de savoir si la marquise est sortie et à quelle heure. Ce qui l'intéresse, c'est de la voir sortir. Le reste n'est que de la ficelle : on en faisait autrefois des romans, on en fait encore aujourd'hui des films.

Montrer la marquise en train de sortir : ce pourrait être le mot d'ordre de tout le cinéma moderne. Godard ne faisait pas autre chose lorsqu'il supprimait d'un coup, dans son premier film, tous ces moments morts, transitifs, uniquement destinés (dans les films comme dans les livres) à lier dans notre savoir les multiples péripéties de l'action. *Une femme est une femme* pousse plus loin encore l'élimination des éléments proprement syntaxiques du

101

cinéma. Godard supprime ici tout ce qui n'est pas l'essentiel, ne retenant souvent d'une séquence que le minimum de plans : par exemple dans la scène où Anna Karina parodie la comédie musicale américaine. Plus encore qu'*A bout de souffle, Une femme est une femme* est une succession de plans privilégiés et autonomes.

Cette volonté d'épuration entraîne, on le voit, une remarquable transformation de la fonction du montage. Le rôle du montage n'est plus, suivant les meilleures recettes de quelque grammaire cinématographique (cf. Poudovkine), de lier entre eux deux plans, deux scènes ou deux séquences, en les soumettant à un ordre supérieur qui serait l'ordre d'un langage (ici s'envole le mythe de la caméra-stylo). Il est, au contraire, de préserver l'indépendance de ces plans, de ces scènes et de ces séquences. Etre fidèle au cinéma, c'est donc détruire le mythe du langage poudovkinien, c'est-à-dire du montage syntaxique, et retrouver, comme l'a fait Resnais, les idées maîtresses de S.M. Eisenstein (« attraction » mise à part).

C'est un peu ce qui explique que tous les films de Godard et particulièrement *Une femme est une femme* soient fondés sur des ruptures de ton. Comme le dit Brialy, on ne sait pas si c'est une comédie ou une tragédie. Non, on ne sait pas, et même l'utilisation qui est faite de la musique ne saurait nous renseigner. Anna pleure, puis Anna rit. C'est comme ça. Entre les deux plans, aucun tunnel. Le plan n'est plus ici la somme des plans précédents, ni même leur aboutissement. Il est plutôt leur négation, en tout cas leur oubli.

Au fond, la fonction que Godard reconnaît au cinéma est à la fois la plus simple et la plus fondamentale. Le cinéma, c'est essentiellement le documentaire. *A bout de souffle, Le Petit Soldat* étaient deux documentaires. Le premier sur Paris, le second sur Genève. *Une femme est une femme* est l'un des plus beaux documentaires que je connaisse consacrés à une femme (et accessoirement à la porte Saint-Denis). Film-témoin, donc et film-hommage, dont il faut peut-être rechercher la cellule mère dans une scène du *Petit Soldat* : lorsque Subor tourne autour d'Anna Karina en la mitraillant de son Leica.

Documentaire, *Une femme est une femme* l'est de bout en bout.

1° Il l'est d'abord sur la façon dont Godard dirige son interprète. La comédienne Karina ne l'intéresse qu'autant que son talent lui permet de mieux fuir son métier. Contrairement à tous les usages, Godard ne retient que les moments faibles de son interprétation. Intuition remarquable, puisque ce sont par nature les plus révélateurs. Quelqu'un qui se trahit, n'est-ce pas quelqu'un qui se révèle ? (Il y aurait, à partir de cette idée, un intéressant éloge de la trahison à faire.) Tout l'effort de Godard consiste, en bonne logique, à multiplier les obstacles pour obtenir un geste imprévu, une mimique incontrôlée, une intonation involontaire, dans tous les cas ; des minutes extraordinaires de vérité. Les défauts le sollicitent davantage que la cuirasse : il ira pour cela jusqu'à préférer une mauvaise prise à une bonne – voire à juxtaposer l'une et l'autre.

2° Le dialogue que Godard met dans la bouche de ses interprètes précise encore le sens de sa recherche. Ce dialogue, a-t-on dit, est absurde, grossier, il ne veut rien dire. Précisément. Les mots ne sont pas là pour exprimer quelque chose, mais pour exprimer les personnages. Ce sont des réactifs. Des obstacles. Leur fonction est en quelque sorte latérale. Lorsque Karina dit à Brialy : « Pauvre con », et le dit à plusieurs reprises, l'importance de la scène est moins dans la signification de ces deux mots que dans la manière dont Karina les prononce. Seuls comptent ici les accidents : l'accent, la modulation, l'intonation, bref la forme. Je ne connais qu'un seul film où le langage parlé soit aussi systématiquement utilisé pour sa forme (j'allais écrire pour son gain) : ce sont *Les Bonnes Femmes* de Chabrol.

3° Les gags, enfin, qui jalonnent le film dénoncent la même préoccupation documentaire. Les gags ne sont pas là pour faire rire. Comme celle des mots, leur efficacité est anéantie d'une manière ou d'une autre (soit par leur étirement, soit par leur banalité), au profit de la vérité des personnages – rappelez-vous la scène du bistrot entre Karina et Belmondo.

Une femme est une femme est une étape importante du cinéma moderne. C'est le cinéma à l'état pur. C'est le spectacle et le charme du spectacle. C'est le cinéma qui retourne au cinéma. C'est Lumière en 1961.

Cahiers du cinéma, n° 125, novembre 1961.

---

1. Si nous considérons que le savoir n'est qu'une forme de l'avoir, reconnaissons que l'intuition de Valéry s'accorde remarquablement avec les thèses marxistes qui lient l'apogée de l'art du roman au triomphe de la classe possédante (la bourgeoisie).
2. Grandeur et limites du nouveau roman : un livre de Balzac vit dans le souvenir ; un roman de Robbe-grillet Robbe-Grillet ne peut vivre que dans la lecture qu'on en fait.

Le Signe du lion
d'Eric Rohmer

par Claude Beylie

Ce film « n'a rien qui le recommande à la bienveillance du public. Il n'a point, pour attirer sur lui l'intérêt des opinions politiques, l'avantage du veto de la censure, ni même, pour lui concilier la sympathie des hommes de goût, l'honneur d'avoir été rejeté par un comité infaillible.

« Il s'offre aux regards seul, pauvre et nu, comme l'infirme de l'évangile : *solus, pauper, nudus…* »

C'est très consciemment que je reproduis ces phrases liminaires de la *Préface de Cromwell*, tant elles me paraissent constituer la meilleure introduction possible au *Signe du lion* d'Eric Rohmer, et s'appliquer mot pour mot à son destin actuel. Non que je veuille espérer qu'elles susciteront, *mutatis mutandis*, les mêmes échos parmi les laudateurs, ou les détracteurs, d'une œuvre d'exception, et qui semble frappée d'emblée du sceau infamant de la malédiction commerciale (je me dispenserai d'épiloguer sur les aléas qui ont présidé à une sortie parisienne quasi clandestine, après plus de deux ans d'attente) ; mais il n'est pas tout à fait vain de signaler, à l'attention de ceux que n'égare pas le snobisme des vagues et qui maintiennent envers le cinéma contemporain les plus hautes exigences, que vient de se produire, au sein de ce dernier, une manière de révolution.

Rien, à vrai dire, ne la laissait présager. La ligne générale du film, l'auteur ne s'en est pas caché, est celle du reportage. Reportage sur quoi? Sur l'homme, ce qui est bien la chose du monde en soi la plus banale – l'homme seul, voilà déjà qui requiert davantage notre curiosité, – seul dans la ville, et le résumé du scénario n'aura guère besoin d'autre développement – la ville dure et implacable, au million de visages hostiles, que plonge dans l'hébétude un monstre tentaculaire omni-présent – le soleil. Cet homme, nous allons le voir exécu-ter un certain nombre de gestes quotidiens, insolites à force d'être répétés (lacer une chaussure, s'éponger le front, descendre des étages, bredouiller un dialogue), nous le verrons, souffrir, ahaner, lutter contre les forces obscures de l'avilissement, nous le verrons accomplir, avec l'émouvante et tranquille gaucherie d'un aveugle qui traverse la rue, quelque chose qui ressemble à une odyssée, enfin, et l'idée est contenue dans la métaphore que je viens d'employer, nous le verrons, de la première à la dernière séquence, marcher : soit à longues enjam-bées heureuses, soit d'un pas incertain de flâneur, soit traînant littéralement la savate, soit (lorsque le corps ne sera plus qu'une loque et se sera effondré, lamentable, sur le pavé de la rue), trimballé dérisoirement dans une voiture de gueux ou, au dernier plan, affalé sans com-prendre à l'arrière d'une « 203 »... Et la beauté de ce film, c'est là d'abord qu'il faudra la chercher : dans la photogénie d'un bouleversant itinéraire.

Ici, j'ouvre une parenthèse : peut-être toute grande œuvre (celle, du moins, qui s'inscrit dans la postérité d'*Ulysse* – l'autre, en descendance de l'*Illade*, se confor-mant plutôt à un schéma épique, de bruit, de fureur et de deuils), se ramène-t-elle à ceci précisément : l'aven-ture d'un homme qui marche, et au récit – plus ou moins objectif – de son cheminement. De *La Chartreuse* à *L'Ile au trésor*, de *Gil Blas* à *Lumière d'août*, de *Don Quichotte* à Proust (ces références ne sont pas hors de propos), n'est-ce pas un identique fil conducteur qui sous-tend mille et une broderies, époques, lieux et personnages seuls variant, et qui a nom : déambulation, errance, pèlerinage, recherche du temps perdu, traversée des apparences ou pour tout dire quête d'absolu ? La tragédie classique, s'avançant par degrés vers sa fin, avec son cortège de prédestinations, le drame romantique lui-même, tout en amalgamant dans un moule élargi d'innombrables alliages issus de l'autre contexte, paraissent bien répéter à leur tour ce schéma originel. Quant au cinéma, il a pris sans effort le relais, y étant doublement convié de par sa vocation spécifique à la motricité : de là ce souci qu'il manifeste très tôt d'enregistrer la chose surprenante, et en fin de compte si malaisée à saisir, qu'est la marche de l'homme. Après bien des piétinements (que Griffith, Murnau, Ophuls, Rossellini et quelques autres surent spontanément dépasser, préoccupés qu'ils étaient de prouver l'essence de leur art : le mouvement, en marchant), tout se passe comme si nous étions retournés à ces données immédiates, à ces sources inaltérées : de cette résorption nécessaire, ce film-ci se révèle l'un des jalons décisifs, le plus austère sans doute, mais le plus durablement incrusté dans l'évolution de notre art, et à la différence de tel autre se réclamant du même courant (*Une femme est une femme,* par exemple), sans artifice ni contrainte d'aucune sorte, par simple acceptation, si j'ose dire, des élans primordiaux de l'instinct créateur. Je veux croire que cette réduction (douloureuse, peut-être, si l'on songe qu'elle est le fait d'un cinéaste que l'on eut plutôt cru tourné vers la spéculation pure) à des lois relevant presque de l'animalité, procède d'un réel effort d'humilité, d'une sorte de revanche accordée à l'action sur la connaissance : mais Rohmer sait, justement, que celle-ci doit faire place à celle-là à un moment donné, puisque l'homme dépouillé de ses oripeaux est bête (ambulante) avant d'être ange, qu'il doit même s'abaisser à faire la bête pour mériter de redevenir ange, qu'enfin marcher, courir, s'agenouiller, le plus bêtement du monde, c'est à partir de là seulement que commence l'homme.

Pierre Wesselrin, donc, marche dans la ville. Pourquoi, a-t-on pu se demander, le choix du cinéaste s'est-il porté, pour figurer cette masse d'humanité pantelante, sur un acteur au visage si peu engageant, si bestial, au langage maladroit, à la démarche lourde de sportif déchu ? La réponse, je viens de la donner. Et en voici une autre : nulle part à coup sûr, mieux que dans cette présence rugueuse, comme en dehors de la civilisation, entre homme-singe et clochard (on songe à l'acteur masculin de *L'Aurore*), n'auraient pu affleurer en tourbillons plus intimes les bouleversements de l'être qu'il souhaitait saisir – de cet *homo priscus* dont nous apercevons ici, pour la première fois depuis longtemps, la face la moins travestie, la plus cruellement dénudée. En vain j'essaie de proposer un autre interprète que Jess Hahn (dans le cinéma français) pour ce rôle ingrat de nouvel Adam : si parfaite est l'identification que je me demande si Hahn pourra, de longtemps, nous faire oublier cette création hallucinante, si rarement idée et chair vivante s'accordèrent à ce point, qu'on les imagine difficilement, ensuite, dissociées.

Wesselrin, donc, marche dans Paris, un Paris écrasé de chaleur, vidé de ses visages familiers, immense espace nu et surchauffé ; un inéluctable *fatum* domine son errance. Attentive, la caméra de Rohmer s'attache à ses

pas, enregistre froidement leur martèlement sur le pavé
(louons en passant la perfection de la bande sonore).
Comment ne pas souligner tel les points de ressemblance, flagrants sans que pour autant l'on puisse parler
de décalque entre les détours de cette contemplation
volontiers torturante et la méthode rossellinienne :
« suivre un être, avec amour, dans toutes ses décou-
vertes, toutes ses impressions... », la leçon a été retenue
et appliquée avec quelle efficacité ! On se souvient que
Rossellini précise : « Il est un être tout petit au-dessous
de quelque chose qui le domine et qui, d'un coup le
frappera effroyablement. » La différence entre l'élève et
le maître tient, semble-t-il, à ce que dernier prolonge
indéfiniment l'attente de la créature soumise à son exa-
men et ne fait intervenir qu'à la toute dernière minute la
main salvatrice, alors que l'autre multiplie, fort adroitement d'ailleurs, les signes visibles de l'omnipotence –
dirais-je sournoise ? – du Créateur (le ticket de métro, la
tache au genou, le vol à l'étalage) : la caméra à ce
moment-là se fait à peine plus hautaine, plus inhumaine,
quand ailleurs elle colle au héros comme son ombre. La
différence en fait est infime, elle ne réside que dans de
subtiles variations de dosage entre la volonté de réalisme
et celle de l'apologue (imperceptiblement plus accusée
chez Rohmer). L'interférence de la thématique
hitchcockienne est la raison probable de ces légers glisse-
ments, et permet aussi de justifier l'entrée en scène du
second clochard (splendidement interprété par Jean Le
Poulain), difficilement concevable, j'en conviens, dans
une perspective « néo-réaliste » *stricto sensu*. Encore est-il
nécessaire de remarquer à cet égard que peu de films
français, nouvelle ou ancienne vague, se sont aussi farou-
chement que celui-ci engagés dans l'axe du véritable réalisme : je n'en connais guère (hormis *Cléo de cinq à sept*,

dans lequel la coloration subjective créait un tout autre climat) où par exemple, l'angoisse de l'environnement urbain soit si fortement ressentie. Cela est dû, il est vrai, pour une part, à la maîtrise du chef opérateur Hayer (plus sec, plus cru et finalement plus juste que Decae), à un accompagnement musical se refusant toute fioriture, à un dialogue nu ayant rompu définitivement avec le badinage, mais par-dessus tout, c'est trop clair, à une mise en scène que je qualifierais d'une droiture exemplaire, ou ce qui revient au même, à la précision (langienne?) du regard jeté sur les êtres et les choses. Il fallait, derrière la caméra, un œil qui sache accrocher la dureté des pierres, le trompeur espoir d'évasion d'un horizon gazouillant, l'enfilade sévère d'une rue qui ne débouche sur rien. L'homme seul, marchant dans la ville, est ainsi constamment aperçu comme prisonnier. Cela, dira-t-on, n'était-il pas inclus dans les données du problème? Oui : mais toute la difficulté consistait à exposer ce problème dans toute sa rigueur sans chercher à jouer les Diogène ou les Kafka. Et à faire jaillir, de cette énumération stricte et attentive l'évidence de la solution. Voilà donc une œuvre non pas seulement belle, ou pittoresque, ou élégante, ou désinvolte, ou ésotérique, mais rationnelle, une œuvre de géométrie autant que de finesse, conforme à la plus impartiale des idéologies « humanitaires », et néanmoins inspirée. Disons qu'elle est empreinte d'une vertu un peu délaissée aujourd'hui : la noblesse.

A quel genre, dès lors, ira-t-on rattacher ce *Signe du lion*? Epopée, tragédie, complainte, mythe ou chronique objective de la condition de l'homme? Tout cela à la fois, sans doute, parfaitement synthétisé et postulant d'emblée la certitude absolue qu'au-delà de la diversité des apparences, une harmonie secrète régit le monde visible. Il me faut revenir ici à la *Préface de Cromwell* qui nous incite à un dépassement du dramatique, de l'épique ou du lyrique traditionnel : vers une vision du monde toute d'ingénuité et d'innocence bienheureuse. Du poète des premiers âges, Hugo déclare en effet que « sa lyre n'a que trois cordes : Dieu, l'âme et la création, mais ce triple mystère enveloppe tout, mais cette triple idée contient tout ».

Le Signe du lion n'est peut-être rien d'autre, en raccourci, que la légende cruelle d'une chute et d'un rachat de la grâce refusée puis accordée à l'homme, de sa misère et de sa grandeur, de sa mort et de sa résurrection.

Cahiers du cinéma, n° 133, juillet 1962.

Vivre sa vie
de Jean-Luc Godard

par Jean Douchet

Vivre sa vie de Jean-Luc Godard passe au-dessus de bien des têtes, de bien des yeux, de bien des cœurs. C'est un pur chef-d'œuvre, le premier film absolument sans faille de Godard.

En un bouquet de douze fioretti, offerts en hommage à Nana, petite femme moderne éprise de liberté facile qui trouvera dans la prostitution sa mort et son salut, Godard se prête aux autres et se donne à lui-même. Jamais peut-être il ne s'était autant livré dans une œuvre. Et puisqu'il faut parler de romantisme à son propos, c'est à celui des Allemands et en particulier d'Höderlin plus que des Français, parce que rigoureux et pudique, qu'invinciblement l'on songe.

Description de la vie, méditation sur la mort, *Vivre sa vie* avance par brusques retournements. Non point retournements de situations, bien au contraire, mais par virage perpétuel du négatif au positif. Le dos puis la face. L'aspect extérieur qui révèle soudain le visage intime. L'existence en quête de son essence. Ainsi du portrait de Nana. Dans le même temps que nous constatons ses actions quotidiennes et assistons à ce lent passage banal, mais fatal, de son état de vendeuse de disques à celui de prostituée, nous éprouvons les sentiments de Nana, ses abattements et ses joies, nous saisissons ces regards perdus ou éperdus et surtout cette interrogation anxieuse sur le pourquoi d'elle-même. Nana, petite sœur de Monika, mais combien plus touchante, vraie, humaine et simple.

L'aspect extérieur ou vivre sa vie. Comment Nana s'aliène, se refusant comme sujet pour mieux se vendre comme objet. Une progression en douze étapes enclenche le mécanisme d'une scission d'un être, son clivage qui sépare l'apparence de l'âme. Cette âme qui, au troisième chapitre, palpite sur l'écran, figurée par la Jeanne d'Arc de Dreyer en laquelle Nana se perd déjà totalement. Mais, incapable par faiblesse de caractère de vaincre son corps au profit de son âme, Nana accomplit le chemin inverse, malgré les avertissements réitérés, rencontrés au hasard de sa route. D'abord, elle cherche à préserver ce corps par un petit vol (quatrième chapitre) qui lui vaut son premier avertissement (le commissaire de police). Puis elle se décide à l'offrir au premier client (cinquième chapitre, et pourtant « G.A.R. »). Elle s'habitue à le vendre à la sauvette, tout en ayant conscience de sa responsabilité et malgré la fusillade dans la rue (sixième chapitre). Enfin elle le propose froidement comme un objet (septième chapitre : la lettre). Désormais, il ne lui appartient plus, elle l'abandonne complètement aux autres (huitième chapitre). D'où ce long commentaire statistique, clinique, totalement objectif de la prostitution pendant lequel on voit le corps de Nana traité comme une simple marchandise, un objet soumis à tous les désirs. Le clivage est définitivement opéré.

Alors commence l'éveil de l'âme qui se manifeste d'abord par une danse solitaire (neuvième chapitre), puis par une prise de conscience de son état grâce à l'intrusion de tiers identiques à elle (dixième chapitre : la passe de trois, celle-là réussie, dans l'hôtel), enfin par l'accession à une conscience supérieure de la vie (onzième chapitre : le philosophe). Désormais Nana a libéré son âme

113

et découvre l'amour. Mais de même que Porthos, la première fois qu'il pense, en meurt, Nana subira le même sort la première fois qu'elle aime. L'objet-corps n'appartient plus au sujet-être. « La poule est un animal... »

Le visage intime ou vivre la mort. De Lubitsch, cette idée du papillon qui se livre à chaque instant et s'y consume entièrement ; de Murnau, cette omniprésence de la mort et son vampirisme. La mort est là, dès le premier plan, celui du générique, qui fige de face et de profil le visage inquiet et douloureux de Nana. Elle se trouve dans ces lents fondus où la lumière se meurt, comme absorbée peu à peu par le noir. Elle se rencontre encore tout le long du périple de Nana, aussi bien au cinéma que dans la vie. Mais c'est surtout ce chemin lui-même qui mène vers la mort. Ressentie de l'intérieur, elle est comme un appel irrésistible auquel Nana ne peut pas plus se soustraire que le héros de *Nosferatu* ou l'héroïne de *Tabou*. Enfin, elle réside surtout dans l'attitude du cinéaste lui-même qui, tel le peintre du portrait ovale, saisit totalement la vie avant de livrer Nana à une mort de cinéma devant le bar des studios.

La difficulté du dialogue entre l'intérieur et l'extérieur, la vie et la mort, l'existence et l'essence devient, en définitive, le sujet même du film. Et son mouvement, donc son style, se fonde sur la communication en tant qu'obstacle quasi insurmontable. Les êtres coupés du monde tentent désespérément de s'y raccrocher. De là, ces plans où les personnages, vus de dos, sont tantôt « distanciés » des spectateurs, tantôt pris chacun dans leur cadre, comme si se trouver ensemble, en accord, leur était impossible (à l'exception de ce long plan sur les deux amoureux dans le café, séparés quand même par une table), etc.

Cahiers du cinéma, n° 136, octobre 1962.

Les Parapluies de Cherbourg de Jacques Demy

par Paul Vecchiali

S'il faut défendre *Les Parapluies de Cherbourg*, c'est plus contre une certaine façon d'aimer ce film que contre ses détracteurs (ils sont peu nombreux et leurs arguments limités). A l'opposé de Renoir, de Rouch et, c'est déjà moins sûr, de Jacques Rozier, à l'instar de Godard et de Bresson, Demy ne communique directement avec nous qu'à de très brefs instants, alors bouleversants. Tout le reste est dissimulé sous l'ironie et le maniérisme, c'est-à-dire le raffinement, comme l'œuvre de Godard sous les provocations et derrière les citations. Il faut souvent oublier combien le film est beau pour en découvrir les mérites. Le souvenir d'Ophuls est là pour nous le rappeler : « *Il n'y a pas de beauté qui n'ait pour source la blessure* » (Jean Genet).

La première réussite du film est son efficacité émotionnelle. Il faut remonter à *An Affair to Remember* pour retrouver un tel équilibre entre le sourire et les larmes ; mais, contrairement à ce qui se passait dans le film de McCarey, Demy ne cherche pas à cacher son jeu : ses héros ne sont pas des pantins qui se dépassent eux-mêmes par la grâce de la mise en scène, ce sont des hommes de chair et de sang, éprouvant, avec les mêmes contradictions, les mêmes sentiments que nous, vivant notre vie où les larmes ne sont pas dépassement de soi mais défaites ou déceptions.

La deuxième réussite est l'harmonie : elle existe ici dès la cellule filmique, et c'est cette harmonie au niveau élémentaire qui me fait penser que cette rigueur sous la beauté ne peut s'appuyer sur des riens... Je ris toujours beaucoup lorsque j'entends *tailler* la pellicule dans le sens de la longueur (la couleur ceci, la musique cela, etc.). Le cinéma n'est pas un langage, ni même une addition de langages, mais un art qui procède de tous et déjà au niveau du plan. Au sens mathématique, c'est un ensemble somme, ou ensemble intégré ; on sait alors qu'il peut ne pas être de même nature que les ensembles composites. (Je n'exclus pas les œuvres où le mixage des participations n'est pas une somme indéfiniment nourrie, mais seulement une belle addition : il y a des son-et-lumière assez étonnants. Il m'est permis de préférer, et de considérer comme plus grandes, celles où *tout est fonction de tout* et qui sont plus spécifiques de l'art cinématographique.)

Libre aux esprits forts de discerner ce qui sépare l'univers libre qu'est l'univers de création, de l'univers réel qu'est, après coup, le film. On peut, en effet, s'amuser à recenser les obstacles techniques ou humains qui ont fait dévier le résultat de la conception. Je pense, pour ma part, qu'il s'agirait presque uniquement des problèmes de la Production. C'est pourquoi je refuse de discuter avec ceux qui portent des jugements restreints sur *Les Parapluies de Cherbourg*, *Le Mépris* ou *Splendor in the Grass*, pour ne citer que ceux-là parmi les films adultes du cinéma moderne : de telles précautions ne font que porter atteinte à l'existence même de ce cinéma.

Je vois un peu les films – enfin ceux qui me paraissent dignes de ce nom – comme des courbes gauches[1] ; lignes gracieuses, austères ou capricieuses. Une courbe gauche continue peut être supportée par une infinité de surfaces, chacune n'étant pas tout le film, mais le film étant tout entier inscrit sur chacune d'elles. La démarche critique est alors l'étude successive de la façon dont cette courbe gauche se déroule sur chaque surface ; ce qui revient à analyser la structure du film et à rechercher la signification des moyens de mise en scène.

Première surface : les conventions, ou le « mélodrame ». Le bon jeune homme désorienté par son retour d'Algérie ; la jeune fille-mère, et qui ne le méritait pas, mal conseillée ; la séparation cruelle ; le doux amour compréhensif d'un aîné ; le bonheur quand même qui, comme chacun sait, n'est pas gai… L'admirable est que ces conventions ne soient pas moquées mais servies à tous les niveaux. Chaque décor est *regardé* de façon spécifique et, lorsqu'une porte s'ouvre, nous saute au visage ce parfum singulier du nouvel univers aperçu. De même, la note choisie pour exprimer la syllabe est, de toutes les interprétations possibles, la seule qui convienne au tout désiré : la plus proche du sentiment conventionnel à exprimer. Ainsi se fabrique, au-delà des mots, mais collée à eux, cette fausse entité que l'on s'évertue à nommer la musique du film.

Deuxième surface : la fragilité. Le film tout entier est sous son signe ; contrairement à *Splendor in the Grass*, souvent évoqué, *Les Parapluies* n'est pas un film sur le temps, mais un film qui compte avec le temps. Comme tel, il traite de ce sur quoi le temps a le plus de prise : les choses, les sentiments et les gens fragiles. Exemples : Geneviève face à son trop grand amour (ses regards à la caméra, idée simple et génialement reprise, comme autant de portraits d'une jeune-fille-qui-implore-l'indulgence) ; l'amour de Guy face à son intransigeance ; tante Elise et Mme Emery même mortes. Fugitifs, le deuil de Geneviève et la marque au mur sous le portrait enlevé dans la chambre d'Elise, alors que, chez Kazan, les photos manquantes de Warren Beatty occupaient tout le cadre.

Troisième surface : le charme. Je ne m'étendrai pas, j'ai dit dans mon prologue combien il était dangereux de s'y arrêter. Le film s'y inscrit à la façon d'une hélice : toujours en mouvement sur elle, toujours un peu caché par elle.

Quatrième surface : les femmes. C'est par elles que Demy accède à la dialectique. Mouvantes, inattendues, pathétiques, jusque dans les comédies qu'elles se jouent à elles-mêmes, elles forment un bouquet indissociable qui assure la continuité de son univers. Et il faut être bien naïf, plus naïf que ne le paraît Demy lui-même, pour ne pas embrasser d'un même regard, tendre et exclusif, *Lola* comme *La Baie des Anges* autant que *Les Parapluies de Cherbourg*. De l'un à l'autre de ces films, grâce aux caractères féminins, court cette constante négation des apparences qui, on commence à le savoir, me paraît être la marque du plus grand talent, et de la plus riche moralité. (Les hommes, en revanche, sont traités de façon monolithique : Jean, Michel, Guy et même Roland, qui a perdu sa fluidité depuis *Lola*. Souvent d'une seule pièce, calmes jusque dans leurs désespoirs, ils n'agissent qu'à l'intérieur de cadres parfaitement rationalisés.)

Cinquième surface : les emprunts, ou l'univers critique. Depuis l'avènement des auteurs cinéphiles, chaque grande œuvre se nourrit du patrimoine cinématographique, mais pour mieux le juger. Double intérêt pour nous : découverte des vrais films-somme, étude de leurs réflexions. Ici, en passant outre les repères formels, hommages à la comédie musicale (par exemple, personnages formant volet au départ d'un plan, en raccord avec le précédent), les références vont à Bresson et Ophuls. Chez Guy, l'univers bressonien, singulièrement celui de *Pickpocket* : construction et sentiments, la chambre et l'église en parallèle étroit, évoquent irrésistiblement le trio Jeanne, Michel et sa mère ; tandis que la fragile Geneviève, supportant mal l'absence et le poids de son amour, nous fait plutôt penser à une jeune *Madame de...* Se souvenant des leçons de chacun, filmant avec une aisance et un naturel qui lui permettent finalement toutes les audaces, Jacques Demy révèle néanmoins un tempérament qui ne doit rien qu'à lui-même : style lié aux éclatantes ruptures, curieusement retenu, maître de cette vertu essentielle au cinéma, *le souffle*. Et que soient dénoncés à ce propos ceux qui, tels Baratier ou Deville, confondent rythme et agitation[2].

Sixième surface : la grandeur. Chaque événement se referme sur lui-même et à la fois débouche sur un autre, nous assurant de sa propre irréversibilité. Tant et si bien que le film, que l'on doit nécessairement revoir, nous réapprend le souvenir, et le déchirement qu'il provoque. Un seul exemple : les adieux à la gare où, en un seul plan, au bout du bouleversement des amants, nous est annoncée la défaillance de Geneviève, qui tourne le dos au train et disparaît.

J'espère que ma théorie des surfaces-supports aura fait rire les uns et intéressé les autres ; à ces derniers je suggère, soit de corriger mes surfaces, soit d'en découvrir de nouvelles... Les mathématiques appliquées ont permis à d'autres « savants » de recenser et d'étudier les obstacles, ceux-là même qui, introduisant le probable au sein du théorique, brisent les courbes. Des promesses aux réalisations, de l'univers de l'adolescence à la vie, combien d'élans brisés ?

Cahiers du cinéma, n° 155, mai 1964.

1. Les notions mathématiques participant par trop de l'érotisme (plan oscultateur, etc.), pour définir la courbe gauche, je me bornerai à citer le *Dictionnaire Quillet* : « Courbe gauche : courbe à trois dimensions ; ex. : l'hélice. »

2. A cette occasion, il est important de signaler qu'il y a peu de films où le respect du public (celui qui ne se limite pas à la flagornerie) soit aussi manifeste : perfection des play-backs, netteté des raccords, fluidité des changements de plans, scrupuleuse exactitude du son – au sens bressonien, c'est-à-dire sélectif, et sans jamais cesser de le poétiser. Rien qui distraie le spectateur de sa fin.

Entretien avec
Claude Chabrol

Claude Chabrol, quelle conception de la critique avez-vous, et comment vous a-t-elle conduit à la mise en scène ?

– Je crois qu'à l'époque j'étais bien plus impressionniste que maintenant. De toute façon, le gros intérêt de la critique est que ça aide à mettre les idées en place. Parler des films, cela permet d'en étudier les éléments visuels de façon plus sérieuse que si on se contente de regarder. C'est comme si on prenait des notes sur un carnet.

– Lorsque vous étiez critique, aviez-vous déjà l'intention de faire des films ?

– J'espérais. Je pense que, sauf exceptions, la critique peut difficilement être une fin en soi. Je n'ai guère connu qu'un critique qui le fût absolument : André Bazin. En dehors de lui, la plupart de ceux qui font de la critique, c'est, ou bien en vue de faire du cinéma, ou bien d'approfondir certains problèmes, esthétiques ou autres : ce n'est pas uniquement pour le plaisir d'expliquer aux gens pourquoi on aime tel film ou non.

Faire de la critique, cela fait partie de l'aventure individuelle, mais, par rapport à la création, cela correspond quand même à une abdication, sauf si l'on a vraiment l'esprit de critique, comme c'était le cas d'André Bazin, mais cela, c'est très rare.

– Bazin n'était-il pas un metteur en scène qui s'ignorait ?

– Bazin ne voulait pas. Cela ne l'intéressait pas. C'est

avant tout en analyste que la création cinématographique l'intéressait. C'est bien schématique de dire cela, mais il y a, si l'on peut dire, un élément de synthèse dans la création qui n'intéressait pas Bazin.

– *Cela vous intéressait, vous ?*

– Cela m'intéressait plus que l'analyse même des films. « L'analyse d'un film », cela ne signifie rien, car on finit par dire : l'interprétation est bonne, la photo est mauvaise, le montage est adéquat etc., ce qui ne rime à rien. Mais en même temps, cela permet de déboucher sur quelque chose. C'est quand même agréable de se dire : la photo est mauvaise, parce que ceci, parce que cela ; ou bien : le montage est mou, parce qu'on pourrait couper trois secondes à la fin de chaque plan, et ainsi de suite.

De toute façon, la critique, ça aide. On finit par découvrir une méthode, une esthétique. Enfin… son esthétique personnelle. Moi, je trouve que c'est bien de faire de la critique, à condition de ne pas y passer sa vie, mais, sauf l'exception Bazin, il n'y a pas de bon critique qui passe sa vie à faire de la critique.

– *Quand vous avez écrit, avec Eric Rohmer, votre livre sur Hitchcock, regardiez-vous déjà Hitchcock en metteur en scène ?*

– C'était tout à fait autre chose. C'était un essai, en quelque sorte, de délire organisé. Nous étions très conscients des moments où nous dépassions la simple critique, la simple étude d'un auteur, mais c'était intéressant de savoir jusqu'où il était possible de pousser des raisonnements, même dans l'absurde, à partir d'éléments réels.

– *Récririez-vous maintenant la même chose ?*

– C'est surtout que cela ne m'amuserait plus tellement de l'écrire. Je crois qu'écrire un bouquin sur un cinéaste est infiniment plus vain que revoir ses films. Mais, si je devais recommencer, il me semble que je recommencerais de la même manière. C'est amusant d'essayer de faire un livre dont la méthode soit plus importante que le sujet. Car c'est la méthode d'analyse qui était amusante et intéressante. Le sujet Hitchcock, aussi, évidemment, et la méthode n'était possible qu'avec ce sujet-là, qui offrait énormément de possibilités de délire d'interprétation.

Il y a un type qui a dit que – c'était un critique de province, sa phrase était extraordinaire, mais il n'en tirait pas toutes les conséquences – il a dit qu'Hitchcock était très gênant, car il donnait l'impression d'une casserole bourrée de rien, bourrée à vide. C'est impensable, et malgré tout, c'est vrai. En ce sens, Hitchcock est la plus espagnole des auberges. Il en est d'ailleurs bien conscient.

Mais, qu'à partir de ces formes nous tirions des conclusions métaphysiques, c'est forcément faux. En même temps, nous avons raison de le faire, et nous en avons le droit, mais... C'est difficile à expliquer. Enfin, je veux dire que, chez lui, le point de vue formel est obligatoirement le plus important. Car ce n'est pas un formaliste, Hitchcock, c'est un formel.

Welles, Hawks, Lang.

– *Avez-vous changé, dans vos autres préférences ?*

– Je m'aperçois par exemple, de plus en plus, que ce que fait Lang est très difficile : que je n'avais jamais réussi à éprouver un total mépris pour Wyler. Je me disais : Wyler, c'est tout de même soigné. Or, maintenant, je me rends compte que ce n'a jamais été vrai. Franchement, c'est de la merde Wyler, c'est un type qui ne peut pas donner de complexes à un cinéaste. Lang, lui, en donne au moindre plan.

Ma position à l'égard de la critique et de la mise en scène n'a pas tellement changé, mais ma position à moi, à l'égard du cinéma, oui. A force de faire des films, je me suis rendu compte que ce qui était le plus intéressant n'était pas tellement ce que je croyais au départ.

Par exemple, j'étais très partisan d'un cinéma où les mouvements étaient une sorte d'accentuation psychologique : travellings qui soulignaient, sursauts provoqués par un travelling arrière ou autres âneries de ce genre. Maintenant, le principal problème est d'éviter les longueurs. Ce que je croyais ne pouvoir obtenir, avant, que par un grossissement, je pense qu'en définitive on peut très bien l'obtenir sans cela et obtenir en même temps autre chose. Par contre, je me suis aperçu que, ce qui était insupportable, c'étaient les secondes vides.

Il y a par exemple des films où, pendant une minute, à l'exception de l'intrigue qui avance, il ne se passe absolument rien sur l'écran. L'acteur n'est pas particulièrement intéressant à regarder, le plan n'est pas particulièrement beau à voir, le son n'est pas particulièrement extraordinaire simplement, on s'est arrangé pour faire avancer l'intrigue pendant une minute. Ce sont ces minutes dont, maintenant, j'ai vraiment horreur. Il y a aussi des films qui font avancer l'intrigue de cette façon pendant une heure et demie : ceux de Wyler, précisément.

A la télévision, j'ai revu, il y a quelque temps, *La Lettre*. Le film, à l'époque, ne m'avait pas plus, mais je me disais que, s'il y avait des trucs, ils étaient tout de même bien faits. Je pense maintenant que ces trucs sont la chose la plus facile du monde.

Quand on a fait des films, il y a des choses, au cinéma, qui cessent d'être impressionnantes. Welles, par exemple, est un type dont on trouve tout extraordinaire, quand on ne fait pas de film. Quand on commence à faire des films, on trouve ça moins extraordinaire, car on se dit : après tout, il n'y a qu'à... Mais, au fur et à mesure qu'on avance, on voit que c'est extraordinaire quand même, car, bien sûr, il n'y a qu'à... mais, justement, ce qu'il y a de beau chez lui, ce n'est pas du tout ce qui, avant, paraissait extraordinaire, c'est qu'on y trouve jamais ces secondes vides dont je vous parlais tout à l'heure. Il se passe toujours quelque chose, chez Welles. Cela dit, je trouve que Lang est sans doute plus fort encore, dans la mesure où on ne peut même pas se dire, à aucun moment : il n'y a qu'à faire ceci ou cela, il n'y a qu'à mettre la caméra à tel endroit ou prendre tel objectif. Lang est un mystère perpétuel.

Hawks, aussi, en un sens, mais ce n'est pas la même chose. Il y a chez lui un secret, mais ce n'est pas un secret de fabrication. C'est un secret intime. Hawks a un sens du geste et de l'espace – qui sont des éléments physiques – qu'on ne peut acquérir si on ne l'a pas. Chez lui, rien ne se passe dans le ciboulot. Quand Huston cherche à faire du Hawks, il y a de quoi rigoler. Huston réfléchit, alors que, chez Hawks, tout coule de source. On peut ne pas faire de complexe avec lui : simplement, il faut faire autre chose.

Chez Lang, tout se passe dans le ciboulot. Donc, en un sens, on devrait pouvoir espérer retrouver ce qui s'y passe. De fait, on se dit tout le temps qu'on pourrait faire la même chose, mais on sait qu'on n'y arrivera pas. Lang a les deux à la fois : le secret intime et le secret de fabrication ; il faut savoir, une fois pour toutes, qu'on ne les trouvera pas et qu'il est inutile de chercher, ce serait ridicule.

– Quand vous avez abordé la mise en scène, avez-vous été gêné par ces cinéastes que vous admiriez ?

125

– Gêné ? On n'a pas le temps ! Je croyais, au début, qu'on était obsédé par des références, mais on n'a pas le temps. C'est déjà tellement compliqué de savoir où on va mettre la caméra, ce qu'on va faire faire aux gens et tout le reste, qu'on n'a jamais le temps de se dire : Tiens ! si je faisais comme Tartempion ?

Cela m'est arrivé une fois seulement, dans un style d'imitation, ou de clin d'œil : dans *Le Beau Serge*. Il y avait un truc que je ne savais pas comment faire. Je me suis dit : je vais tâcher d'adopter la solution *Nord-Express*. J'ai consciencieusement suivi le procédé ; mais évidemment, ça n'a abouti à rien. Ce qui, chez Hitchcock, n'était nullement un procédé, en était devenu un chez moi.

Il arrive aussi, de temps en temps, qu'on fasse un plan qui est strictement le même qu'un autre plan qu'on aime bien. Je sais, par exemple, qu'il y a un plan d'*A double tour* que je n'ai pas trouvé tout seul, mais je n'ai jamais su d'où il me venait.

– *Citizen Kane.*

– Voilà, c'est ça ! mais oui, effectivement, c'est ça, c'est bien ça : C'est le perroquet de *Citizen Kane* qui pousse son hurlement. C'est drôle, au moment où j'ai vu le film, le perroquet ne me plaisait pas tellement. Je me disais : c'est lourd, c'est lourd, c'est gros... Et puis voilà : ça reste en vous et on le refait.

– *Godard dit que, dans ses premiers films, il aimait se référer à des plans qui lui avaient plu.*

– Sans doute était-il beaucoup plus à l'aise, beaucoup plus libre avec la technique que moi. Il devait la connaître infiniment mieux. En tout cas, moi, je n'avais vraiment pas le temps de penser à cela. Tout était déjà si compliqué dans ma pauvre tête ! Et puis les travellings !... Le type qui n'a jamais fait de cinéma et qui soudain se met à

126

tourner, pour son premier plan, il installe toujours le tra-velling (long, courbe, de préférence, et – j'allais l'oublier – dont la vitesse augmente en cours de route), c'est obli-gatoire. Seulement, quand on l'a refait douze fois, que le chef-opérateur s'est cassé la gueule et qu'on a pris trois jours de retard sur le plan de travail, alors on s'aperçoit qu'il y aurait peut-être eu quelque intérêt à faire autre-ment. Au départ, c'est toujours cela : la solution la plus compliquée paraît toujours la meilleure.

A double tour, ça paraît très compliqué. En fait, on a été très vite, car ce ne l'était pas. *Le Beau Serge*, qui paraît simple, était, lui, terriblement compliqué. Nous passions par exemple à travers des petites portes, alors que nous aurions parfaitement pu nous en dispenser. Je me souviens aussi d'un plan où le pauvre Rabier, qui était au cadre, a failli se casser la gueule. Par la suite, il m'est arrivé de faire des trucs qui paraissent bien plus terribles : personne n'y a jamais risqué sa vie.

Les Cousins plus sincères que *Le Beau Serge*.

– *D'où venait, pour* Le Beau Serge, *le choix du sujet ?*

– Comme principe, c'était assez douteux. Mon point de départ était ceci ; je voulais tourner en hiver et en Creuse où j'étais resté pendant toute la guerre. La Creuse, pour moi, c'était l'enfance, et c'était l'hiver. Ça, c'est d'ailleurs une chose qui m'intéresse toujours. Mais l'intrigue, elle, avait un petit peu pour but d'obtenir la prime à la qualité. C'était très courageux, mais un peu prémédité. Si je devais le refaire maintenant, peut-être obtiendrais-je cinq millions de plus, car je mettrais juste ce qu'il faut pour exalter un peu plus le spectateur.

Mais il y a des choses que j'aime bien, dans *Le Beau Serge*. J'aime bien le village. J'aime bien le début. Seulement, quand j'ai tourné le film, c'est pour la fin que je me suis donné énormément de mal. Je voulais des effets.

Sur le thème aussi, le film était un peu roublard, car la rédemption finale avait tout ce qu'il fallait pour plaire. Et l'accouchement... Mais, de ce point de vue, c'était assez astucieux. Ça avait en même temps une certaine dose de naïveté, mais elle était voulue à soixante-quinze pour cent.

Les Cousins, c'était plus sincère. Je crois davantage à l'histoire des *Cousins* qu'à celle du *Beau Serge*. Et elle est plus vraie. La preuve en est que les personnages des *Cousins* existent, alors que ceux du *Beau Serge*... Les femmes, oui, elles existent, mais les deux types, non. Ils sont des vues de l'esprit. Le tuberculeux rédempteur, franchement, je n'y crois pas. Et je n'y croyais guère. Le poivrot qui s'ennuie et que sauve la naissance de son gosse, ça, c'est vrai, mais pas de cette façon-là. C'est également vrai qu'un gars peut en traîner un autre dans la neige. La preuve, c'est que j'ai fait traîner Blain pendant une nuit entière.

En somme, le cadre du *Beau Serge* est exact, mais l'affabulation est truquée. *Les Cousins* expriment davantage des choses vues. L'affabulation est truquée, si l'on veut, mais dans un sens auquel je tiens. L'histoire du type qui tue l'autre me paraît d'une grande vérité. Quant au contexte social des *Cousins*, à l'époque, on le croyait faux, maintenant on s'aperçoit qu'il était vrai. Les gars qu'on voit dans le film sont ceux qui, par la suite, se sont mis à jouer du bazooka et du plastic. Ils étaient tous à la corpo de Droit, en 47-49 (la grande époque!...) et je les connaissais bien. Il y en a même un qui a fait parler de lui depuis, qui est devenu quelqu'un d'assez important. Donc, le personnage de Brialy, il existe, et il avait du charme. Un peu moins que Jean-Claude, mais il en avait.

– Et l'apport personnel de Gégauff ?

– Son apport est réel, mais ne se situe pas là où on le croit généralement. Ce n'est pas du tout le côté « germanique », mais plutôt les surprises-parties, les discussions, ainsi que le vieux comte italien, qui est très vrai, lui aussi, et qui est une très bonne idée. Il y a une autre chose qu'il a conçue entièrement : le côté épidermique des rapports entre les personnages, l'idée de faire toute une scène sur la peau, le jeu des regards. Par contre, la balade au chandelier a été trouvée par hasard. Il est vrai que Gégauff s'était amusé à se déguiser en officier allemand, en SS, au bal du scandale, en 1945 ; il pensait que c'était la meilleure façon de scandaliser, et, à l'époque, c'était courageux ; mais, au moment du film, il n'y pensait plus du tout. Quant à l'étudiant juif, c'est moi qui en ai eu l'idée, et cette histoire est réellement arrivée.

– D'où vient que tant de choses aient été mal interprétées dans le film ?

– Les gens, à l'époque, ne croyaient pas qu'il y avait des fascistes en France. C'est aussi bête que cela. Ils ont donc cru que c'était moi le fasciste, puisqu'ils ne voulaient pas croire que c'était ceux qu'ils voyaient sur l'écran. Depuis, ils ont changé d'avis. *Les Cousins* actuellement, ce n'est absolument plus ambigu.

A la fin des *Cousins*, il est normal que le fasciste tue l'autre, c'est comme cela que ça se passe. Ce sont eux qui savent le mieux se servir des armes à feu. Et les armes à feu sont avec eux, elles sont de leur côté, puisqu'ils croient à la force.

Le côté « germanique » vient de ce que je suis très sensible à la guerre et à toute l'atmosphère « romantisme allemand », qui, à la fois, me séduisent et m'inquiètent. De même, j'ai voulu montrer dans *Les Cousins* que le fascisme était séduisant, en même temps qu'inquiétant et dangereux. Tout ce qui est épreuve de force dont on est censé être l'élément fort est séduisant et dangereux.

– *Avez-vous eu l'idée des* Cousins *en même temps que celle du* Beau Serge *?*

– Je l'ai eue avant. Mais je ne pouvais pas tourner *Les Cousins* : c'était trop cher. J'ai donc fait *Le Beau Serge*, qui n'était pas cher et qui, de plus, me donnait l'occasion de tourner dans la Creuse. J'avais aussi un autre sujet qui se passait dans la Creuse, mais il aurait coûté davantage.

– *On a parlé, à propos du personnage de Juliette Mayniel, de misogynie.*

– Je ne suis pas misogyne. Je crois, par contre, que ceux qui en parlent n'aiment pas les femmes : ils aiment des sortes de déesses qu'ils se fabriquent, alors qu'en réalité, une femme... c'est une femme, comme nous l'a appris Godard.

La couleur, faux problème.

– *Le fait d'aborder la couleur dans* A double tour, *vous a-t-il posé beaucoup de problèmes ?*

– A moi ? Aucun. A Decae, tous. J'avais simplement expliqué ce que je voulais, il a trouvé le moyen de le faire. La couleur, au fond, j'étais bien incapable de m'en occuper. J'étais incapable de savoir si, en employant tel ou tel truc, j'obtiendrais tel ou tel résultat.

Ce que je voulais, par exemple, c'était que les dalles soient blanches et bleues. Le décorateur se débrouillait pour qu'il y ait du blanc et du bleu. Quand je voulais des dorures à l'intérieur de la maison, le processus était le même. Pour les coquelicots aussi : le coquelicot, c'est rouge, pas de mystère. Il n'y a pas tellement de problèmes tout dépend du chef-opérateur.

– *Et l'idée même du film ?*

– J'avais lu le roman de Stanley Ellin pendant mon service militaire. J'avais été saisi par l'image de ce type qui vivait confiné (je n'ai d'ailleurs pas utilisé cette image), qui prenait soudain une maîtresse et pour qui, d'un seul coup, tout se passait dans la nature.

Ce que je n'ai jamais compris, dans le livre, c'est l'histoire de la clef qui ferme un grenier. J'ai eu beau la relire, je n'ai jamais compris. Cela, je l'avais éliminé par définition. En tout cas, je trouve que l'adaptation de Gégauff était mieux que le bouquin. Elle est fidèle, mais c'est le contraire d'une adaptation de roman policier. Je n'aime pas tellement les intrigues, au cinéma : on perd du temps à les raconter, on est obligé de perdre des secondes, ne serait-ce que pour les faire avancer. Ou alors, il faut être très calé, car ce n'est pas facile de faire avancer à la fois un film et une intrigue. Comme, à l'époque, j'en étais bien incapable, j'ai préféré m'amuser avec le temps et la mythologie.

Pour le temps, j'ai joué des retours en arrière. Le premier raconte ce qui s'est passé un peu plus tôt, le second raconte ce qui s'est passé pendant le premier. C'était très construit, mais les gens ont cru que ça allait dans tous les sens. L'épreuve de la construction est la pire, car, plus le film est construit, plus les gens ont l'impression que ça part dans tous les sens. Alors on ne sait plus comment faire.

J'aime mes personnages.

– Les Bonnes Femmes *était très construit ?*

– Oh oui ! Ça allait même beaucoup plus loin, nous étions presque allés jusqu'à faire rimer les scènes entre elles, et il y avait, à la fin, une coda. Nous avions fait un diagramme, Gégauff et moi, pour pouvoir retrouver les scènes au moment où elles se recoupent. La progression était horizontale, mais chaque fois que nous arrivions sur la ligne médiane d'une scène, il fallait passer par un point qui soit la rime du point correspondant de la scène précédente : toutes les scènes se recoupaient sur le plan vertical. L'ensemble se bouclait en cercle.

Nous avions déjà fait cela dans *A double tour,* puisque le principe était justement d'effectuer un double tour en prenant les retours en arrière comme points de repère, mais dans *Les Bonnes Femmes,* nous avons multiplié les difficultés. Les quatre filles, les deux types, nécessitaient tout un schéma de construction selon la façon dont ils revenaient. Et les gens ont trouvé que c'était dispersé. Il faut reconnaître qu'au bout de huit jours d'exclusivité ce l'était réellement, car le film se trouvait très charcuté.

– *C'est à partir de ce moment qu'on a commencé à parler de canular.*

– C'est exact, mais je n'ai jamais compris pourquoi. Comment peut-on s'imaginer qu'on passe sept mois à faire un canular ? On peut passer huit ou dix jours à en faire un, et encore il faut être vraiment un amateur de canular, mais sept mois... J'aurais voulu m'amuser ? Rien de moins drôle que de passer la moitié de son temps à faire des canulars de cette taille ! J'aurais voulu choquer ? Mais qui ? Et pourquoi ?

– *Est-ce que* Les Bonnes Femmes *est votre meilleur film ?*

– Je crois.

– *Pourquoi ?*

– D'abord, c'est celui qui correspond le mieux, une fois fini, à ce que j'avais pensé qu'il serait. Je n'ai pas eu de mauvaise surprise en le voyant. Il y a une ou deux petites choses qui ne sont pas sorties exactement comme je le prévoyais, mais ce n'est pas très grave. Par contre, je crois que j'ai commis une légère erreur – et c'est vraiment de ma faute – en permettant à Bertin de tout se permettre, je l'ai obligé ainsi à se parodier. Nous nous amusions à nous parler sur ce ton à longueur de repas, alors, forcément, quand il se remettait à jouer, c'était la même chose, multipliée par dix. Moi, ça m'a bien amusé, mais je comprends qu'il y ait des gens qui n'aient pas marché. Encore que ce soit justifié par la vérité : j'ai vu beaucoup de types de ce genre qui étaient complètement cinglés. Le patron de la boîte où nous avons tourné, lui, rasait les murs. Tout le temps. Il était complètement ciragé. Alors, quand on dit que Bertin paraît un peu curieux, je ne dis pas non, mais il ne l'est pas plus, après tout, que le bonhomme qui rase les murs.

– *N'éprouvez-vous pas, cependant, un certain plaisir de la charge, de l'outrance ?*

– Je ne trouve pas que, dans *Les Bonnes Femmes,* il y ait tellement d'outrance, mais, comme le film dépeint beaucoup de gens vulgaires, qui s'expriment instinctivement, sans masque, alors on parle d'outrance. Le trait est parfois très légèrement grossi, mais guère ; en tout cas, on voit souvent pire dans la réalité.

– *Mais on pourrait ne pas voir de tels personnages sur l'écran, le simple fait de les montrer...*

– Ça, évidemment ! Mais on pourrait aussi ne pas voir de Chinois... Dans *Les Bonnes Femmes,* le sujet du film, c'est les personnages que je montre. Je pouvais donc difficilement me dispenser de les montrer. Il est vrai, aussi que la caricature est une chose qui ne m'a jamais déplu. J'ai toujours aimé les acteurs qui en font trop. On se fiche de moi quand je dis que mon acteur préféré a toujours été Saturnin Fabre. C'était quelque chose de prodigieux que Saturnin Fabre. Mais dans *Les Bonnes Femmes,* je ne pouvais pas le prendre, il y avait à cela une impossibilité matérielle, il est trop connu, on aurait dit : voilà Saturnin Fabre qui va faire un numéro. Il est vrai que ce qu'a fait Bertin ressemble un peu à ce que faisait Saturnin Fabre. C'est pour cela que, pour *Landru*, je suis ravi d'avoir trouvé Denner : il est tout à fait dans cette ligne.

— *En même temps que le côté caricature, il y a un côté très réaliste.*

— Oui. Dans la vie, on rencontre des gens dont on dit : celui-là, c'est une véritable caricature. Disons que j'ai réuni dans mon film un certain nombre de ces caricatures. Je suis persuadé, de toute façon, que c'est un film d'une grande vérité.

— *Vos goûts ne traduisent-ils pas une vision du monde pessimiste et même un peu méchante ?*

— Non. Moi, j'aime bien mes personnages. Je ne suis pas pessimiste sur les gens, mais sur la façon dont ils vivent.

Au départ, quand nous avons fait le scénario, les personnages, pour Gégauff, étaient des cons. C'était un film sur les cons. Mais, en même temps, nous nous apercevions peu à peu, lui et moi, que, s'ils étaient cons, c'est d'abord qu'ils ne pouvaient s'exprimer.

Ils ne pouvaient pas établir de rapports les uns avec les autres. C'est pour cela que, dans le film, le dialogue est, la plupart du temps, ramené à des bruits, à des interjections, des borborygmes. Cette conception du langage ne repose pas du tout sur la méchanceté, c'est simplement le constat, un peu triste, d'une impossibilité de rapports, d'une trop grande naïveté : parfois, d'une trop grande vulgarité. En même temps, ces gens-là ont de la vitalité, et même les deux gars ne sont pas mauvais sous tous leurs aspects.

Quant aux quatre bonnes femmes, elles ne sont pas montrées comme des imbéciles. Seulement, elles sont abruties par leur façon de vivre et par leurs lectures. Il est vrai qu'on aurait pu les montrer en train de lire *Nous*

Deux ou des trucs de ce genre, mais j'ai pensé qu'il était suffisant de le suggérer. C'est tellement évident qu'il n'y avait pas besoin de le préciser.

— *N'avez-vous pas dit que* Les Bonnes Femmes *est un film progressiste ?*

— Je ne sais pas si c'est un film communiste, en tout cas, c'est un film profondément marxiste. Ce que Sadoul a surtout exécré, c'est le côté Pacra. Il disait : « Pacra, ce n'est pas cela ! » Or, hélas, Pacra a bien ce genre de charme. Il disait : « Le public du Pacra, ce n'est pas cela. » Pas de veine : c'était le public du Pacra ! Donc, quand il a vu cela, il était furieux, puis nous en avons parlé assez longuement et il a fini par revenir un peu sur ses positions. Il ne dit pas qu'il aime beaucoup le film, mais enfin il l'a un peu compris et, de toute façon, il ne le trouve pas ignoble.

Ce qu'il faudrait, c'est expliquer aux gens que ce qu'ils voient n'est ni méchant, ni caricatural, ni ceci, ni cela. Ils pourraient ainsi le voir plus tranquillement. Mais le cinéma est un des rares arts où le spectateur a un complexe de supériorité vis-à-vis de la chose qu'il voit. Il a tendance à se marrer, à se foutre de ce qu'il y a sur l'écran. C'est peut-être parce que l'identification se fait là plus facilement qu'ailleurs.

Cette résistance des gens se traduit souvent par des ricanements. Or, dans *Les Bonnes Femmes*, ce qui rendait les spectateurs littéralement cinglés, c'est que, plus ils se marraient, plus on se marrait sur l'écran. Ils ne pouvaient pas se moquer, puisqu'on se moquait déjà. C'est pour cela qu'ils croyaient qu'on se foutait d'eux.

Ils ont cru aussi que je n'aimais pas mes personnages, car ils croient que, pour aimer les gens, il faut les déifier. Ce n'est pas vrai. Au contraire, ce sont ceux qui ne les aiment pas, qui les déifient.

Cela me fait penser au type qui a été déçu par son père ou sa mère. Je trouvais que mon père était formidable, et je me suis aperçu qu'il buvait, affirme un individu que vous rencontrez dans un café en face d'un verre d'alcool. Ce n'est pas parce que son père boit ou que sa mère a trompé son mari autrefois que ses rapports avec eux doivent être changés. Ce serait les juger et c'est inadmissible. On peut constater un état de choses, le regretter, mais non porter un jugement en disant : « Ces personnes sont à rejeter ! » Je trouve impensable que des individus puissent vouloir en rejeter d'autres. Donc, que dans la tête du spectateur puisse venir l'idée que je rejette mes bonnes femmes, cela prouve qu'eux-mêmes peuvent avoir cette idée.

Un arbre est comme il est.

— *Ne vous est-il pas venu à l'idée que votre façon de considérer vos personnages pouvait paraître ambiguë ? Le personnage du poète, par exemple.*

— Le Poète ? Le baron Barelay ? J'ai un disque de lui, qu'il m'a envoyé. Car il s'est fait enregistrer et il dit des poèmes, accompagné aux grandes orgues, exactement comme dans le film. Voici le genre : « J'ai d'abord été moi, puis par amour pour toi, j'ai rêvé d'être toi, mon mégot s'est éteint, et l'on touche au divin, en s'aimant dans un autre... »

Voilà ! J'aurais mis cela dans le film, les gens m'auraient traité de fou.

— *Mais la mission du cinéaste n'est-elle pas, aux yeux du public, de montrer les choses, non pas comme elles sont, mais sous un autre jour ?*

— S'ils veulent que les choses soient idéalisées, c'est qu'ils trouvent que la vérité n'est pas belle. J'adore les types qui, lorsqu'ils veulent filmer un arbre, disent : ah !

qu'il est beau ! et qui, au moment de tourner, flanquent dessus tout un tas de trucs et de machins, et des petits reflets en veux-tu en voilà, pour que l'arbre ne ressemble plus du tout à ce qu'il est naturellement.

— *Ils le voient comme ça.*

— Comment, ils le voient comme ça ! Un arbre est comme il est ! Si on le trouve beau. La preuve qu'il n'est pas comme ils le voient, c'est qu'ils sont obligés de transformer ce qu'il voient. Vous n'allez pas me faire croire que le type qui le filme ainsi sait le rapport qu'il y a entre la façon dont lui voit l'arbre et celle dont le voisin le voit. Truquer un arbre en disant : « c'est comme ça que je le vois », cela implique qu'on prend une matière, et qu'on se dit : « Moi, je la vois comme ça, mais mon voisin lui (bravo de le savoir !) ne la voit pas tout à fait comme moi. Alors, moi, je vais lui montrer comment je la vois. Mais pour que son œil à lui voie ce que je vois, je vais être obligé de truquer la matière. » C'est absurde.

— *Au cinéma, à partir du moment où vous mettez tel objectif plutôt que tel autre, le problème se pose.*

— Pas du tout. Si je trouve qu'un arbre est beau au 18.5, je le montre au 18.5, il est beau comme ça, je le montre comme ça.

Pour filmer une course de chevaux, il y a un endroit d'où vous aurez une parfaite vision de l'arrivée de la course : dans l'axe de la ligne d'arrivée. Vous ne pouvez pas vous tromper. La caméra enregistrera la pure vérité. Vous pouvez aussi, pendant la course elle-même, prendre un 130 et filmer des chevaux qui courent, mais, là, allez donc savoir le cheval qui est arrivé le premier ? C'est impossible.

Il n'y a pas de rapport direct entre la réalité et le tournage de la réalité. Le tournage d'une fiction peut être plus vrai que le tournage d'une réalité. C'est une

137

question d'endroit où l'on se place. Mais il faut trouver l'endroit. Une fois qu'on l'a, alors seulement on peut se permettre tout un tas de choses, on peut se déplacer par rapport à la réalité purement objective, et ça peut devenir plus beau. Ce sera toujours la réalité, mais poétisée, si l'on veut, sans que pour autant on ait touché à la réalité elle-même.

Bien sûr, ce peut être très beau, un arbre qu'on fabrique, qu'on décore, mais quand on dit : « Cet arbre est beau, je vais le filmer, il y a une façon de le filmer, pas deux, pour exprimer sa réalité à lui. » C'est l'arbre qui est beau, en lui-même, et il l'est avant le film. Il y a celui qui voit la beauté de l'arbre et celui qui fabrique une beauté artificielle.

Je dis que la base, c'est cela. Ce qui m'irrite, c'est que, souvent, cette base n'est même pas dans les films. On commence à peindre l'arbre avant de savoir si ça vaut le coup de le peindre et en quoi il est beau.

– *Dans* Les Bonnes Femmes, *l'arbre y était-il ?*

– Dans *Les Bonnes Femmes*, cette réalité y était. Pas tout le temps, peut-être, mais à la base elle y était. Parfois je l'ai cherchée, et je n'ai pas su la mettre : il y a les moments où je me suis trompé, mais dans la piscine, par exemple, elle y est. Aucun doute : c'est une vraie piscine. Et comme j'aime bien les piscines couvertes, j'étais content de montrer cette piscine couverte. En même temps, à l'intérieur de cette piscine, toutes les variantes sont possibles. Une fois qu'on est dans la réalité, on peut en choisir tel ou tel angle. Filmer la piscine, ou filmer l'arbre, avant d'avoir découvert en quoi il est ce qu'il est, ça revient à procéder comme un musicien qui voudrait faire des variations avant d'avoir un thème.

Il y a des choses à filmer. Il faut donc savoir d'abord où et comment elles peuvent exister pour l'écran, réellement, en tant qu'elles-mêmes. Partant de là, on peut en prendre les variantes, on peut avoir toutes les visions personnelles qu'on veut. Or, trois fois sur cinq, quand on va au cinéma, on se rend compte que les types n'ont même pas conscience de la réalité de ce qu'ils filment. Ils filment n'importe quoi, n'importe comment. Tantôt c'est bien, tantôt ce n'est pas bien, mais la plupart du temps il n'y a qu'artifice sans art, et ce n'est pas intéressant.

La bêtise plus profonde que l'intelligence.

 – Mais dans la réalité que vous peignez, dans la scène du mouchoir, par exemple, qui a été coupée pour l'exploitation, vous mettez parfois une certaine complaisance.

 – Si la scène avait été complaisante, les gens auraient applaudi. Je n'admets pas qu'on traite de complaisantes des choses qui font hurler. En général, ce qui est complaisant, c'est ce qui réjouit. Il y a une chose qui m'a toujours fait rire : d'après les gens, j'ai sombré dans le commerce au moment où mes films ont cessé de marcher. C'est une aberration. Prenez la chose dans n'importe quel sens, ce n'est pas possible.

 Complaisante envers moi-même, alors ? Mais cette scène, je ne l'ai pas inventée. L'exécution de Weidmann a été la dernière exécution publique à cause de cela : il y a eu des bonnes femmes dans le genre de la mienne qui sont allées tremper leur mouchoir dans le sang de l'assassin. Et puis voyez la réalité : un simple crissement de pneus, rien que cela, et vous voyez les fenêtres ouvrir et les gens accourir pour voir qui est mort. Cette curiosité malsaine, je ne l'ai pas inventée. Par contre, s'il y a des olibrius, des Hollandais ou des Auvergnats qui se promènent en faisant les idiots sur les trottoirs, les gens ne se remuent pas autant. Ils disent : « Tiens ! encore les Auvergnats qui descendent les Champs-Elysées ! » Je ne dis pas que ce soit si mal, d'être curieux : simplement, on a le doit d'approfondir un peu la question, sans être complaisant vis-à-vis de qui que ce soit.

– *On a parlé, à propos des* Bonnes Femmes, *de film fasciste.*

– Fasciste ? Fasciste !… Eh bien, d'une part, ça vient sans doute des *Cousins*, d'autre part, comme les gens sont eux-mêmes méprisants, ils croient que, moi aussi, je méprise. En face de la bêtise, ils ne voient pas d'autre solution que l'oubli ou le mépris. Si on ne méprise pas, on doit oublier, et si l'on n'oublie pas, alors c'est qu'on méprise. Avec eux, on ne sort pas de là. Aucune autre issue.

La bêtise est infiniment plus fascinante que l'intelligence, infiniment plus profonde. L'intelligence, elle a des limites, tandis que la bêtise n'en a pas. Voir un être humain profondément bête, c'est très enrichissant, et l'on n'a pas à le mépriser pour autant.

Je connais un crétin, un crétin absolu, je le sais, ce qui est un état passionnant. Je l'utilise, lui m'utilise : on s'utilise l'un l'autre. Nous n'avons aucun mépris l'un pour l'autre.

Je crois d'ailleurs qu'il est conscient de sa bêtise. Cela ne change rien, car ce n'est pas d'être conscient de sa bêtise qui vous rend moins bête, cela rend simplement la bêtise encore plus fascinante.

Ce type, qui est foncièrement bête comme d'autres ont les cheveux foncièrement noirs, on ne se lasse pas de lui parler, d'écouter ses histoires, et c'est merveilleux. J'ai là un prospectus intitulé : « Le Droit Chemin pour mes amis les enfants et leur protecteur. » Il y en a six pages. C'est envoyé par un coiffeur et ça parle de coupes de cheveux et de shampooings. C'est là une chose impensable, mais je n'ai nul sentiment de supériorité vis-à-vis du type qui a fait le plus beau prospectus que j'ai jamais vu de ma vie. Ça prouve que la sottise est efficace. Comment peut-on en arriver à mépriser quelqu'un ? Ce serait une autre forme de bêtise. Peut-être, à la rigueur, pourrait-on mépriser un salaud, un épouvantable salaud, et encore... Mais qu'on fasse un film là-dessus, et les gens sont persuadés qu'on a un sentiment de supériorité. Ce n'est pas vrai. Les gens intelligents que je connais, n'ont qu'un rêve : l'être moins. Il est vrai qu'on aime toujours son contraire, mais en même temps ce n'est pas vrai, car je connais des gens infiniment plus intelligents que moi qui ne sont pas du tout fascinés par la bêtise : ce n'est pas leur rayon.

J'assiste quelquefois à un spectacle extraordinaire (je pourrais le montrer, cela, et au nom de quoi dirait-on que je n'en ai pas le droit ?) : des cabotins, qui sont tous d'ailleurs d'une extrême gentillesse, se réunissent dans un café pour se faire des numéros d'une incroyable bêtise. C'est inouï. Ça dépasse l'imagination. Ça va même beaucoup plus loin que Ionesco. Je dirais même que c'est moins bête, car Ionesco, voilà ce qui est plein de mépris. La preuve : le sketch d'Ionesco, dans *Les Sept Péchés capitaux*, était d'une profonde sottise intérieure. Donc, c'était fascinant, et, en ce sens, c'était le meilleur sketch du film. Quoique non, au fond, je sais que ce n'est pas vrai. Il y a tout de même des choses qui ne pardonnent pas, et la trop grande conjonction de sottises est de celles-là. Ionesco, de plus, était roublard ; or, la bêtise roublarde, c'est quelque chose qui n'a pas de nom.

Avant de faire *Les Bonnes Femmes*, j'ai vu *Le Tigre du Bengale* qui m'avait beaucoup frappé. Lang, voilà un type qui sait qu'il filme. Lorsqu'il filme une déesse en carton-pâte, il sait que c'est une déesse en carton-pâte, il n'essaie pas de la faire passer pour autre chose, et en

141

même temps, il utilise toutes les qualités de la déesse en carton-pâte pour en faire quelque chose de beau.

Ambroisine et la bouteille de cognac.

– *Venons-en à vos films suivants.*

– Les *Godelureaux,* c'est un peu comme *Les Bonnes Femmes,* mais la réalité est différente. C'était un peu trop une gageure. C'était un film sur l'inutilité, et son insuccès vient de ce que lui aussi était inutile.

Il aurait fallu faire un peu autrement. De toute façon, au départ, le film durait déjà vingt minutes de plus, et nous avions encore l'intention d'élargir cet aspect. En fait, pour qu'il soit vraiment significatif, il aurait fallu faire le tour du monde et aboutir à un film de quatre heures. Ce n'était pas possible. Et montrer pendant quatre heures des choses dès le départ inutiles... Il y avait une scène qui expliquait bien ce que je voulais, mais elle a été coupée, justement parce que les gens ne voyaient pas son utilité, ce qui est assez comique. Cette scène était la clef du film. C'était celle-ci :

Bernadette (Ambroisine) prend une bouteille de cognac et va la cacher derrière un rideau. Puis elle dit : « Je prendrais bien un petit peu de cognac. Le cognac n'est pas là. Va le chercher ! » L'arrière-pensée d'Ambroisine est de se faire peloter par Brialy. Bernadette et Brialy vont dans la cuisine mais le troisième garçon – qui était en train de lire je ne sais quel texte en latin – s'aperçoit que les deux autres sont partis. Il les rejoint dans la cuisine au moment où ils sont en train de s'embrasser. Aussitôt, ils font semblant de chercher la bouteille de cognac, c'est normal. Ils ne la trouvent pas, ce qui est aussi normal. Ils sont donc obligés de continuer le jeu et les voilà en train de faire le tour de toutes les pièces de la maison en faisant semblant de chercher la bouteille. A la fin ils disent : « Nous nous passerons de cognac », et ils reviennent dans la pièce d'où ils étaient partis.

Ça n'a pas plu, et il était normal que ça ne plaise pas, car je ne vois pas pourquoi ça aurait plu. Mais tout le film est là-dessus : sur le plaisir qu'éprouvent des gens à vivre leur inutilité et vivre d'inutilités. L'envie de se faire peloter, au départ, est ce qu'elle est, mais elle est réelle. Donc, au départ, on veut faire quelque chose, mais cette chose finit rapidement par disparaître et il ne reste plus que la forme acquise qui vous pousse à une interminable balade.

Elle avait caché la bouteille pour se faire peloter, mais, en vingt minutes, elle s'était fait peloter trois secondes ; le spectateur lui, se disait qu'il s'était amusé pendant trois minutes et que, le reste du temps, il avait perdu le sien.

Là encore, les gens ont pensé à un canular, car dès qu'on parle sur rien, ils croient qu'on ne parle de rien. C'est très curieux. En fait, le rien est une chose intéressante à étudier, tout comme la bêtise.

Paresse du public.

Avec L'Œil du Malin, ce fut pareil. L'histoire était vue par un minable, et le film, forcément, était, en un sens, minable. Mais, à mon avis, il était beau quand même, car il était fait par le minable. Donc, le film avait tout ce qu'il fallait pour être minable, mais, parce qu'il était fait par un minable, on passait automatiquement sur un autre plan. En somme, le public n'a pas aimé l'œuvre d'Albin Mercier, mais il aurait dû au moins la regarder, car il y avait des conclusions à en tirer. Eh bien non, même pas !

Il y a eu un éreintement terrible du film dans Le Figaro. La critique se terminait par cette phrase absolument extraordinaire : « Et, pour que rien ne nous soit épargné, le héros est un écrivain raté. » Signé : « Intérim. »

Je trouve cela vraiment admirable, car, sans le faire exprès probablement, celui qui l'a écrit a parfaitement résumé le problème.

Mais l'échec de *L'Œil du Malin* m'a surpris. Je me disais : il y a un truc policier, une histoire de cocu, ça devrait marcher. Et ça aurait marché, je crois, s'il n'y avait eu d'abord le fait que les gens ont été lassés par le commentaire et, ensuite, que ceux qui n'étaient pas lassés n'ont pas compris que le principe du commentaire n'était nullement de contredire systématiquement les images. Il y avait parfois contradiction, oui, et ce qu'on voyait n'était pas forcément la réalité, c'était son point de vue à lui, déplacé dans le souvenir, dans le temps, mais le principe même était bien moins compliqué que cela. Nous retombons dans le cas du spectateur qui s'estime toujours supérieur au type qui fait le film.

Claude Mauriac a écrit : « Il y a des négligences terribles de la mise en scène. » Il ajoute comme exemple : « On voit le type se cacher à l'intérieur, puis la bonne qui rentre et qui ferme la porte à clef. Or, le type, ensuite, sort tout bonnement par la porte. » Mais la conclusion logique est : si le type sort par la porte, c'est que la bonne a laissé la clef dans la serrure, sans parler du fait qu'en regardant bien, on la voit, la clef, sur la serrure. Seulement, chez Mauriac, s'est déclenchée automatiquement la notion d'erreur. Pourquoi ? Les gens ne sont absolument pas mûrs pour le cinéma de la moindre recherche. Ils sont tout de suite paumés. C'est hallucinant.

Chaque fois que je ferai un film, il y aura toujours les deux choses : ce que les gens volent au cinéma, et les petits trucs où ils se perdent et qui font contresens. Il faut donc trouver le biais par lequel se fera le contact. Je pense que dans *Landru*, le contact y sera et que tout le monde comprendra.

Ophelia est également un film subjectif, comme *L'Œil du Malin*, mais pas subjectif par rapport à l'œil d'un médiocre. En un sens, le film est plus complexe, mais il y a davantage de points de repères. Hamlet existe, et, à partir de là, on peut retrouver ce qui est subjectif et ce qui ne l'est pas. La forme aussi est différente, elle plaira sans doute davantage que le côté extérieurement hyper-bâclé de *L'Œil du Malin*. Et comme, en même temps, le film est plus complexe, peut-être cherchera-t-on davantage à comprendre. Bien sûr, c'était simpliste, *L'Œil du Malin*, mais il fallait penser que tous les éléments du film étaient fonction d'un type simpliste. Il fallait consentir à s'effacer devant lui. Lorsqu'Albin Mercier descend la pente en contre-jour, c'est que, lui, il se voit ainsi. C'est sûrement le type qui ne peut pas descendre une pente sans se voir auréolé d'un magnifique contre-jour.

Landru, au contraire, est une chronique très objective. Mais, en même temps, la réalité porte sur le personnage de Landru lui-même, pas sur le reste. Les décors sont des toiles peintes, mais, en même temps, pour faire comprendre le ton de l'époque, la façon dont les gens vivaient, se parlaient, voyaient les choses, j'ai repris le style de l'époque. Il y a par exemple une scène traitée comme du Paul Hervieu : celle où Landru va chercher Michèle Morgan. Il y a un décor à trois temps, comme au théâtre. La caméra est à la hauteur des fauteuils d'orchestre ; simplement, de temps à autre, je me suis permis de prendre des jumelles. C'est une scène qui correspond à peu près, à en juger par les illustrations, à la façon dont les gens se mettaient en place au théâtre, à l'époque. Je crois que cela sera très compréhensible aux yeux des gens et que, de toute façon, il n'y a pas grand décalage par rapport au reste du film. De plus, pour être sûr que ça s'intègre bien, j'ai triché une fois, à l'intérieur de la scène, et fait un plan qui est vu de l'intérieur, du point de vue du personnage. Cela fait sentir que le film, tout de même, continue.

– *Vous avez donc cherché, là encore, la vérité de la réalité.*

– Ce qu'il y a chez moi, c'est que les intrigues souvent me gênent, elles m'empêchent de traiter ce qui m'intéresse, et ce qui m'intéresse est tout de même suffisamment vital pour pouvoir en principe intéresser tout le monde. J'ai l'impression que les gens vivent dans un brouillard et qu'ils refusent même leur propre vie, en se disant : « Vivement que ça se termine ! » sans vouloir la regarder telle qu'elle est, sans vouloir regarder non plus ses côtés admirables. Chez les plus malheureux, il existe au moins une chose admirable : la possibilité de révolte.

– *Vous voulez toujours déboucher sur la lucidité.*

– Oui. Dans *L'Œil du Malin*, par exemple, il y a la lucidité d'un minable. Il arrive à comprendre qu'il est un minable. Je veux dire par là que le récit d'Albin est mieux que ce qui s'est passé réellement. Mais on se heurte à une chose terrible : le fait que le cinéma est obligatoirement un art de masse. On est donc obligé de fabriquer, d'introduire des éléments qui plairont au plus grand nombre. Or, le plus grand nombre refuse la lucidité. Il faudrait qu'on leur apprenne également à saisir ces éléments eux-mêmes de façon lucide. Or, on leur apprend systématiquement à les refuser.

Les critiques, surtout les critiques de quotidiens, utilisent à tout bout de champ une formule qu'ils ont clichée sous une forme invariable : « Enfin ! Un aimable divertissement !... » Comme si aimable divertissement devait toujours être précédé du mot enfin, comme s'ils

146

avaient mal à la tête à force de voir les films qu'ils voient. Pourtant, il n'y a pas de quoi avoir mal à la tête ! Ce n'est pas une formule de ce genre qui apprendra aux gens à apprécier les divertissements vraiment aimables. C'est toujours la même chose : face au cinéma, il y a une paresse mentale, dont on aurait honte de faire preuve à l'égard de la littérature.

Hitchcock et moi.

    – *Vers quoi voulez-vous aller dans vos prochains films ?*

    – Vers n'importe quoi, pourvu que ce soit ma voie. Il y a des sujets qui ne m'intéressent pas, parce que l'intrigue est trop compliquée, mais, sauf cela, je pense que je peux partir de n'importe quoi. Je vais faire un sketch dans *Les Grandes Escroqueries*. Ce sera l'histoire d'un type qui vend la Tour Eiffel à des ferrailleurs. Ce qui me ravit dans cette histoire, c'est de considérer la Tour Eiffel au poids du fer, pas autrement. Et c'est bien la vraie Tour Eiffel qu'il vend.

    Or, ce gars-là, il vend la vraie au prix de la fausse. Il profite de ce qu'à ce fer est attaché une sorte de halo de mémoire, pour la vendre plus cher que le prix du métal. Son profit est double, alors qu'en fait le mythe de la Tour Eiffel n'est pas vendable à un ferrailleur. D'autre part, même si elle était vendable, le fait, précisément, qu'il s'agisse de la vraie tour empêcherait la vente de cette quantité de fer pour le prix qu'elle vaut. C'est comme cela que je rejoins la réalité. Dans le sketch des *Sept péchés,* c'était un peu la même chose : ce qui m'avait intéressé, c'est aussi le halo mythique qui entoure cette brave fille.

    Le mythe est beau, considéré comme tel. Or Landru est un peu un mythe, et j'espère bien faire sentir, à la fin du film, la naissance du mythe, mais sans porter aucun

147

jugement sur le mythe au nom de la réalité. Je ne cherche pas à démystifier Landru, je veux simplement montrer Landru et montrer le mythe Landru en tant que Mythe, ce qui ne le démystifie nullement.

– *On retrouve un peu là le principe d'Hitchcock.*

– Dans le cas d'Hitchcock, c'est différent, dans la mesure où il est un architecte qui connaît tous les problèmes qu'on peut se poser en matière de cinéma et qui, en même temps, a trouvé un moyen – qui est aussi un sacrifice – d'intégrer cette architecture ; il ne cherche pas du tout à communiquer le résultat de ses cogitations, il cherche uniquement, à l'aide de ces cogitations, à raconter des histoires. D'où cette ambiguïté entre le Hitchcock commercial, le Hitchcock profond, etc. C'est un type dont la profonde réflexion sert à raconter des histoires ; certains voient l'histoire, d'autres la réflexion.

On pourrait peut-être lui reprocher de ne pas du tout chercher à exprimer ce que, en dehors de la méthode, ses réflexions lui ont apporté. On est obligé de le deviner. On ne peut pas connaître de façon directe les idées qu'il a certainement sur beaucoup de choses. On est obligé de passer par l'analyse systématique de la façon dont il a voulu les faire. C'est d'une complexité sans nom. Il n'a pas choisi le plus court chemin.

Car ses méthodes ne sont pas des méthodes pour chercher d'y voir clair. Ce sont des méthodes pour faire un suspense. Grâce à ces méthodes, on finit par découvrir, en cherchant très loin, en se creusant la tête, une méthode d'y voir clair, mais, au départ, Hitchcock ne cherche pas du tout à la communiquer. C'est pourquoi il rigole quand il parle des films à message. Il refuse absolument de communiquer ses réflexions. Elles lui servent, c'est tout. En somme, c'est l'équivalent de ces romanciers – Stevenson, par exemple – dont le fantastique travail de cogitation aboutit à l'élaboration de romans d'aventures parfaits, par l'intermédiaire desquels on peut retrouver tout un processus. Mais cela implique de la part du lecteur un effort tel, que seul un tout petit nombre est capable de le faire. Si bien que, paradoxalement, j'affirme m'adresser à un plus grand nombre qu'Hitchcock. Non parce que j'ai quelque chose de plus, mais parce que j'ai quelque chose de moins. Il y a chez moi un mur, un barrage de moins à franchir. Il est vrai que, chez Hitchcock, il s'agit d'un mur enrobé de chocolat.

Imposer ce qui est bon.

– Nous revoici en quelque sorte dans la critique. Que pensez-vous de l'évolution de la critique à l'heure actuelle ?

– On en arrive maintenant au seuil de l'incompétence. On pourrait presque dire qu'elle est sans espoir dans la mesure où, dans presque toutes les critiques, il y a la bourde énorme, l'erreur de jugement flagrante, élémentaire. Il n'y a qu'à prendre n'importe quel journal. Ce n'est pas l'incompétence au départ, non, c'est le refus de s'intéresser. Ce sont les phrases toutes faites du genre de celle que je vous citais tout à l'heure : « Enfin ! Un aimable divertissement ! » ou « Sans doute suis-je idiot, mais je ne comprends pas », phrase qui est, bien entendu, d'une hypocrisie totale, ou cette phrase, que je trouve admirable : « C'est trop fort pour moi. » Mais qu'est-ce que ça veut dire tout ça ? Qu'est-ce que c'est que cette façon de traiter les choses par le mépris ? Ils ont peur de descendre au niveau des choses ou quoi ? Ça prouve qu'en plus de mépriser les films, ils méprisent aussi le public, car, lui, il ne demande qu'à comprendre. Ils font des raisonnements de directeur de salle. Le fameux : « Mon public... » ce sont eux, maintenant, qui le profèrent. C'est curieux qu'au moment où les directeurs de salle font des efforts, ce soit la critique qui reprenne leur ancien slogan.

On voit souvent le critique faire ce raisonnement : ce n'est pas ce film obscur et complexe qui fera aller les gens dans les salles. Mais est-ce que le critique est payé au pourcentage ? Qu'il fasse son boulot et explique au public ce qu'il a à expliquer ! S'il n'en est pas capable, qu'il écrive simplement : « Je n'ai pas compris. » Inutile d'ajouter : « Sans doute suis-je idiot. » Cela dit, s'il tient tellement à ce que les gens aillent dans les salles, et là on ne peut pas lui donner tort, qu'il s'arrange pour ne pas tenir des raisonnements qui, justement, détournent les gens d'y aller.

Si l'on n'a pas compris, il n'y a qu'à dire : « Je m'en excuse, je vais retourner voir le film et je vous en reparlerai dans de meilleures conditions. » Si la deuxième fois le critique n'a pas compris, qu'il dise : « Je n'ai toujours pas compris, j'y retourne une troisième fois. » Au bout de cinq fois, on lui donnera le droit de dire : « J'estime, tout bien pesé, qu'il n'y a rien à comprendre, et je regrette d'avoir vu le film cinq fois. »

– *Que pensez-vous des* Cahiers *actuellement ?*

– Ce qui a changé, c'est qu'ils sont un peu devenus ce qu'on leur reprochait à l'époque où on n'avait pas à le leur reprocher : ils sont parfois un peu incompréhensibles. Il y avait autrefois un certain côté rigolard qui reparaît trop rarement.

Je sais aussi une chose : c'est que, dans le temps, un film aussi beau qu'*Une femme est une femme* aurait marché. On se serait démerdé, je ne sais pas comment, mais le film aurait marché ! Ça, je vous en fiche mon billet. Il y a des choses importantes qui se passent, des films importants qui se cassent la gueule, et vous, vous pensez à autre chose, à un numéro spécial sur Truc ou Machin.

Maintenant, bien sûr, tout est plus difficile, mais en même temps je crois que c'est affaiblir ses positions que de compter minutieusement les charmes d'illustres inconnus italiens à peplum.

Tant qu'un film comme *Une femme est une femme* ne sera pas imposé à des gens qui, au fond, ne demandent qu'à savoir ce qu'il faut en penser, le travail ne sera pas fait.

— *Il est peut-être gênant de plaider pour ses propres...*

— Mais qu'est-ce que c'est que cette histoire ! Il n'y a pas de fausses pudeurs à avoir dans ces trucs-là ! Un film comme *Lola*, vous l'avez tous trouvé admirable, or il a fait 35 000 entrées en exclusivité ! Eh bien, il fallait trouver autre chose ! Mais je sais bien que nous aussi nous avons eu des échecs : *Voyage en Italie* n'a pas marché, je le reconnais. Seulement, si *Lola* n'a pas marché, ce n'est pas pour des raisons aussi graves que *Voyage en Italie*. *Lola* pouvait marcher. Après *Lola*, Beauregard a compris, et il a fait autour de *Cléo de cinq à sept* un ramdam de la plus belle eau !

Si vous avez peur que le public ne comprenne pas, eh bien, il faut lui expliquer ! Les gens qui vont voir *Marienbad*, il ne doit pas y en avoir plus de cinq à ne pas savoir ce qu'ils vont voir. Et ceux qui savent ce qu'ils vont voir, ou bien ils aiment, ou bien ils n'aiment pas, mais ils ne sortent pas furieux.

Il faut imposer ce qui est bon, et pour l'imposer, tout, absolument tout est bon. Y compris les insultes à ceux qui les méritent. Voyez ce que Truffaut a fait, ça a remué. Nous lui devons tous un peu d'avoir pu démarrer comme nous l'avons fait.

— *Faire des films et faire de la critique, cela fait-il pour vous partie du même combat ?*

Moi, je n'ai jamais été un bon critique. Je ne suis

vraiment pas fait pour ça. Mais je suis volontiers prêt à défendre ce qu'il faut, ça oui.

De toute façon, l'expérience nous a été utile pour voir nos erreurs. Au début, il y a bien des choses que nous n'avons pas faites ou mal faites, c'était forcé. Et, surtout, nous nous sommes trop dispersés. Il faudrait se réorganiser sérieusement. On ne peut pas encercler à dix un ennemi cinquante fois plus nombreux. Il faut se grouper.

(Propos recueillis au magnétophone, par Jean Collet,
Michel Delahaye, Jean-André Fieschi,
André S. Labarthe et Bertrand Tavernier.)

Cahiers du cinéma, n° 138, décembre 1962.
N° spécial Nouvelle Vague.

Entretien avec
François Truffaut

François Truffaut, pouvez-vous nous dire où en est la Nouvelle Vague, aujourd'hui, selon vous?

– Ça dépend des jours. Tout ne va pas parfaitement ces temps-ci, mais il ne faut pas oublier que, lorsque tout allait bien, cela dépassait toute espérance. Fin 59, nous étions en plein rêve, tout se passait dans des conditions inimaginables deux ans auparavant.

Je me souviens par exemple d'un article de Marguerite Duras, dans *France-Observateur*, où elle racontait son travail sur *Hiroshima* avec Resnais. Resnais lui disait : il faut partir du principe que, si nous arrivons à faire sortir le film dans une salle, ce sera merveilleux. Les succès international d'*Hiroshima* par rapport à cette modestie de départ, qui était aussi un peu une modestie de principe, est tout de même significatif.

Je crois que ce fut le cas pour nous tous. Quand j'ai tourné *Les Quatre Cents Coups*, j'étais effrayé de voir que mon devis – vingt-huit millions à peu près – passait à trente-cinq. J'étais affolé, j'avais l'impression de m'embarquer dans une chose difficilement rentable ; mais, une fois terminé, avec le festival de Cannes et les ventes à l'étranger, le film a été plus que remboursé. En Amérique, par exemple, il a été acheté cent mille dollars : cinquante millions.

Nous étions donc en pleine euphorie. En 59, la situation était anormalement bonne. Il est normal qu'elle ait

153

suscité des rêves, même un peu délirants. Ce fut aussi le cas de certains producteurs qui ont cru que le secret était uniquement la jeunesse, la nouveauté, etc., et qui se sont lancés à leur tour dans la prospection de nouveaux talents.

Petite histoire de la NV.

Mais, là-dessus, beaucoup de choses ont déjà été dites.

Il y a une chose qu'il est peut-être bon de rappeler : les premiers échecs ont commencé avec le compromis. Un producteur, devant quelqu'un qui n'avait encore rien fait, se disait par exemple : il n'y aura qu'à lui donner un très bon opérateur. Or c'est une très grave erreur que de donner un opérateur de films classiques à un débutant : le produit devient bâtard, informe. Cet opérateur ne pouvait aider ce garçon comme l'auraient fait par exemple Decae ou Coutard, ou un opérateur habitué aux conditions semi-professionnelles (cas du cinéma de Melville) ; de plus, il ne pouvait non plus lui faire un film classique, réalisé selon les normes habituelles.

Cette erreur s'est produite sous d'autres formes, par l'intrusion de scénaristes traditionnels, ou de vedettes, dans des films qui n'étaient pas faits pour cela, sans parler d'autres combinaisons du même genre. Dans le cas d'Hanoun, ce fut, entre autres choses, par l'intervention de toute la machine du studio qu'il n'avait pas prévue et pour laquelle il n'était pas fait, par ce mélange d'improvisation et de préparation qui a caractérisé son film.

Quant à nous, il nous est arrivé aussi, forcément, de nous faire des idées erronées sur la façon dont nous devions aborder le cinéma.

Au moment où nous commencions à vouloir faire du cinéma, c'était Rivette le plus actif. A l'époque, il n'y avait qu'Astruc qui pouvait vraiment se considérer comme un metteur en scène. Nous, nous pensions au cinéma sans trop oser formuler nos idées. Rivette était le plus nettement décidé et il donnait l'exemple, en faisant des films en 16 mm. Rohmer, lui aussi, se considérait comme cinéaste, mais il attendait davantage que ça vienne.

Rivette fut le premier à proposer des solutions concrètes. Il nous fit nous réunir, proposa des plans, suggéra l'idée de cinéastes associés, de groupements de metteurs en scène, et autres idées analogues.

Je me souviens d'une démarche que nous avons faite auprès de Resnais, avec Rivette, Bitsch, et peut-être Chabrol (j'ai oublié), pour lui demander si cela l'intéressait de participer à ce groupement. Sur le papier, c'était très beau et très simple. Astruc faisait un film, Resnais faisait un film, dans le film de Resnais, Rivette était assistant, puis Rivette faisait un film dont j'étais assistant, puis je faisais un film dont Bitsch était assistant, etc.

En étudiant le devis – ce n'était pas si mal étudié – nous avions vu que l'on pouvait faire des films qui, pour vingt-cinq millions, auraient été très confortables. C'était juste. Notre idée se prolongeait ainsi : nous disions à Untel : « Avec cent millions, vous faites un film en ignorant s'il sera rentable ou non ; nous, avec cent millions, nous en faisons quatre, et c'est bien le diable si l'un d'eux n'est pas un succès. »

Resnais était intéressé (à l'époque, il voulait faire *Les Mauvais Coups*), Astruc aussi, mais, lui, il était déjà dans le métier, il avait des tas de rendez-vous et accumulait les scénarios de deux cents pages. Nous sommes donc allés voir des gens comme Dorfmann et Bérard, avec un scénario qui avait été fait avec Rivette et pour lui, ainsi

155

qu'avec Chabrol, Bitsch et moi, et qui s'appelait *Les Quatre Jeudis*.

C'était un scénario qui partait d'un fait-divers et subissait l'influence du cinéma américain, celui de Ray, par exemple. Je pense que ce film aurait eu les mêmes qualités et les mêmes inconvénients qu'aujourd'hui, par exemple, *Le Combat dans l'île*. Il aurait été tiraillé entre le réalisme français et la schématisation américaine. Je crois me rappeler d'ailleurs, que Leenhardt avait fait à son sujet des critiques assez sévères, mais justes. Bref, nous avons proposé ce scénario, mais il n'a emballé personne et aucun producteur n'y a jamais donné suite.

En somme, notre erreur était de croire que les producteurs avaient intérêt à faire des films bon marché. Nous ignorions cette vieille loi du cinéma français qui veut que le producteur n'est pas celui qui a l'argent, mais celui qui le trouve, et que son seul gain assuré, c'est son pourcentage sur le devis du film, qui comporte, d'une part, son salaire, de l'autre, les frais généraux et les imprévus. Ce pourcentage se trouve d'autant plus élevé que le devis du film l'est. Cela explique que l'on fasse des films de deux ou trois cents millions qui pourraient en coûter la moitié et qu'au fond beaucoup de producteurs se moquent – à la limite – du sort du film. Je dis à la limite, car ils ont tout de même intérêt à ce que le film ait du succès, mais dans le cas de films à gros budget, pour lesquels ils ont trouvé l'argent en empruntant à droite et à gauche, ils s'en sortent de toute façon avec un salaire confortable qui fait d'eux, à ce moment-là, presque des employés.

C'est pour cela que ça n'a pas marché. Il fallait donc que l'auteur du film soit aussi le producteur, de façon que les intérêts attachés au film reposent sur la même personne et ne se contredisent pas.

– On dit couramment que la crise actuelle est celle du jeune cinéma.

– C'est exact. Il est non moins exact qu'elle est au moins autant celle de l'ancien cinéma. C'est une crise absolument générale. Quant à dire que c'est la défaite, la fin de la Nouvelle Vague, c'est absolument faux.

Ainsi les deux producteurs les plus « nouvelle vague » de Paris, Braunberger et Beauregard, continuent leurs affaires. Inversement, nous assistons maintenant à des choses étranges : fermeture prochaine de la plus grosse maison française, Cinédis, distributrice des gros morceaux, restriction de personnel chez Pathé, accord Gaumont-MGM, assoupissement de Cocinor... On murmure aussi que Jean-Paul Guibert est découragé ; or il est le producteur de tous les Gabin.

Il est évident que lorsque Guibert perd cent ou cent cinquante millions sur *Le Bateau d'Emile*, cela représente à peu près les pertes de Beauregard sur les trois ou quatre films de sa maison qui ont peu marché.

Ce qui est injuste, c'est qu'on ne parle jamais, dans la grande presse, de l'échec de certains films comme *Le Président*, *Le Bateau d'Emile* ou *Un singe en hiver*. On donne l'impression, au contraire, grâce à la publicité, que ce sont des succès. De même pour *La Fayette*, lui aussi un des plus grands désastres de ces dernières années. Il a perdu environ six cents millions : à peu près la moitié du devis du film. Ce sont là des choses très importantes, et, si on ne les dit pas aux *Cahiers*, je ne vois pas où on pourrait les dire ailleurs.

– Les phénomènes dont vous parlez ne correspondent-ils pas à la formation d'un nouveau public ?

– Je vais partir de l'exemple que je vous ai donné tout à l'heure. Pourquoi l'échec du *Bateau d'Emile* qui, au départ, malgré son devis élevé, ne devait pas être une

157

entreprise déraisonnable ? C'est que, finalement, ce film n'offre rien aux gens qu'ils ne puissent voir à la télévision. C'est un film réaliste, dans la tradition française. Seulement, on voit deux ou trois émissions par semaine à la télévision qui relèvent du même esprit. Elles sont interprétées par des acteurs qui ne sont pas des vedettes, mais ces acteurs intéressent le public, même s'ils ne sont pas des Gabin. Donc, *Le Bateau d'Emile* se trouve passer dans des villes où, à la surprise générale, on ne se déplace guère pour le voir.

Ce que je vais dire maintenant est forcément approximatif, car je n'ai pas de statistiques précises sous la main, mais prenons le cas d'une grande ville française (deux cents, trois cents mille habitants), où il y a, disons, quinze mille étudiants. Lorsqu'un film comme *Vivre sa vie* (je prends un exemple que je connais bien) sort dans un cinéma de la ville, eux vont le voir. La critique a parlé favorablement du film, celui-ci, a priori, les intrigue. Ils sont au moins dix mille à se déplacer pour aller le voir. C'est infiniment plus que n'en déplace *Le Bateau d'Emile*. Là réside notre espoir, là est l'avenir.

Justice du succès.

— *N'y a-t-il pas une inadaptation de la distribution, conçue en fonction d'un genre de cinéma actuellement dépassé ?*

— C'est certain. Mais, par tempérament, je suis opposé à toute discrimination. Ainsi je n'aimerais pas que s'établisse un circuit de salles qui se spécialiserait dans l'exploitation de films « nouvelle vague », parallèlement à un circuit plus vaste ou plus confortable, etc. Je crois qu'un film ne doit pas limiter son propos. Cela me semble contradictoire avec la vocation du cinéma. Nous sommes dans le domaine du spectacle, tous les films doivent avoir la même diffusion. Sur ce plan, il faut leur accorder la même valeur au départ : ensuite, tous les miracles sont possibles.

L'exploitation de *Marienbad*, qui comportait la distribution, à l'entrée du cinéma, de petits tracts avertissant les gens qu'ils allaient voir une chose particulière, qu'il ne faudrait pas chercher de signification précise, mais seulement un climat, un envoûtement, cela, c'était une chose très loyale. En même temps, elle me semble mauvaise, car elle contredit l'idée même du spectacle qui est que n'importe qui peut entrer n'importe où (malheureusement, c'est aussi, souvent, n'importe quand et n'importe comment) et doit s'attendre à voir un spectacle, avec, simplement, la possibilité d'une surprise au sujet de ce spectacle.

Pour moi, j'en suis encore aux photos qu'on voit à l'entrée de la salle. On dit souvent que, maintenant, les gens, même en province, savent d'avance quel genre de film ils vont voir, mais je persiste à croire que le plus grand nombre choisit un film en regardant les photos à l'entrée de la salle, comme je faisais quand j'étais gosse.

– *Ceux qui préconisent les deux circuits de distribution n'ont-ils pas cependant mis le doigt sur une réalité dont il faut tenir compte, indépendamment des solutions, parfois trop théoriques, qu'ils apportent au problème ?*

– Il est évident que l'exploitant doit savoir ce qu'il fait. Il y a des erreurs à ne pas commettre. Si, dans une salle habituée à passer des westerns, on passe brusquement *Lola*, il est évident qu'il y aura décalage : le film, le public, l'exploitant en souffriront tous les trois. L'idéal, bien sûr, est que tous les gens qui vont voir des westerns aillent aussi voir *Lola* et vice versa, mais ce n'est pas en procédant de cette façon qu'on aboutira à quelque chose.

De la même façon, un distributeur devrait savoir certaines choses. Malheureusement, il ne les sait pas. S'il arrive que le distributeur puisse avoir la quasi-certitude qu'un film va être éreinté par la critique, dans ce cas, il est peut-être préférable de le sortir d'abord en province : sinon, il vaut mieux tenter l'expérience à Paris. A plus forte raison, si l'on a quelque raison de penser que la critique sera favorable.

Par exemple, les deux derniers films de Constantine, celui de Givray et celui de Jean-Louis Richard, ont eu une presse infiniment plus favorable que celle des précédents. Or, lorsqu'est apparue cette presse, à Paris, ils avaient quasi terminé leur carrière en province, ce qui est tout de même stupide. Si on les avait fait sortir à Paris d'abord, ils auraient eu en province, outre la clientèle habituelle des Constantine, celle qui est alertée par la presse. Il y a certainement des gens, en ce moment, qui se disent : « Nous avons passé l'occasion de voir ces films, nous ne savions pas qu'*Une grosse tête* et *Bonne chance Charlie* pouvaient nous intéresser. » C'est le même topo pour *Les Honneurs de la guerre*.

Là, effectivement, il y a eu carence de la part du distributeur qui ne se rend pas compte de la nature du produit qu'il a entre les mains, qui se laisse prendre dans l'engrenage d'une routine qui consiste à laisser faire les démarcheurs régionaux. Ceux-ci avant parfois obtenu des locations depuis longtemps (il est plus facile, actuellement, d'en obtenir en province qu'à Paris), le distributeur croit tenir le bon bout.

– *Et la question des films dits, à tort ou à raison, inexploitables*

– Ces films ont tous fini par sortir, les uns après les autres. L'exemple de 59 a été un euphorisant qui a donné lieu à quelques excès. En fait, je crois qu'un film ne doit pas innover sur tous les plans à la fois. Il faut peut-être qu'il y ait dans un film neuf quelque chose qui le rattache au cinéma classique : la simplicité ou la force du sujet, la présence d'une vedette ou autre chose. On sent que beaucoup de films ont été faits dans une sorte d'inconscience. On ne peut jouer perpétuellement le coup de chance. Dans les films qui ont été des échecs, on voit qu'il y avait un trop grand décalage entre les ambitions et le résultat : tout est là.

En 55, j'ai écrit dans *Arts* un article qui réduisait la crise du cinéma français (vraiment réelle à l'époque) à une crise d'ambition. Je disais : sept réalisateurs en France ont envie de faire un bon film (ils pourraient, par exemple, prétendre au Prix Delluc), vingt s'en foutent un peu, trente-cinq ne pensent qu'à l'argent, mais font à peu près correctement leur métier ; enfin, cinquante sont absolument lamentables. Comment réveiller l'ambition ? Il faudrait que ces gens soient stimulés par une plus grande compétition entre les films.

Finalement, cela s'est réalisé, et au-delà de toute espérance. Au-delà même de ce qu'espérait Jacques Flaud, quand il a créé les primes, avant de quitter le Centre (il voulait même créer une prime au premier film), pour encourager les nouveaux réalisateurs, puisqu'il n'y en avait pas.

A ce moment-là, nous avons vu que l'ambition toute seule ne suffisait pas.

Prenons, maintenant, les films qui n'ont pas eu de succès. Il y a d'abord ceux qui sont tout à fait réussis, mais sont passés par dessus la tête des gens : il y a ceux qui sont seulement intéressants ; il y a ceux qui sont ratés.

Pour ceux qui sont ratés, pas de problème : ils sont esquintés, aux *Cahiers* comme ailleurs, c'est normal.

Le problème est d'examiner ceux qui sont intéressants sans être absolument réussis. Ces films ont un point commun : le scénario ne signifie pas la même chose pour le metteur en scène et pour le public. A ce moment-là, les défauts viennent sans doute d'un excès de confiance en soi de la part du metteur en scène, ou de ce qu'il a adopté un genre de sujet où la sincérité ne suffisait pas. Il y a des sujets où l'on peut laisser parler son cœur : ce qu'on a à dire est tellement simple que, de toute façon, le monde comprendra ; dans ce cas-là, pas de problème.

Il y a aussi les sujets qui posent des problèmes, où doit jouer la réflexion. Par exemple, les problèmes de construction. On passe d'un personnage à un autre personnage ou d'un groupe à un autre groupe de personnage, on se déplace d'un endroit à un autre : là, le côté métier commence à jouer. Quand on est dans un endroit, il faut qu'on puisse le reconnaître. Le metteur en scène est parfois persuadé qu'on reconnaît l'appartement où les personnages reviennent au bout d'une demi-heure, alors que le public, lui, peut très bien ne rien reconnaître du tout. Ces choses-là, elles aussi, sont importantes. Si vous voulez, disons qu'il y a deux sortes de films : ceux qui sont archipersonnels et qui reflètent l'état d'esprit de l'artiste au moment où il a tourné, par exemple *A bout de souffle* qui, selon moi, est avant tout une sorte de cri, et les films que l'on tourne « à froid », qui sont des objets fabriqués et qu'il faut donc fabriquer le mieux possible. Par exemple, tous les films à schéma policier demandent à être bien construits. Il y a plusieurs façons de les faire. De ce point de vue, j'ai le sentiment que *Portrait Robot* de Paviot, *La Dénonciation* de Doniol et *L'Œil du Malin* de Chabrol auraient gagné à être discutés avant tournage, peut-être en collaboration avec un type comme Kast, qui est assez rigoureux et logique, ou un scénariste comme Moussy. Indiscutablement, malgré qu'il s'agisse de trois films intéressants, ce que le public comprend n'est pas exactement ce que le réalisateur voulait dire. Il y a un os dans le fromage.

Tout compte fait, je ne pense pas qu'il y ait eu tellement d'injustice. Je veux dire que je suis plus porté à remarquer la justice que l'injustice. Je pense que, dans un grand nombre de cas, la sanction du succès ou de l'insuccès était méritée : les hiérarchies ont été respectées. Ainsi, je trouve très moral que *Moderato cantabile* ait beaucoup moins bien marché que *Hiroshima*, dont il prétendait être le remake pour tous, quand il n'en était, en fait, le remake pour personne.

Pour moi, je n'ai encore eu qu'un malentendu avec le public : *Tirez sur le pianiste,* et je considère que j'en suis entièrement responsable. Cela, indépendamment du fait que la sortie ne correspondait pas très bien à la nature du film.

— *Vous avez fait allusion tout à l'heure à un de vos articles. Comment jugez-vous aujourd'hui vos positions d'ancien critique ?*

— Je divulguais, je vulgarisais dans *Arts* les positions des *Cahiers*. Au début, surtout, car peu à peu je me suis orienté dans un sens plus personnel, dans la mesure, sans doute, où j'étais amené à parler de films qui n'intéressaient pas les *Cahiers*. J'ai également appris à me soumettre à certaines obligations. Dans les *Cahiers*, on peut se dispenser de raconter le sujet du film. Dans un hebdomadaire, on doit le faire, et, pour moi, ça a été un très bon exercice. De toute façon, je crois que, dans les *Cahiers*, on devrait essayer de parler des films sur le plan qui convient à chacun. Dans tel cas, il faut parler de l'abstraction de la mise en scène, dans tel autre, insister

163

sur le scénario, chaque film demande à être saisi d'une façon particulière.

En tout cas, l'obligation, chaque semaine, de raconter le film, m'a beaucoup profité. Auparavant, je ne voyais même pas les films. J'étais tellement grisé par le cinéma que je ne voyais que le mouvement, le rythme… Or, j'ai dû m'obliger à consulter un synopsis (au début, tout au moins), car j'avais du mal à résumer l'action. Cela m'a fait apparaître tous les défauts de certains scénarios, de certains principes, de certains trucs de récits. Tous les poncifs m'ont sauté à la figure. Ça a été pour moi la période la plus riche, elle correspondait un peu, je crois, à ce que doit être l'expérience d'un scénariste. Cela m'a amené à voir plus clair, même dans mes goûts, mes choix, mes partis pris.

J'en suis venu à disséquer les films à ce point que, lors de ma dernière année à *Arts*, ce n'était plus de la critique à proprement parler, mais déjà de la critique de metteur en scène que je faisais. Je ne m'excitais plus que sur ce qui ressemblait à ce que j'avais envie de faire, et je devenais trop passionné, trop méchant.

Inversement, j'ai gardé quelque chose aujourd'hui de l'attitude du critique. Ainsi, lorsque j'ai terminé un scénario, je crois en connaître, sinon les défauts, du moins les dangers, du point de vue clichés, conventions. Cela me guide, me donne une espèce de parti pris, durant tout le tournage, contre ce danger.

Le cas est différent à chaque fois. Dans *Les Quatre Cents Coups*, le danger était la poésie de l'enfance. Dans *Le Pianiste*, le prestige de celui qui a toujours raison contre les autres. Dans *Jules et Jim,* le personnage de la femme qui pouvait devenir l'exquise emmerdeuse qui a tous les droits. Ces dangers, je les avais bien présents à l'esprit pendant le tournage, une partie du travail consistait à empêcher que le film ne tombe dedans.

Il se trouve que cela a amené mes trois films à être plus tristes que prévu, car la gravité permet de dire beaucoup de choses. Une chose plus grave devient plus vraie. Si on lit, par exemple, le scénario de départ des *Quatre Cents Coups*, on a la surprise de découvrir un schéma de comédie. Dans *Le Pianiste*, où le danger était d'avoir un personnage trop émouvant, j'ai tellement mis en relief le côté égoïste de l'artiste, volonté de se couper du monde, lâcheté, que je l'ai rendu peu séduisant, très dur, presque antipathique. C'est même, sans doute, une des raisons de l'échec du film. La même chose a failli arriver avec *Jules et Jim* : je n'ai pas voulu qu'on aime systématiquement le personnage de Jeanne Moreau, je l'ai rendu un peu trop dur.

En somme, l'improvisation a toujours été dans le sens contraire au danger que j'avais pressenti à la lecture du scénario termine. C'est cela qui reste de ma formation de critique.

Mes articles et mes films.

– *Quand vous avez fait* Les Quatre Cents Coups, *vous posiez-vous beaucoup de problèmes de ce genre ?*

– J'ai fait le film de façon très instinctive. Le sujet commandait tout. Telle chose devait être vue par l'enfant, donc il fallait la faire de telle façon. De plus, le film avait un côté très documentaire, cela obligeait à une grande neutralité.

En fait, ce sont certains cinéphiles qui ont été déçus par *Les Quatre Cents Coups*. Ils ont besoin, en plus de ce qu'exprime un film, de trouver une forme qui les excite comme un stimulant. Or, le film était sans forme, neutre, car la mise en scène était purement morale, elle correspondait à un effacement. Quand je le revois maintenant, je le trouve aussi d'une certaine maladresse, mais les effets à obtenir étaient souvent très simples et c'est un film qui me laisse une grande nostalgie : j'ai l'impression que je ne retrouverai jamais un sujet aussi direct, que je ressente à ce point, et dans lequel j'ai aussi peu le choix. Il y avait des choses que je ressentais tellement qu'il n'y avait qu'une façon de les faire. De plus, maintenant que j'ai tendance à faire des choses plus raffinées (le mot n'est pas laudatif, car je ne trouve pas que ce soit un progrès), j'ai la nostalgie de certains effets qui pouvaient toucher tout le monde en même temps, car je suis très sensible au spectacle collectif.

Quant à la mise en scène, j'en ai été vraiment conscient à partir du *Pianiste*. En même temps, j'ai eu des remords en cours de route, pour avoir choisi une histoire trop peu consistante et j'ai essayé de m'amuser un peu.

Il y avait au fond, dans mes critiques, le même principe. Des gens disent : « Les films de Truffaut n'ont aucun rapport avec ce qu'il écrivait. » C'est archifaux. Ainsi, j'ai la réputation de couper beaucoup mes films juste avant la sortie, de les couper encore entre l'exclusivité et la sortie générale. Or, lorsque je faisais un article, j'en coupais souvent le tiers avant de le porter à *Arts*, car j'étais obsédé par l'idée d'ennuyer. J'allais parfois jusqu'à remplacer des mots longs par des mots courts. J'écrivais d'abord nerveusement, rapidement, ensuite je coupais une phrase sur trois pour que l'article ait du mouvement, qu'on soit obligé de le lire.

Je faisais toujours l'article en pensant au metteur en scène. Je voulais le toucher (mais quand je l'éreintais, cette façon de toucher devenait très méchante), je voulais surtout le convaincre. Je me disais : tel mot le convaincra mieux que tel autre. C'est aussi pour cela que ma dernière année a eu moins de valeur ; à côté du scénario que le metteur en scène avait réalisé, je finissais par mettre celui qu'il aurait dû faire. Pour *Méfiez-vous fillettes,* par exemple, je disais : les prostituées gagnent tant, elle vivent comme ceci, il faut en dire cela, etc. En somme, je lui décrivais *Vivre sa vie* et je lui reprochais de ne pas avoir fait un documentaire au lieu d'un film de série noire.

Mais les goûts que j'avais ne sont pas très différents. J'ai lu récemment : « En recourant systématiquement au commentaire, Truffaut cinéaste trahit ses théories, etc. » Or, j'ai adoré *Le Journal d'un curé de campagne, Les Enfants terribles, Le Plaisir,* et je reprochais justement aux adaptations d'Aurenche et Bost de faire du mauvais théâtre, quand il aurait mieux valu faire de la prose à haute voix. Cette solution m'a toujours paru meilleure, quand l'intérêt du livre est dans la prose.

— *Maintenant que vous vivez, de l'intérieur, le métier de cinéaste, n'en avez-vous pas cependant une compréhension différente ?*

— Il est certain que je ne juge pas de la même façon. Si je devais refaire de la critique, je ferais sûrement quelque chose de différent, mais pour une autre raison. Le cinéma que je souhaitais, que je préconisais est arrivé. Maintenant, j'en vois les inconvénients, c'était inévitable qu'il y en ait. Ainsi, on cite souvent certaines de mes phrases qui me gênent beaucoup. Dans *Arts,* j'ai écrit, au moment d'un festival et dans l'enthousiasme de *Et Dieu créa la femme* : « Les films, maintenant, n'ont plus besoin de raconter d'histoires, il suffit de raconter son premier amour, d'aller sur les plages, etc. » Mais c'est devenu à tel point des poncifs, que je souffre quand on cite cela à propos du cinéma de maintenant. Au contraire, on a tant maltraité les scénarios depuis, que maintenant j'ai envie de voir une histoire bien racontée.

Il ne faut évidemment pas en conclure non plus qu'on doit à tout prix revenir au cinéma d'autrefois.

J'ai fait un petit peu *Jules et Jim* par réaction contre les scénarios maltraités. On me disait par exemple que j'aurais dû transposer l'époque du livre, le faire se passer de nos jours ; avec la guerre 40-45, tout aurait très bien correspondu. Mais, puisque j'abordais les problèmes de la femme et de l'amour, je ne voulais pas que cela puisse entrer dans les catégories de certains films qu'on a vus, ces dernières années, avec voiture de sport (il en aurait fallu une, sur le pont), scotch pour les rencontres, et, évidemment, le tourne-disques pour écouter de la musique. On se serait trouvé en plein « nouveau cinéma ». La solution de fidélité que j'ai adoptée devait faire ressembler *Jules et Jim* aux petits films de la MGM d'il y a vingt ou vingt-cinq ans : *Mrs Parkington, Les Vertes Années...* films qui avaient le seul tort d'être conventionnels, mais qui donnaient bien l'impression d'un gros bouquin de huit cents pages, avec les années qui s'écoulent et les cheveux blancs qui viennent. Je ne voulais pas me retrouver dans une mode, même une mode qui a produit des films que j'aime : ceux de Kast, par exemple.

Je ne sais d'ailleurs pas pourquoi on n'admet pas que des films racontent des histoires qui se ressemblent. En littérature, on l'admet très bien, mais au cinéma, quand on a eu dans l'année deux films avec surprise-partie, deux films avec voiture de sport, on crie tout de suite à la saturation. Il est vrai que c'est peut-être seulement un phénomène parisien auquel il ne faut pas accorder trop d'importance.

Et puis, les journalistes construisent souvent leurs articles en groupant les choses qui ont en commun un point mineur. Les articles sur Venise, cette année, faisaient le compte des courtisanes : il y aurait l'héroïne du film de Jean-Luc, plus celle d'Eva, plus je ne sais quelle troisième putain... Ah! si : celle de *Mamma Roma*.

A la naissance de la Nouvelle Vague, c'était la même chose. S'il y avait eu, soit *Les Cousins*, soit *Hiroshima*, soit *Les Quatre Cents Coups*, soit *Orfeu* on n'aurait parlé de rien, mais les quatre ensemble, ça fait de l'effet, et ça nous valait d'innombrables coups de téléphone qui nous demandaient de nous rassembler et de nous faire photographier en groupe. Nous nous retrouvions alors par trois, cinq ou huit, selon les magazines. On groupe de même, chaque année, les cinq ou six romancières qui ont fait leur premier livre. C'est ça, le journalisme...

— *Et si vous deviez vous remettre à la critique?*

— Je serais comme tout le monde : j'aurais beaucoup de mal à être critique. Et je manquerais de sérénité. Les critiques qui me plaisent le mieux, actuellement, sont ceux qui sont un peu en marge du cinéma : les deux types des *Temps Modernes*, et celui de la *NRF*, Claude Ollier : on sent qu'ils ne connaissent pas les metteurs en scène, qu'ils sont contents qu'il y ait plus de films intéressants qu'autrefois. Ils essayent donc, avec le maximum de bienveillance, mais sans aucune complaisance, de communiquer l'émotion que leur a donnée le film, avec un grand recul, comme s'il s'agissait de films anciens. C'est l'attitude qu'on devrait avoir maintenant. J'ai l'air de me contredire, car ce que nous faisions était très passionné, mais c'était normal, alors, car il fallait détruire certaines choses, faire se passionner pour d'autres, il fallait absolument faire du bruit. Maintenant, je crois qu'il faudrait être très calme.

— *Il serait, aujourd'hui, plus difficile d'être critique?*

— Bien plus. Et, comme toujours, il y a le phénomène des générations. Là où il y en a deux, ça va; quand il y en a trois, ça va mal. Deux personnes peuvent discuter : à trois, il y en a deux contre une. Aujourd'hui, une génération se sert de l'autre pour taper sur la troisième.

Pour nous, les choses étaient plus nettes. Il y avait polémique, bagarre, mais surtout entre critiques. Quant aux *Cahiers*, tout ne m'y satisfait pas, bien sûr, mais je ne pourrais pas dire comment ils devraient être. C'est comme pour le reste : il y a crise, tout est beaucoup plus difficile.

C'est général dans la critique : il y a les clans qui défendent sans nuance leur position, et les haines entre clans qui aboutissent parfois à des articles d'une méchanceté incroyable, que l'auteur, d'ailleurs, a l'air de regretter lui-même par la suite. Au lieu de s'abandonner à son humeur, il faudrait au moins tenter de remonter aux intentions.

Actuellement, la prise de position n'a pas d'intérêt. Une chose compliquée, ce qui est intéressant, c'est de l'expliquer. Le délire de certains a amené au premier plan la prise de position : pour moi, elle est très secondaire. Prenons par exemple *Eva*. Ce qui est intéressant, ce n'est pas de savoir si c'est un bon ou un mauvais film, c'est de l'analyser. C'est de voir que le film part d'un roman qui, paradoxalement, porte un nom de femme et raconte l'histoire d'un homme, d'un imposteur. Au départ, donc, le projet était boiteux. Cela explique les nombreuses adaptations, les nombreux metteurs en scène pressentis. Les producteurs auraient déjà dû construire leur affaire sur une vedette masculine.

Je vois davantage, maintenant, ce qu'il y a d'intéressant dans un film. Pour faire mes films, j'admets très bien qu'il faut penser au public et considérer que, s'il y a échec, c'est que le film n'est pas réussi. En même temps, je me refuserai toujours à dire que *Lola Montès* est un mauvais film ou que Bresson a tort, s'il subit un échec. Mais ce sont mes théories, à moi, je ne prétends pas qu'elles régissent tout le monde et tout le cinéma.

Des *Quatre Cents Coups* au *Pianiste*.

— *Vous ne seriez pas l'homme à faire un film, abstraction faite du public ?*

— Non je n'aurais pas l'enthousiasme nécessaire pour faire des films pour moi seul. Je ne tournerais pas, si mes films ne devaient pas être vus. Pour avoir de l'élan, j'ai besoin de cela. Je dois faire un spectacle. Je ne pourrais pas écrire un roman : c'est déjà trop abstrait pour moi. Je préférerais conseiller des chanteurs sur la façon de présenter leurs chansons, de les mettre en scène, ou alors, carrément, présenter un spectacle de music-hall : Il faut que je fasse un travail, collectif de préférence, en vue d'un public qui est là pour juger.

On m'a proposé de diriger une pièce à la radio. Cela m'intéresserait, car le problème des voix est passionnant. Mais je vais faire une chose qui s'est rarement faite : pendant que les acteurs joueront, il y aura dans l'auditorium trente personnes qui feront public. J'espère que leurs réactions aideront les acteurs.

Je ne pourrais pas non plus faire un film qui doive automatiquement être un succès. Mes films sont faits aussi sur des paris. Un tournage, pour moi, doit être un pari à gagner.

Le scénario de *Jules et Jim* déplaisait beaucoup aux gens. Les distributeurs disaient : « La femme est une putain, ou le mari va être grotesque, etc. » Le pari, pour moi, était que la femme émeuve (sans recourir à des moyens mélo) et ne soit pas une putain, et que le mari ne soit pas ridicule. Ce que j'aime, c'est essayer d'arriver à une chose qui n'est pas évidente au départ. De même pour *Les Quatre Cents Coups*. Mais là, le problème était faux, car tout était gagné d'avance. Seulement, je ne m'en rendais pas compte, je partais plus innocent qu'on ne peut le croire. Le pari, donc, était d'imposer un gosse qui, toutes les cinq minutes, fait une chose clandestine. On me disait : « Vous êtes fou ! Ce gosse va être odieux ! Les gens ne vont pas le supporter ! » Car au tournage, cela impressionnait de voir ce gosse qui fauche à droite et à gauche. Je donnais l'impression de faire un documentaire sur la délinquance. J'ai d'ailleurs un peu subi l'influence de ces mises en garde : maintenant, je le regrette.

En fait, on ignorait autour de moi, comme je l'ignorais, qu'on pardonne absolument tout à un enfant et que ce sont toujours les parents qui trinquent. Je croyais faire un équilibre, je ne savais pas qu'il y avait déséquilibre. J'étais très naïf, mais le film se trouvait être naïvement très malin.

Je me rends compte, quatre ans après, qu'il est hitchcockien. Pourquoi ? Parce qu'on s'identifie dès la première image au gosse, et jusqu'à la dernière. On a été parfois élogieux, à l'époque, sur un film idiot de Robert Montgomery : *La Dame du lac*. Mais la caméra subjective, c'est le contraire du cinéma subjectif. Quant elle est à la place du personnage, il est impossible de s'identifier à lui. On a cinéma subjectif quand le regard de l'acteur croise celui du spectateur. Donc, si le public éprouve le besoin de s'identifier (fût-ce à l'occasion d'un film tourné sans aucun parti pris par le réalisateur), il s'identifiera automatiquement avec le visage dont il a le plus souvent croisé le regard dans le film, avec l'acteur qu'on a le plus souvent photographié de près et de face. C'est ce qui est arrivé avec Jean-Pierre Léaud. En faisant un documentaire sur lui, je croyais être objectif, mais plus je le filmais de face, plus je le rendais présent, plus les gens devenaient lui. Je m'en suis rendu compte en public, quand j'ai entendu les gens crier (réaction qu'ils ont devant Hitchcock), lorsque la mère apparaît derrière les carreaux de la classe. Il est vrai que j'avais beaucoup préparé la scène, en raison de sa difficulté, au lieu d'improviser, comme c'était souvent le cas, sur le plateau, mais l'angoisse vient quand même de ce que les gens sentent que l'enfant est particulièrement concerné, d'autant plus qu'ils ont beaucoup sympathisé avec lui quand il dit que sa mère est morte.

C'était donc un film totalement naïf, fait dans l'ignorance totale de certaines lois du cinéma ; en même temps, il était inconsciemment rusé, beaucoup plus que ce que j'ai fait ensuite.

En un sens, j'ai fait *Tirez sur le pianiste* contre *Les Quatre Cents Coups*, car le succès du film, son déséquilibre, que j'ai subitement découverts, m'ont tellement considérés que je me suis dit : « Je dois faire attention, je ne dois pas tomber dans la démagogie. » Mais je ne me rends pas très bien compte de ce qui s'est passé avec *Le Pianiste*. J'ai dû être finalement trop fidèle au livre. J'étais aussi trop sûr de moi, en raison du succès des *Quatre Cents Coups*. Mais c'est, je crois, la loi du deuxième film. Ainsi, *Une femme est une femme* (en raison de l'interdiction du *Petit Soldat*, je le considère comme le deuxième film de Godard) est fait dans l'euphorie d'*A bout de souffle*. *Vivre sa vie* est une reprise en mains.

Au premier film, on se jette à l'eau : « Allons-y, je risque tout ; après, je ne ferai peut-être plus de films, mais pour le moment, je veux voir ce que ça va rendre. » La réaction au premier film est très importante. S'il a eu du succès, on est toujours étonné. Le deuxième s'en ressent. *Marienbad* aussi est révélateur d'une grande confiance en soi, née d'un succès inattendu. Tous ces seconds ont ceci en commun : ils sont moins complets que le premier où l'on a eu tout un début de vie à exprimer, où l'on voulait tout dire. Le second est volontairement plus modeste dans son propos. C'est le troisième le plus intéressant : il est une réflexion sur les deux autres et marque le départ d'une carrière.

Si l'on réfléchit au *Pianiste*, on voit que le scénario ne résistait pas à l'analyse. Il lui manque sûrement une idée directrice. Il y en a quand même une de mes deux autres films. Dans *Les Quatre Cents Coups*, il s'agit de présenter un enfant, le plus honnêtement possible, guidé par un parti pris moral. De même pour *Jules et Jim* : comme ceci, ce serait porno, comme ceci, scabreux, comme ceci, conventionnel, donc il faut faire comme cela. L'erreur, dans *Le Pianiste*, c'est qu'on pouvait tout faire, c'était un matériel dont la forme ne s'imposait pas. Aznavour a une puissance comique formidable : on aurait pu faire un film comique. Il a une très grande autorité : on pouvait rendre son personnage féroce. Moi, au départ, je n'avais pas de parti pris, seulement une envie folle de prendre Aznavour, à cause de *La Tête contre les murs,* mais il aurait mieux valu que je le connaisse depuis longtemps. Le côté courageux du *Pianiste,* c'est que j'ai fait les retours en arrière, en sachant qu'ils ne pardonnent jamais. Je disais à Braunberger : « Vous vous rappelez *Les Mauvaises Rencontres* ? Et *Lola Montès* ? Et *La Comtesse aux pieds nus* ? Ça n'a pas marché à cause des retours en arrière, eh bien nous allons nous en payer deux à l'intérieur l'un de l'autre. » De fait, ça fiche tout en l'air.

C'est une loi : il ne faut pas mélanger les choses. On ne peut pas être en plein dans une histoire et en plein dans une autre. En travaillant un peu, on pouvait sûrement raconter *Le Pianiste* de façon chronologique. Il fallait travailler. Il y a des choses dans le film, mais on ne peut pas dire : c'est ce qu'on a fait de mieux sur tel thème. Il n'y a pas de thème.

— *Sinon peut-être celui-ci : un homme, pris dans un engrenage, le refuse, et, à la fin, s'y résigne. Le courage, la lâcheté...*

— Même à ce moment-là, il y a dans le film des choses parasitaires. Et il y a aussi le metteur en scène qui se résigne à entrer dans l'engrenage du film de gangsters ! Je n'y avais pas pensé, mais, en tournant Le Pianiste, j'ai vu que j'avais horreur des films de gangsters. Maintenant, je n'écrirais pas d'articles élogieux sur le *Rififi*. Je considère qu'on n'a pas à faire des gangsters émouvants, des truands qui pleurent, ou des gentils contre des méchants. On obtient alors un film où toutes les conventions bourgeoises sont transposées dans le monde des gangsters. C'est pourquoi j'ai décidé tout à coup de rendre mes gangsters comiques : c'était la seule solution, si je ne voulais pas tomber dans la convention, et je me payais un peu leur tête. Pour compenser, il fallait qu'ils fassent un peu peur, ce que j'ai obtenu dans l'enlèvement du gosse et la mort de Marie Dubois. Ça réveillait les gens qui, autrement, auraient cru avoir affaire à des fantoches anglais. Seulement, c'est dangereux de changer d'idée en cours de film. On doit avoir une idée de départ et la fortifier, comme j'ai fait dans mes deux autres films où l'idée était mal exprimée à l'origine dans le scénario. Si j'avais su, avant, qu'Aznavour et Nicole Berger faisaient un couple extraordinaire (avec les autres, ça marchait moins bien qu'avec elle), j'aurais fait un film sur eux deux.

— *Une autre chose a dû heurter le public, dans* Le

175

Pianiste : la rupture de ton. Cela caractérise plusieurs des films qui n'ont pas marché – dont Une femme est une femme – *et c'est une chose que le public français n'a jamais admise.*

– Oui, c'est ce qu'il y a de plus difficile à faire passer. En tout cas, en Amérique, les gens ont compris Le Pianiste, mais différemment : ils riaient sans arrêt, même aux passages dramatiques. La première chanson était comique, ils ont ri tout le temps à la seconde, qui, en principe, ne l'est pas.

De toute façon, vous me direz ce que vous voudrez, mais il manque au *Pianiste* un mois de travail. Mélangez deux ou trois bobines de films que vous aimez, vous n'obtiendrez pas un film qui intéressera les gens, même si ce qu'il y a dedans est bien. Il est vrai que le changement de ton est aussi une chose à travailler ; c'est un pari qu'il faut parfois tenter, Renoir l'a réussi.

Leçons de l'échec.

– *Mais* La Règle du jeu *a été un échec auprès du public*

Oui, *La Règle du jeu* est un des rares cas où un grand film est passé par-dessus la tête du public. Dans la *Partie de campagne*, par contre, il y a de fausses ruptures de ton. En fait, les personnages sont d'un grand schématisme. Il y a le gros qui fait rire, la grosse, les deux petits fringants de Paris... C'est Maupassant, quoi ! Il y a quelque chose de prudent, dans la *Partie de campagne*... (Ce pourrait être un mauvais film, même si ce n'en est pas un, grâce à Renoir). Si l'histoire ne devient pas grivoise ou atroce, c'est que tout n'y est pas. Supposez par exemple que l'on voie vraiment Brunius couché sur Jane Marken, ou imaginez le rhabillage... Le film est une sélection, dans une double histoire d'amour, des moments que les gens acceptent de voir.

Il est certain qu'il faut parfois violer les gens. Je crois vraiment qu'il est important de plaire au public, mais je crois aussi qu'au départ, il doit y avoir une part de viol bien préméditée. Il faut obliger les gens à voir une chose qu'*a priori* ils n'aiment pas, les obliger à approuver un personnage qu'ils réprouvent ou qu'ils refusent de voir. On peut bâtir un film sur cela : obliger les gens à voir ce qu'est le mariage, l'amour conjugal, l'adultère, à propos, par exemple, d'une affaire criminelle.

On dit, en gros : « Il y a les gens qui pensent au public et ceux qui n'y pensent pas. » Ce n'est pas tout à fait cela. Il y a les gens qui pensent au film comme à un tout dont le public fait partie et ceux qui ne pensent qu'à une partie de ce spectacle qu'est le film. Ce qui fait du mal au cinéma, c'est l'idée qu'on se fait d'un homme comme Resnais.

Resnais ne dira jamais : « Je pense au public. » De fait, je ne crois pas qu'il y pense. Mais il pense son film comme un spectacle. Je suis absolument sûr que *Marienbad* est fait en pensant aux nerfs des gens, à la courbe du scénario, à un équilibre, sans quoi il n'y aurait pas de raison de ne pas le faire durer huit heures. Resnais n'est pas Stroheim, ses films durent une heure trente, ils sont construits de façon concertée. Or, des films de Resnais, certains jeunes tirent une leçon de courage au lieu de tirer une leçon d'habileté. Tout est parti d'*Hiroshima*. On dit : « Resnais, c'est merveilleux, ça prouve que tout est possible. » Non. Ça prouve que tout est possible à Resnais. Dans *Hiroshima*, au départ, il y avait tout ce qu'il ne faut pas faire : mélanger l'adultère et la bombe atomique, un problème très général et un problème très particulier, un problème social et un problème politique et, à l'intérieur de la politique, le mélange d'un grand problème – la bombe – avec un plus

177

petit – les scandales de l'épuration. C'est vraiment un mélange détonant. Avoir fait passer cela est donc une réussite extraordinaire, mais cela ne veut pas dire qu'il faille recommencer ce que Resnais, seul, a su faire.

Or, beaucoup de films ont été faits dans l'admiration d'*Hiroshima*. On s'est dit : plus besoin de sujet, plus besoin de penser au public. Mais Resnais y avait pensé. Il savait très bien qu'en faisant faire à Riva telle ou telle chose, il créait telle ou telle émotion dans la salle. Un cinéaste naïf sera donc encouragé, au lieu d'être découragé, par *Hiroshima*. Je ne dis pas qu'*Hiroshima* doive obligatoirement décourager, mais on doit penser à l'art de celui qui a réussi à faire passer cela et non dire : tout va très bien, je n'ai plus qu'à m'y mettre à mon tour. Je crois que Resnais rendrait service aux gens s'il mettait l'accent sur les difficultés qu'il a eues, au lieu de laisser dire : il faut faire ce qui vous passe par la tête.

Reste à savoir ce qui a coupé du public certains films importants, par exemple *Une femme est une femme*. Pour ce film je dirai : on peut atteindre les gens de toutes les façons possibles, sauf si on attente à leur confort élémentaire. Si l'on joue avec le son et les images d'une façon trop inhabituelle, les gens crient, c'est une réaction automatique. Ils ont éventré des fauteuils, à Nice, car ils croyaient que la cabine était mal équipée. Bien sûr, on pourrait éduquer les gens par des articles leur expliquant de quoi il s'agit, mais, dans les salles où le film est passé, les gens ont été surpris. Godard a été trop loin pour eux dans son mixage. Quand la fille sort du bistrot, tout à coup : plus de son, c'est le silence. Pas de problème : les gens croient que le cinéma est cassé. Évidemment, les Niçois n'étaient pas civilisés : on ne doit pas éventrer de fauteuils.

Cela reprend un peu le cas de *Lola Montès*, qui représentait un étonnant paradoxe : c'était un film d'avant-garde fait dans le cadre de la plus grande industrie. De plus, si l'on revoit *La Ronde*, à la lumière de *Lola Montès*, il apparaît qu'avec ce film Ophuls a frôlé la catastrophe (la première de *La Ronde*, à l'Opéra a été très froide) : il n'y avait pas d'histoire, on y sentait une distance terrible entre l'auteur et ses personnages, etc. D'Ophuls, à l'époque, on attendait quelque chose comme du Christian-Jaque. Resnais, maintenant, a tous les droits. Les Siritzky ont là-dessus une formule très drôle et assez juste : Resnais, c'est un nom sexy !

Ce qui joue aussi, dans le cas d'*Une femme est une femme*, c'est que c'est un film de genre qui brise les règles du genre. Les gens s'attendent à voir une gentille histoire très classique. Une fille, deux garçons dans un quartier de Paris... L'histoire même dont on attend qu'elle soit racontée classiquement.... Ils sont estomaqués. Imaginez le même mixage pour Marienbad : les gens ne seraient plus à cela près ! Tandis qu'ici, les gens qui s'attendent à voir une chose, en voient une autre : ils ne sont pas contents. Ce qu'il faudrait, c'est que, comme dans le cas de *Marienbad*, l'étiquette soit là : film étrange, hors catégorie.

Dans *Une Vie*, il y avait en principe beaucoup d'a-touts pour le public : Maupassant, couleurs, Maria Schell, etc. Mais l'histoire ne correspondait pas au titre, et le film était insidieusement fait contre Maria Schell, alors que les gens venaient là pour l'aimer. Là aussi, ce qu'ils découvraient était contradictoire avec le produit annoncé.

Je me suis aussi posé ce problème. Je me disais : le titre des *Quatre Cents Coups* annonce beaucoup de choses, il n'y a pas la quantité, les gens se sentiront volés. Mais les gens ont accepté, peut-être parce que les

scènes étaient courtes et qu'il y en avait beaucoup ! Pour
Jules et Jim, je me disais que, deux hommes pour annon-
cer un film dont la vedette était une femme, c'était un
peu bizarre. Enfin, on l'a admis.

Les Bonnes Femmes, pour moi, représentent un peu le
même genre d'échec que *Lola Montès* : cela rejoint le
théâtre de dérision. C'est influence de Beckett. Des filles
qui attendent la mort, c'est un sujet, mais quand on présente des gens du peuple, des filles dans un magasin, les
gens attendent quelque chose de dramatique, de réaliste,
ou de psychologique, tout sauf ça.

Le succès de certains films bizarres vient de ce qu'ils
étaient complètement bizarres, qu'ils étaient étiquetés
comme tels, et qu'on venait les voir pour la bizarrerie.
Resnais, considéré comme spécialiste de l'étrangeté, bre-
veté en quelque sorte pour cela (dans mon esprit cela ne
le diminue en rien, au contraire) a le droit de le faire.
Mais si, par concession, il faisait tout à coup un film
normal, cela aurait de graves conséquences pour lui.

Dans le cas de *Lola*, il y a sans doute que le film a
perdu au doublage. Je sais que Rivette n'est pas d'accord. Il m'a engueulé en disant : c'est justement ce qu'il
fallait, Demy voulait tirer les voix vers le chant. Je veux
bien, en tout cas Demy, avec *La Baie des Anges*, soigne
drôlement le son direct.

— *Et puis, les gens acceptent qu'une histoire réaliste
débouche sur le mélo, mais non qu'on parte du mélo pour aller
au-delà du mélo.*

— Sans doute, mais c'est cela qui amuse Demy, c'est
de faire un mélo et cela répond peut-être chez lui à une
sorte de raffinement un peu pervers. Je suis tout de
même persuadé qu'à la fin les gens étaient émus. Moi,
en tout cas, je l'étais beaucoup et je pense que le public
populaire l'était aussi.

Il y a surtout un phénomène qui aggrave actuellement les choses : l'attitude de la critique parisienne, des amateurs de cinéma est manifestement hostile aux films difficiles. Quand les films étaient vulgaires et démagogiques, on disait : c'est lamentable de prendre les gens pour des imbéciles. Il semble maintenant que les critiques, ou même le public d'une première, se préoccupent avant tout de rentabilité. Qu'un film coure le risque de ne pas marcher leur semble déshonorant. On le sent surtout chez les critiques de quotidiens. L'idée d'aider un film, ils l'avaient au début, maintenant ils jugent cela dépassé. On en arrive à ce paradoxe que le public initié, cultivé, ainsi que les critiques, sont presque plus hostiles que l'industrie aux films difficiles. A la première d'*Eva*, ce qu'on reprochait le plus à Losey, c'était d'avoir fait un film qui risquait l'échec commercial.

Il s'est passé ceci : tout le monde attendait un changement, or, ce changement est venu. Il y a donc maintenant irritation, si le produit est trop spécial.

Même contre Antonioni, que je n'aime pas, il y a maintenant une grande méchanceté. On a déliré sur deux films, puis on lui tombe dessus à bras raccourcis. Ç'a été le cas de Bergman, c'est aussi le cas de Losey. Ça part de Paris, mais tout le monde suit. C'est d'autant plus dommage pour Bergman, que son dernier film [*A travers le miroir*] est bien meilleur que les précédents.

Ce qui m'a amusé aussi, c'est l'agacement des gens devant les *private jokes*, les clins d'œil. Mais c'est simple : au début, nous étions si heureux de faire des films, et les films, auparavant, étaient des choses si solennelles, que ça nous paraissait extraordinaire de faire quelques plaisanteries. Je trouvais que cela personnalisait de façon amusante un produit jusque-là terriblement impersonnel. En fait, cela n'irritait ni les amis, ni ceux qui n'en-

181

traient pas dans le jeu, mais les amis des amis. Charensol se disait : « J'ai vu huit astuces dans ce film, donc il y en a sans doute quinze, et la colère lui venait à la pensée des sept qu'il n'avait pas vues. Si un *private joke* remplaçait quelque chose d'important, effectivement il y aurait frustration pour celui qui ne peut comprendre, le procédé serait idiot, mais quand ça vient en plus, ça ne gêne personne. Si on doit appeler un type Tartempion, autant l'appeler Delannoy ou Domarchi, si cela prend un double sens. Mais là, le public initié ne marche pas, car il s'identifie brusquement au grand public provincial, alors que celui-ci le supporte parfaitement, et pour cause...

Mais on ne doit pas laisser le public d'exclusivité faire la loi. En définitive, il n'est ni un public de cinéphiles, ni un public pur. Le public de cinéphiles aime *Marienbad*. Le public populaire aime *Ben Hur*. Le public d'exclusivité, lui, bâille aux deux et il ne sait même pas pourquoi.

Autre fait nouveau : maintenant, tout le monde parle chiffres. Machin vous dit : « Ce film a fait 167 273 entrées. » Qu'est-ce que ça peut lui foutre ? Quand j'étais aux *Cahiers*, je n'aurais jamais fait allusion à ces chiffres dans un article. Je crois que la mode des chiffres est venue avec la Nouvelle Vague. On a cherché à faire des comparaisons : *Les Cousins* marche-t-il mieux que tel film de Clément ? etc.

Mais à tant faire que parler chiffres, il faut aller jusqu'au bout. On voit alors que beaucoup de films qui marchent peu en France font plus que se rattraper à l'étranger. Par contre, les films d'Audiard ne peuvent guère sortir des pays de langue française : on bute sur la difficulté de doubler un dialogue qui, une fois traduit, ne fait plus illusion. De plus, à l'étranger, Gabin ne signifie pas grand-chose. D'où l'opération désespérée d'*Un singe en hiver*, où l'on colle Belmondo à côté de Gabin pour réussir la vente à l'étranger. Un autre producteur recommence l'expérience rajeunissement, cette fois avec Alain Delon.

Mais il ne faut pas s'affoler. Il faut persévérer. Nous sommes dans un système capitaliste ? Jouons donc des armes que nous avons, brouillons les cartes. Ce n'est plus l'heure de la polémique. Il y a une façon de s'intégrer dont il faut jouer ; également, une façon de ne pas s'intégrer, qui représente un autre jeu.

C'est un peu le cas de Godard. Il est, en un sens, en marge et en même temps il aurait, s'il le voulait, tous les moyens pour s'intégrer. C'est un cas à part. Ce qui l'intéresse, c'est cette espèce de grand mélange : au moment où une chose devient de la fiction, revenir à Rouch pour repartir brusquement dans une autre direction. Mais il y a une très grande logique dans sa carrière. Voyez les critiques qu'il faisait dans les *Cahiers* : il y avait chez lui, dès le début, une sorte de dédain de la fiction totale, il a toujours aimé les films dans lesquels le sujet était détruit. Mais son tempérament est tellement fort qu'il n'y a pas à remettre en question ce qu'il fait : il fait de telle façon et il a raison.

– *Ceux qui travaillent dans la norme et hors de la norme doivent pouvoir se rejoindre ?*

– Ce qui est commun à tout le monde, est quelque chose de moral : les gens sont tristes, quand ils font du sale boulot. Les acteurs, par exemple, sont tristes quand ils font de mauvais films. C'est une chose avec quoi il faut compter. C'est aussi une arme.

D'un autre côté, il ne faut pas être courageux à cent pour cent. Cette formule pourrait être prise dans un sens déplaisant ; mais ce que je veux dire, c'est qu'il faut rai-

183

sonner sa témérité. Il ne faut pas accumuler d'un seul coup toutes les audaces. Il faut avoir au départ un atout. Le seul moyen de ne pas se couper de tout est de brouiller ainsi les cartes. On peut faire *Fantômas*, car le titre est une vedette, comme *Tire-au-flanc*, et le faire de façon personnelle. On peut aussi prendre les mêmes acteurs que les gens que l'on n'aime pas. Nous pouvons aussi faire des films qui, sur le papier, avant tournage, ressemblent extérieurement aux films que nous n'aimons pas. Un film totalement en marge part pour les Agriculteurs ou les Ursulines : par exemple *Chronique d'un été*. D'ailleurs, ce n'est pas un film. Ce n'est qu'un matériel passionnant en vue d'un film. Son échec est normal, moral. On a invité les gens à visionner une séance de rushes.

Imitons Hitchcock.

    – Que représente actuellement pour vous, en tant que metteur en scène, le cinéma américain ?

    – Par rapport aux cinéastes américains, je crois que nous sommes tous des intellectuels, même moi qui le suis moins que les autres. Il ne faut pas tricher. On ne doit pas faire semblant d'être frustes et simplistes, si l'on se pose des questions, si l'on raffine sur un scénario. Il ne faut pas se forcer. C'est là sans doute qu'un type comme Melville se trompera. Il ne faut pas imiter la brutalité, la rusticité américaine. Mais si l'on pense que le cinéma est un art populaire – et nous le pensons tous, car nous sommes nourris de cinéma américain – nous pouvons partir sur une autre idée : celle d'une discipline dans le travail qui fasse que nos films soient complets, aient plusieurs aspects. Ce sont les trois films superposés qu'on a chez Hitchcock.

    C'est un des rares cinéastes qui plaisent à tout le monde, donc l'exemple est bon. Je crois que sa discipline est applicable. Je précise : cela ne vaut que pour les films travaillés froidement. Resnais élabore beaucoup. Or, je ne crois pas qu'il y ait dans *Marienbad* des émotions, des effets réussis qui ne soient aussi dans *Vertigo*. Et je ne crois pas que ce par quoi *Vertigo* intéresse le public soit dû à des concessions, c'est simplement dû à une discipline supplémentaire.

– *En somme, au lieu de travailler un an sur le scénario de* Marienbad, *il aurait mieux valu y travailler un an et demi et aboutir à* Vertigo ?

Je maintiens que Resnais a eu absolument raison de faire *Marienbad*. Mais, si l'on n'est pas Resnais, si l'on n'a pas ce contrôle extraordinaire qu'il a sur les choses, il vaut mieux être plus modeste. Non limiter ses ambitions, mais être modeste dans la façon de les réaliser, faire des films dont l'apparence soit modeste. Je ne crois pas que le monde ait besoin de mes films, je ne crois pas que le monde ait besoin de moi, je crois que je dois plutôt me faire accepter et que c'est par le travail que j'y arriverai.

Il faut, je crois, faire le calcul inverse de celui que nous faisions autrefois, en disant : « Le sujet profond du film étant ceci, je peux enlever ce qui dépasse et obtenir une ossature très mince. » Cette minceur est gênante pour tous ceux à qui le propos échappe, et il est normal qu'il échappe. Il faut donc, par-dessus le propos réel, et avoir un autre que tout le monde puisse suivre. Mais ce tour d'esprit manque en France.

On dit maintenant : « Les gens ne voient plus les films au hasard, ils voient ceux dont on a parlé. » Il faudrait chercher honnêtement si, pour rentabiliser un film de soixante-dix millions, le public qui choisit est suffisant, et si l'on ne doit pas aussi tabler sur celui qui ne choisit pas. Ce film, pour être rentable, doit faire trois cent cinquante millions de recettes salle. Il faut voir combien d'entrées cela suppose à deux cent cinquante francs le fauteuil. Cela suppose aussi des gens entrés par hasard ou par habitude. Faut-il les négliger ? On doit donc dire que *Les Bonnes Femmes*, par exemple, a besoin d'être vu par des gens qui sont exactement les personnages du film : des vendeuses qui sont venues là, au lieu d'aller au bal. Or, les gens qui s'y voient n'ont aucun recul sur eux-mêmes ; ils ne peuvent comprendre les intentions du film dont le propos est abstrait et qui, de plus, est fait pour une part sur la dérision. Il dépasse la dérision, il est plus profond que cela, c'est pourquoi je l'aime – mais les gens ne peuvent saisir cela.

C'est là qu'on peut imaginer une autre façon de faire le film que celle qui a été adoptée, qui est la plus pure, mais trop pure, confidentielle. Le même film, disant les mêmes choses, pouvait avoir une seconde histoire : celle du crime, celle de Weidmann. Au lieu d'être un finale, le crime pouvait être une sorte de suspense, qui intéressait tout le monde et permettait à Chabrol de dire tout ce qu'il voulait. Tenez, essayons un moment d'imaginer Hitchcock entreprenant un film comme *Les Bonnes Femmes*. D'abord, il choisit un titre archisimple : *Des vendeuses disparaissent*. Le film commence. La première vendeuse, un beau matin, ne se présente pas au magasin ; elle n'est pas chez elle, envolée. Surprise. A partir de la deuxième fille, Hitch mangerait le morceau et nous montrerait cette fille étranglée par le motard. Horreur. Ensuite, pour la troisième fille, ce serait le pur suspense ; le public sait que le motard est un tueur, la fille ne le sait pas. Petite promenade d'amoureux dans la forêt, volupté, douce idylle et puis crac. Enfin, nous voilà à la quatrième fille et celle-là, évidemment, serait sauvée de justesse, peut-être par son fiancé, et le vilain finirait plus ou moins broyé par sa propre moto.

Ne me dites pas que ce serait inférieur ou vulgaire. Pensez à *L'Ombre d'un doute*, aux idées de l'oncle Charlie : le monde est une porcherie, l'horreur des honnêtes gens, des banquiers, des veuves, de la pureté des vierges, tout y est, mais inscrit dans un schéma qui vous tient haletant.

Les Bonnes Femmes, c'était un film calculé, pensé, réfléchi. Alors pourquoi ne pas faire l'effort supplémentaire qui consiste à raconter l'histoire en termes de spectacle, à superposer à la grille élémentaire du film une deuxième et éventuellement une troisième grille ? Cela dit, c'est quand même, pour moi, le meilleur film de Chabrol.

Je pense surtout spectacle, music-hall, variétés, mais j'ai aussi des préoccupations qui ne sont pas celles de la majorité. Le problème de *Jules et Jim*, par exemple, cela n'intéresse pas grand monde. De plus, sur dix personnes qui voient le film, il y en a neuf pour qui un divorce est un scandale. Demander à ces gens de sympathiser avec deux farfelus qui ne font rien de leur journée et habitent avec la même femme, c'est presque de l'insolence. Je dois donc leur donner quelque chose en échange, par exemple de l'émotion, quand les personnages vont sincèrement jusqu'au bout d'eux-mêmes, c'est la scène de pleurs (qui a été improvisée) entre Werner et Jeanne Moreau. Je ne veux pas que les gens disent en sortant : « C'est un scandale. » J'en serais le premier malheureux. Il est impossible, évidemment, de les satisfaire tous, mais il est possible de ne pas leur gâcher complètement leur soirée. S'ils sortent en disant : « Heureusement qu'il y avait la chanson », ou « Heureusement qu'il y avait de beaux paysages », ou « Heureusement qu'il y avait les documents sur la guerre », eh bien, c'est toujours ça et c'est mieux que rien.

Il faut savoir ce que l'on veut obtenir et, surtout ne vouloir obtenir qu'une seule chose à la fois. Il s'agit de créer des émotions. Alors, devant chaque film, chaque scène, chaque plan, arrêtons-nous pour réfléchir : comment créer cette émotion ? Tout ce qui entre dans le film, dans la scène ou dans le plan, et qui ne répond pas à cette question, devient un élément parasitaire qu'il faut rejeter. Nous travaillons dans un domaine qui est à la fois littéraire, musical et plastique ; il faut sans cesse simplifier à mort. Le film est un bateau qui ne demande qu'à sombrer, ce n'est jamais une chose qui monte et qui progresse ; je vous jure que c'est quelque chose qui descend et qui se dégrade inexorablement. Si l'on ne tient pas compte de cette loi, on est cuit. Celui qui croit à la chance, au hasard, c'est un irresponsable ; je ne l'admire que s'il a aussi le courage physique de réciter un poème de Rimbaud entre deux attractions à Médrano.

Dans ce métier, il ne faut pas se croire indispensable. D'un côté, les Américains sont agaçants pour cela : si un bon film n'a pas marché, ils en ont honte. C'est excessif. Moi, rien ne me fera admettre que *Pickpocket* est un mauvais film. D'un autre côté, il y a chez eux cette santé du spectacle. Il n'y a pas chez eux de ces gens qui semblent croire que tout leur est dû, qui disent que c'est une honte qu'ils n'aient pas obtenu telle prime ou telle subvention. C'est un état d'esprit en France : tous les films devraient être subventionnés, quelle que soit ensuite leur destinée. En somme, on voudrait avoir les avantages à la fois du système capitaliste et du système socialiste. En France, si l'on a des difficultés, il faut aller vers la simplification, la plus totale étant celle de Rohmer qui se dit subitement, après tout, quelques bobines de 16 mm, cela ne coûte jamais que quarante mille francs. La simplification totale, la voilà !

D'ailleurs, l'arrivée massive de ces nouveaux metteurs en scène, dont nous faisons le compte dans ce numéro des *Cahiers*, crée une concurrence très grande et fait que le système tend à devenir hollywoodien. Il devient plus dur de sortir d'une catégorie déterminée, plus dur de se relever d'un échec. Il vaut mieux actuellement n'avoir rien fait, plutôt que d'avoir fait un film qui n'a pas marché.

Orson Welles, qui n'a jamais été commercial, est tellement respecté, admiré, a un tel prestige que, tous les trois ou cinq ans, il se produira quelque chose comme *Le Procès* : quelqu'un lui fait confiance et les quinze plus grands acteurs d'Europe sont prêts à tourner avec lui. C'est très beau. Si Resnais se trouve un jour dans ce cas, il se produira la même chose pour lui. Il y a quand même une sorte de justice. On disait à Raoul Lévy : « Pourquoi ne prenez-vous pas Orson Welles pour mettre en scène *Marco Polo* ? – Welles ? Comment ? Mais il est fini ! Il ne vaut plus rien, Welles ! » Raoul Lévy le supplie maintenant pour qu'il accepte de finir le *Marco Polo* commencé par Christian-Jaque !

« Le Cinéma, c'est compliqué. »

– *Cette justice, dont vous parlez, suppose aussi qu'il existe des producteurs pour accepter les risques ?*

– Oui, mais leur erreur a été de mettre trop longtemps à se faire à l'idée qu'un film c'est un metteur en scène, et qu'il ne vaudra finalement que ce que vaut le metteur en scène. Une fois reconnue cette idée, il ne faut évidemment pas faire tourner un film difficile par un type habitué au film commercial, ou l'inverse. On aboutit à des absurdités.

Il y a un équilibre à trouver. Le système hollywoodien était équilibré. Et c'est impressionnant de constater la

189

terrible descente de Hollywood après l'éclatement des anciennes structures. Tout marchait quand c'était fait à la chaîne, que les metteurs en scène n'avaient pas droit à la parole, que les scénaristes étaient payés à l'année, que les films étaient montés par des spécialistes sans contact avec le réalisateur, etc. A partir du moment où l'étau s'est desserré, tout s'est écroulé. D'un autre côté, rien de pire que le cinéma semi-hollywoodien. Par exemple, en Allemagne, actuellement rien ne marche. Il y a les commandements de Mme Koubachewsky sur la façon de réussir un film : il y faut de gentils personnages, des troupeaux et des pâturages, des chœurs d'enfants, de beaux habits, une fin heureuse « même si complètement imprévisible », etc. Quand on les respecte tous, on aboutit à *Sissi*, produit qui a fait ses preuves, mais dont les affiches ressemblent plus à une publicité pour du camembert que pour un film. Or même Mme Koubachewsky, maintenant, est en difficulté.

Les Américains avaient une qualité inimitable : ils savaient, dans chaque branche, donner la vie à ce qu'ils faisaient. Et les scripts étaient souvent admirables. Je viens de recevoir un scénario de Philip Yordan : tout y est, y compris l'humour, il n'y a plus qu'à tourner, rien à y changer. Le cinéma américain, au fond, c'était le meilleur et le pire ; c'est le plus souvent sur les sujets traditionnels qu'il brillait, mais, là, le résultat était merveilleux.

Finalement, la liberté totale, tout le monde ne la mérite pas. Beaucoup de nouveaux cinéastes ne sont pas assez mûrs et ils font vraiment trop de gaffes. La plupart des films que je vois sont mal montés. Par contentement de soi, manque de sens critique, paresse, on hésite à couper. Autrefois, je me moquais de Becker qui disait : « Le cinéma, c'est très compliqué. » Je préférais, par tempérament, ceux qui disaient : c'est simple, mais dire cela est aussi un luxe que tout le monde ne peut pas se payer. Il y a des types très courageux, qui produisent leur film eux-mêmes et font tout par eux-mêmes, quitte à se mettre sur le dos des ennuis mortels. Finalement, ils n'auraient pas intérêt à tout faire tout seuls : ce n'est plus du courage, c'est de l'inconscience ou de la désinvolture.

Si l'on y regarde de près, on s'aperçoit qu'il n'y a en France aucun très bon producteur, ni aucun très bon scénariste ; on se trouve donc terriblement seul en face de ses responsabilités, plus seul qu'un cinéaste américain. Nous devons donc avoir quelques-unes des qualités qui font un producteur et un scénariste, car il n'y a pas de place, dans le système français, pour le pur metteur en scène.

D'un autre côté, il faut commencer à penser à la télévision comme à un nouveau véhicule ; c'est un moyen d'expression qui comporte des inconvénients et des avantages. L'autre soir il y avait une « dramatique » mal mise en scène, mais très bien jouée par trois vieilles femmes. Au cinéma c'eût été un échec total ; personne ne se serait dérangé pour voir ça, et pourtant ce fut une des bonnes soirée de la télé, cette année. Quand on se trouve devant un sujet de ce genre et que l'on désire très vivement le traiter, il faut le tourner très économiquement, spécialement pour la télé, il me semble.

Par ailleurs, la télé recourt beaucoup aux plans longs et n'arrive presque jamais à faire de bons échanges de champs-contrechamps. Donc, par réaction, il est bon, dans les films, de découper beaucoup et de revenir au découpage classique ; il y a cinq ans, quand j'étais critique, tous les films français étaient laids. C'est pourquoi les premiers films de Vadim et de Malle ont été importants, simplement parce qu'ils témoignaient d'un minimum de goût ; aujourd'hui, tout le monde a du goût, les films sont plus propres, dans l'ensemble. Il faut donc viser plus haut. Il faut que ce soit beau, que ce soit intelligent, que ce soit clair, émouvant, intéressant, bref, nous devons, selon le mot d'Ingmar Bergman, tourner chacun de nos films « comme si c'était le dernier », nous devons nous efforcer de faire des progrès.

(Propos recueillis au magnétophone,
par Jean Collet, Michel Delahaye, Jean-André Fieschi,
André S. Labarthe et Bertrand Tavernier.)

Cahiers du cinéma, n° 138, décembre 1962.
N° spécial Nouvelle Vague.

Entretien avec
Jean-Luc Godard

Jean-Luc Godard, vous êtes venu au cinéma par la critique. Que lui devez-vous ?

– Nous nous considérions tous, aux *Cahiers*, comme de futurs metteurs en scène. Fréquenter les ciné-clubs et la Cinémathèque, c'était déjà penser cinéma et penser au cinéma. Ecrire, c'était déjà faire du cinéma, car, entre écrire et tourner, il y a une différence quantitative, non qualitative. Le seul critique qui l'ait été complètement, c'est André Bazin. Les autres, Sadoul, Balazs ou Pasinetti, sont des historiens ou des sociologues, pas des critiques.

En tant que critique, je me considérais déjà comme cinéaste. Aujourd'hui je me considère toujours comme critique, et, en un sens, je le suis plus encore qu'avant. Au lieu de faire une critique, je fais un film, quitte à y introduire la dimension critique. Je me considère comme un essayiste, je fais des essais en forme de romans ou des romans en forme d'essais : simplement, je les filme au lieu de le écrire. Si le cinéma devait disparaître, je me ferais une raison : je passerais à la télévision, et si la télévision devait disparaître, je reviendrais au papier et au crayon. Pour moi, la continuité est très grande entre toutes les façons de s'exprimer. Tout fait bloc. La question est de savoir prendre ce bloc par le côté qui vous convient le mieux.

Je pense aussi qu'on peut très bien devenir cinéaste sans passer par la critique. Il s'est trouvé que, pour nous, les choses se sont passées comme je l'ai dit, mais ce n'est pas une règle. D'ailleurs, Rivette, Rohmer faisaient des films en 16 mm. Mais si la critique était le premier échelon d'une vocation, elle n'était pas pour autant un moyen. On dit : ils se sont servis de la critique ! Non : nous pensions cinéma, et, à un certain moment, nous avons éprouvé le besoin d'approfondir cette pensée.

Le critique nous a appris à aimer à la fois Rouch et Eisenstein. Nous lui devons de ne pas exclure tel aspect du cinéma au nom d'un autre aspect du cinéma. Nous lui devons aussi de faire des films avec une plus grande distance et de savoir que, si telle chose a déjà été faite, il est inutile de la refaire. Un jeune écrivain qui écrit aujourd'hui sait que Molière et Shakespeare existent. Nous, nous sommes les premiers cinéastes à savoir que Griffith existe. Même Carné, Delluc ou René Clair, quand ils ont fait leurs premiers films, n'avaient aucune vraie formation critique ou historique. Même Renoir en avait peu. Il est vrai que lui avait du génie.

Mon goût de la citation.

– *Ce fond de culture n'existe que dans une fraction de la Nouvelle Vague.*

– Oui, dans celle des *Cahiers*, mais pour moi cette fraction est le tout. Il y a le groupe des *Cahiers* (et aussi l'oncle Astruc, Kast, et Leenhardt, lui, un peu à part), auquel il faut joindre ce qu'on peut appeler le groupe de la rive gauche : Resnais, Varda, Marker. Il y a aussi Demy. Ceux-ci avaient leur propre fond de culture, mais il n'y en a pas trente-six autres. Les *Cahiers* ont été le noyau.

On dit que nous ne pouvons plus, maintenant, écrire sur des confrères. Evidemment, il est devenu difficile de prendre un café avec quelqu'un, si, dans l'après-midi, on doit écrire qu'il a fait un film idiot, mais il y a toujours eu aux *Cahiers* ce qui nous différencie des autres, le parti pris de critique élogieuse : on parle d'un film, si on l'aime. Si on ne l'aime pas, on se dispense de l'éreinter. Il n'y a qu'à garder ce principe, c'est tout. Donc, même si on fait des films, on peut dire que le film d'un tel est génial, par exemple *Adieu Philippine*. Mais, pour moi, je préfère le dire ailleurs qu'aux *Cahiers*, car l'important est d'amener les milieux professionnels à une nouvelle notion du cinéma. Je préfère, si j'ai de l'argent, acheter une page d'un corporatif pour parler d'*Adieu Philippine*. Aux *Cahiers*, il y a des gens mieux qualifiés que moi pour en parler.

— *Votre attitude critique semble contredire l'idée d'improvisation qui est attachée à votre nom.*

— J'improvise, sans doute, mais avec des matériaux qui datent de longtemps. On recueille pendant des années des tas de choses, et on les met tout à coup dans ce qu'on fait. Mes premiers courts métrages étaient très préparés et tournés très vite. *A bout de souffle* a été commencé ainsi. J'avais écrit la première scène (Jean Seberg sur les Champs-Elysées) et, pour le reste, j'avais énormément de notes correspondant à chaque scène. Je me suis dit : c'est affolant ! J'ai tout arrêté. Puis j'ai réfléchi : en un jour, si on sait s'y prendre, on doit arriver à tourner une dizaine de plans. Seulement, au lieu de trouver longtemps avant, je trouverai juste avant. Quand on sait où l'on va, ce doit être possible. Ce n'est pas de l'improvisation, c'est de la mise au point de dernière minute. Evidemment, il faut avoir et garder la vue d'ensemble, on peut la modifier pendant un certain temps, mais à partir du tournage, elle doit changer le moins possible, sinon c'est catastrophique.

J'ai lu dans *Sight and Sound* que je faisais une improvisation dans le style Actor's Studio, avec des acteurs à qui l'on dit : tu es un tel ; donc tu agis à partir de ça. Mais jamais le dialogue de Belmondo n'a été inventé par lui. Il était écrit : seulement, les acteurs ne l'apprenaient pas, le film était tourné en muet et je soufflais les répliques.

— *Quand vous avez commencé le film, que représentait-il pour vous ?*

— Nos premiers films ont été purement des films de cinéphiles. On peut se servir même de ce qu'on a déjà vu au cinéma pour faire délibérément des références. Ça a été le cas surtout pour moi. Je raisonnais en fonction d'attitudes purement cinématographiques. Je faisais certains plans par rapport à d'autres que je connaissais, de Preminger, Cukor, etc. D'ailleurs, le personnage de Jean Seberg prend la suite de celui de *Bonjour tristesse*. J'aurais pu prendre le dernier plan du film et enchaîner sur un carton. Trois ans après... C'est à rapprocher de mon goût de la citation, que j'ai toujours gardé. Pourquoi nous le reprocher ? Les gens, dans la vie, citent ce qui leur plaît. Nous avons donc le droit de citer ce qui nous plaît. Je montre donc des gens qui font des citations : seulement, ce qu'ils citent, je m'arrange pour que ça me plaise aussi à moi. Dans les notes où je mets tout ce qui peut servir à mon film, je mets aussi une phrase de Dostoïevsky, si elle me plaît. Pourquoi se gêner ? Si vous avez envie de dire une chose, il n'y a qu'un solution : la dire.

De plus *A bout de souffle* était le genre de film où tout était permis, c'était dans sa nature. Quoi que fassent les gens, tout pouvait s'intégrer au film. J'étais même parti de là. Je me disais : il y a déjà eu Bresson, il vient d'y avoir *Hiroshima*, un certain cinéma vient de se clore ; il est peut-être fini, alors mettons le point final, montrons que tout est permis. Ce que je voulais, c'était partir d'une histoire conventionnelle et refaire, mais différemment, tout le cinéma qui avait déjà été fait. Je voulais rendre aussi l'impression qu'on vient de trouver ou de ressentir les procédés du cinéma pour la première fois. L'ouverture à l'iris montrait qu'il était permis de retourner aux sources du cinéma et l'enchaîné venait là, tout seul, comme si on venait de l'inventer. S'il n'y avait pas d'autres procédés, c'était aussi par réaction contre un certain cinéma, mais ce ne doit pas être une règle. Il y a des films où ils sont nécessaires : parfois, on devrait bien en faire davantage. C'est l'histoire qu'on raconte : Decoin va trouver sa monteuse à Billancourt et lui dit : « Je viens de voir *A bout de souffle* ; à partir de maintenant, plus de raccords ! »

Si nous avons pris la caméra à la main, c'était pour aller vite, tout simplement. Je ne pouvais pas me permettre un matériel normal qui aurait allongé le tournage de trois semaines. Mais cela non plus ne doit pas être une règle : le mode de tournage doit être en accord avec le sujet. Celui de mes films ou ce mode de tournage est le plus justifié est *Le Petit Soldat*. Les trois quarts des réalisateurs perdent quatre heures avec un plan qui demande cinq minutes de travail de mise en scène proprement dite ; moi je préfère qu'il y ait cinq minutes de travail pour l'équipe et me garder trois heures pour réfléchir.

Ce qui m'a demandé du mal, c'est la fin. Le héros allait-il mourir ? Au début, je pensais faire le contraire de, par exemple, *The Killing* : le gangster réussissait et partait pour l'Italie avec son argent. Mais c'était une anticonvention très conventionnelle, comme de faire réussir Nana dans *Vivre sa vie* et la montrer roulant voiture. Je me suis dit à la fin que, puisqu'après tout mes

197

ambitions avouées étaient de faire un film de gangsters normal, je n'avais pas à contredire systématiquement le genre : le type devait mourir. Si les Atrides ne se massacrent plus entre eux, ce ne sont plus les Atrides.

Mais c'est fatigant d'improviser. Je me suis toujours dit : c'est la dernière fois ! Ce n'est plus possible ! C'est trop fatigant de s'endormir le soir en se demandant : que faire demain matin ? C'est comme un article qu'on écrit à midi moins vingt sur une table de café et qu'on doit remettre à midi au journal. Ce qui est curieux, c'est qu'on arrive toujours à l'écrire, mais travailler comme ça pendant des mois, c'est tuant. En même temps, il y a une certaine préméditation. On se dit que si on est honnête et sincère et qu'on est acculé à faire quelque chose, le résultat sera forcément honnête et sincère.

Seulement on ne fait jamais exactement ce qu'on croyait faire. On arrive même parfois à faire le contraire. C'est vrai en tout cas pour moi, mais en même temps je revendique tout ce que j'ai fait. Je me suis donc aperçu, au bout d'un certain temps, qu'*A bout de souffle* n'était pas du tout ce que je croyais. Je croyais avoir fait un film réaliste comme, disons, *Du plomb pour l'inspecteur* de Richard Quine ; or, ce n'était pas tout cela. D'abord, je ne possédais pas le bagage technique suffisant et il m'est arrivé de me tromper, ensuite, j'ai découvert que je n'étais pas fait pour ce genre de films. Il y a aussi un grand nombre de choses que je voudrais faire et que je n'arrive pas à faire. Par exemple, des plans de voiture fonçant dans la nuit, comme dans *La Tête contre les murs.* Je voudrais faire aussi, comme Fritz Lang, des plans qui soient extraordinaires en eux-mêmes, mais je n'y arrive pas. Donc, je fais autre chose. J'aime énormément *A bout de souffle,* qui m'a fait honte pendant un certain temps, mais je le situe du côté où on doit le situer : celui d'*Alice au pays des merveilles*. Moi, je croyais que c'était *Scarface*.

A bout de souffle est une histoire, pas un sujet. Le sujet est quelque chose de simple et de vaste qu'on peut résumer en vingt secondes : la vengeance, le plaisir... L'histoire, on peut la résumer en vingt minutes. *Le Petit Soldat* a un sujet : un garçon a l'esprit confus, il s'en aperçoit et cherche à avoir l'esprit plus clair. Dans *Une femme est une femme*, une fille veut un enfant à tout prix et tout de suite. Dans *A bout de souffle*, j'ai cherché le sujet pendant tout le tournage, finalement, je me suis intéressé à Belmondo. Je l'ai vu comme une espèce de bloc qu'il fallait filmer pour savoir ce qu'il y avait derrière. Seberg, au contraire, était une actrice à qui j'avais envie de faire faire beaucoup de petites choses qui me plaisaient ; cela venait de ce côté cinéphile que je n'ai plus maintenant.

– *Comment, maintenant, considérez-vous les acteurs ?*

– Ma position envers eux a toujours été pour moitié celle de l'interviewer en face de l'interviewé. Je cours derrière quelqu'un et je lui demande quelque chose. En même temps, c'est moi qui ai organisé la course. S'il est essoufflé, s'il est fatigué, je sais qu'il ne dira pas la même chose qu'en d'autres circonstances. Mais j'ai changé dans la façon d'organiser la course.

Un film sur la confusion.

– *Qu'est-ce qui vous a amené au* Petit Soldat ?

– J'ai voulu rejoindre le réalisme que j'avais manqué dans *A bout de souffle*, le concret. Le film part d'une vieille idée : je voulais parler du lavage de cerveau. On disait à un prisonnier : « Ça demande vingt minutes ou vingt ans, mais on arrive toujours à faire dire quelque chose à quelqu'un. » Les événements d'Algérie ont fait

199

que j'ai remplacé le lavage de cerveau par la torture qui était devenue la grande question. Mon prisonnier est quelqu'un à qui l'on demande de faire une chose et qui n'a pas envie de la faire. Simplement pas envie, et il se bute, pour le principe. C'est la liberté comme je la vois : d'un point de vue pratique. Etre libre, c'est pouvoir faire ce qui vous plaît, au moment qui vous plaît.

Le film doit témoigner sur l'époque. On y parle de politique, mais il n'est pas orienté dans le sens d'une politique. Ma façon de m'engager a été de me dire : on reproche à la Nouvelle Vague de ne montrer que des gens dans des lits, je vais en montrer qui font de la politique et qui n'ont pas le temps de se coucher. Or, la politique, c'était l'Algérie. Mais je devais montrer cela sous l'angle où je le connaissais et de la façon dont je le ressentais. Si Kyrou ou ceux de l'*Observateur* voulaient qu'on en parle autrement, très bien, mais ils n'avaient qu'à se rendre avec une caméra chez le FLN, à Tripoli ou ailleurs. Si Dupont voulait un autre point de vue, il n'avait qu'à filmer Alger du point de vue des paras. Ce sont des choses qui n'ont pas été faites et c'est dommage. Moi, j'ai parlé des choses qui me concernaient, en tant que parisien de 1960, non incorporé à un parti. Ce qui me concernait, c'était le problème de la guerre et ses répercussions morales. J'ai donc montré un type qui se pose plein de problèmes. Il ne sait pas les résoudre, mais les poser, même avec un esprit confus, c'est déjà tenter de les résoudre. Il vaut peut-être mieux se poser d'abord des questions que refuser de se rien poser ou se croire capable de tout résoudre.

– *On a trouvé le film discutable, on a parlé de confusion.*

– Moi, je trouve cela bien, qu'il prête à discussion. C'est l'intérêt qu'il a, outre le fait d'être un film d'aventures... Après l'avoir vu, on peut discuter sur la torture :

j'ai voulu montrer que ce qu'il y a de plus terrible en elle, c'est que ceux qui la pratiquent, eux, ne la trouvent pas discutable du tout. Ils sont tous amenés à la justifier. Or, c'est terrible, car, au départ, personne ne pense qu'il pourra un jour la pratiquer ou seulement la regarder pratiquer. En montrant comment on est amené à la trouver normale, je montre l'aspect le plus terrible de la chose. De plus, il ne faut pas oublier que je ne suis pas toujours à la même distance de mes personnages. On doit sentir le moment où je suis très près, celui où je décolle. La première phrase du film est : « Le temps de l'action est passé, celui de la réflexion commence. » Il y a donc un angle critique. Tout le film est un retour en arrière : le présent, on ne le voit pas. Le film qui m'a le plus influencé, c'est *La Dame de Shanghaï* : Michel O'Hara, lui aussi (dans le scénario de départ, je me référais expressément à lui) trouve que l'important est de bien vieillir. Et il y a sans doute aussi une influence de *Pickpocket*.

Quant à la confusion : puisque c'est un film sur la confusion, il fallait bien que je la montre. Elle est partout. Elle est aussi chez le héros qui voit que l'OAS et le FLN citent tous deux Lénine. De plus, mon personnage, souvent théorique, en cherchant d'une certaine façon à simplifier les choses accroît la confusion. L'important était qu'on croie à ce personnage. On doit voir qu'il parle faux, qu'il est faux, et que tout à coup il dit un mot juste. On doit se dire alors : ce qu'il disait avant n'était peut-être pas si faux que cela. Ou : ce qu'il dit maintenant n'est peut-être pas si juste. En tout cas, ces choses, il les dit d'une manière touchante. Brice Parain dit dans *Vivre sa vie* que l'erreur est nécessaire à la découverte de la vérité.

Donc le spectateur est libre. Il se trouve aussi que, maintenant, il voit mieux la complexité du problème, mais avant, elle existait déjà. On pouvait donc très bien aborder le problème dans l'optique d'un type qui est complètement perdu. L'intéressant n'est pas de discuter des heures pour savoir s'il faut ou non gracier Salan, c'est de savoir si, étant dans la position de lui tirer dessus, vous le faites ou non. Tant qu'on n'est pas dans cette position, on ne peut le décider. Dans *Le Petit Soldat,* c'est la position que j'ai voulu montrer. Tout ce qu'on dit dans le film importe peu si l'on voit que, dans cette situation, ce pouvait être dit. Le type est bizarre, confus, mais pas faux. Lui, croit sa solution juste ; moi, je ne dis pas qu'elle l'est ou non, je dis seulement qu'elle est possible. Du reste, les événements m'ont donné raison, depuis, sur beaucoup de points.

Le Petit Soldat est un film policier où l'on vit des aventures dont l'origine est politique, comme *La Moisson rouge* de Dashiell Hammett est un roman policier où il y a des éléments politiques. J'ai des intentions morales, psychologiques, qui se définissent à partir de situations nées d'événements politiques. C'est tout. Ces événements sont confus, c'est comme ça. Mes personnages aussi le regrettent. Mon film est celui de la génération qui regrette de n'avoir pas eu vingt ans au moment de la guerre d'Espagne.

S'il est important pour Subor de se poser des questions, il est non moins important pour le spectateur de s'en poser, et il est important pour moi qu'il s'en pose. Si, après avoir vu le film, on se dit : il a montré ça, mais pas la solution, au lieu d'être furieux contre le film, on devrait lui en être reconnaissant. Les questions sont mal posées ? Mais c'est justement l'histoire d'un type qui se pose mal certaines questions.

– *Définiriez-vous le personnage comme un dedans vu par le dehors ?*

– Non. Pour moi, c'est le dedans vu par le dedans. On doit être avec lui, voir les choses de son point de vue, au fur et à mesure qu'est racontée l'histoire extérieure. Le film est comme un journal intime, un carnet de notes, ou le monologue de quelqu'un qui cherche à se justifier devant une caméra presque accusatrice, comme on fait devant un avocat ou un psychiatre. Dans *Vivre sa vie*, au contraire, la caméra est un témoin. Mais là, l'acteur apporte beaucoup, il m'aide à préciser mes idées. Subor a apporté le côté un peu fou, perdu, étourdi du personnage, ce sont souvent ses réactions à lui, ses réflexes qui jouent.

Méthodes de tournage.

– *Comment l'expérience d'*A bout de souffle *vous a-t-elle servi ?*

– Elle m'a servi, mais j'ai eu beaucoup de peine à tourner *Le Petit Soldat*. Nous aurions pu le tourner en quinze jours. Avec les arrêts, cela nous a pris deux mois. Je réfléchissais, j'hésitais. Au contraire d'*A bout de souffle*, je ne pouvais pas tout dire. Je ne pouvais dire que certaines choses, mais lesquelles ? Enfin, c'est déjà quelque chose que de savoir ce qu'il ne faut pas dire : à force d'éliminer, restait ce qu'il fallait dire.

Maintenant, je sais mieux comment je dois faire : j'écris les moments forts du film, ce qui me donne une trame en sept ou huit points. Quand les idées me viennent, je n'ai plus qu'à me demander à quel point, à quelle scène les rattacher. Ce qui m'aide à trouver des idées, c'est le décor. Souvent, même, je pars de là. Genève était un décor que je connaissais, j'y avais vécu pendant la guerre. Je me demande comment on peut placer le repérage après la rédaction du scénario. Il faut penser d'abord au décor. Et souvent, quand un type écrit : «... Il entra dans une pièce », et qu'il pense à une pièce qu'il connaît, le film est fait par un autre qui pense à une autre pièce. Ça décale tout. On ne vit pas de la même façon dans des décors différents. Nous vivons sur les Champs-Elysées. Or, avant *A bout de souffle*, aucun film ne montrait l'allure que ça a. Mes personnages le voient soixante fois par jour, ce décor, je voulais donc les montrer dedans. On voit rarement l'Arc de Triomphe au cinéma, sauf dans les films américains.

Mais là aussi, je rejoignais l'improvisation. Or, après *Le Petit Soldat*, je me suis dit : c'est fini ! Je suis donc parti d'un scénario très prévu : *Une femme est une femme*. Mais il y a eu encore davantage d'improvisation. Pour *A bout de souffle*, j'écrivais la veille au soir du tournage, avec *Le Petit Soldat*, le matin, avec *Une femme est une femme*, j'écrivais au studio pendant que les acteurs se maquillaient. Mais, encore une fois, on ne trouve jamais que des choses à quoi l'on pensait depuis longtemps. Dans *Vivre sa vie*, j'ai trouvé la scène du Portrait ovale le matin, mais je connaissais la nouvelle. Au moment où je suis tombé dessus, je l'avais oubliée, je me suis dit : on va employer cela. Mais j'en étais à un moment où de toute façon j'aurais trouvé quelque chose. Si la solution n'était pas venue ce jour-là, elle serait venue le lendemain.

Chez moi, c'est une méthode : comme j'ai des films à petits budgets, je peux demander au producteur cinq semaines, sachant qu'il y aura quinze jours de tournage effectif. *Vivre sa vie*, tourné en quatre semaines, a été arrêté toute la deuxième semaine. La grosse difficulté, c'est qu'il me faut des gens tout le temps disponibles. Ils doivent parfois attendre une journée entière avant de savoir ce que je pourrai leur faire faire. Je dois leur demander de ne pas s'absenter du lieu de tournage, en prévision du moment où le travail reprendra. Forcément, ils en souffrent. C'est pourquoi je fais toujours en sorte que ceux qui travaillent avec moi soient bien payés. Les acteurs en souffrent d'un autre point de vue; un acteur aime bien avoir l'impression qu'il domine son personnage, même si ce n'est pas vrai, avec moi, ils ont rarement cette impression. Ce qu'il y a de terrible, c'est qu'il est très difficile de faire au cinéma ce que le peintre fait naturellement. Il s'arrête, prend du recul, se décourage, reprend, modifie. Tout est bon.

Du document au théâtre.

Mais cette méthode n'est pas valable pour tout le monde. Il y a deux grandes classes de cinéastes. Du côté d'Eisenstein et d'Hitchcock, il y a ceux qui écrivent leur film de la façon la plus complète possible. Ils savent ce qu'ils veulent, ils ont tout dans leur tête, ils mettent tout sur le papier. Le tournage n'est qu'une application pratique. Il faut construire quelque chose qui ressemble le plus possible à ce qui a été imaginé. Resnais est de ceux-là, et Demy. Les autres, du côté de Rouch, ne savent pas très bien ce qu'ils vont faire et ils cherchent. Le film est cette recherche. Ils savent qu'ils vont arriver quelque part, et ils ont des moyens pour cela, mais où exactement? Les premiers font des films cercles, les autres, des films ligne droite. Renoir est un des rares qui fasse les deux ensemble, c'est ce qui fait son charme.

Rossellini, c'est encore autre chose. Il est le seul qui ait une vision juste, totale des choses. Il les filme donc de la seule façon possible. Personne ne peut filmer un scénario de Rossellini, on se posera toujours des questions que lui ne se pose pas. Sa vision du monde est si juste que sa vision de détail, formelle ou non, l'est aussi. Chez lui, un plan est beau parce qu'il est juste, chez la plupart des autres, un plan devient juste à force d'être beau. Ils essaient de construire une chose extraordinaire, et si effectivement elle le devient, on voit qu'il y avait des raisons de la faire. Rossellini, lui, fait des choses qu'il a d'abord des raisons de faire. C'est beau parce que ça est.

La beauté, la splendeur du vrai a deux pôles. Il y a les cinéastes qui cherchent le beau, vrai, et s'ils le trouvent, il sera également vrai. On trouve des deux pôles dans le documentaire et la fiction. Certains partent du documentaire et arrivent à la fiction, comme Flaherty qui a fini par faire des films composés ; d'autres parlent de la fiction et arrivent au documentaire : Eisenstein, sorti du montage ; finit par faire *Que Viva Mexico*.

Le cinéma est le seul art qui, suivant la phrase de Cocteau (dans *Orphée*, je crois), « filme la mort au travail ». La personne qu'on filme est en train de vieillir et mourra. On filme donc un moment de la mort au travail. La peinture est immobile ; le cinéma est intéressant, car il saisit la vie et le côté mortel de la vie.

– *Et vous, de quel pôle partez-vous ?*

– Je crois que je pars plutôt du documentaire pour lui donner la vérité de la fiction. C'est pourquoi j'ai toujours travaillé avec des acteurs professionnels, et excellents. Sans eux, mes films seraient moins bien.

Ce qui m'intéresse aussi, c'est le côté théâtre. Dans *Le Petit Soldat*, déjà, où je cherchais à rejoindre le concret, j'ai vu que, plus je me rapprochais du concret, plus je me rapprochais du théâtre. *Vivre sa vie* est à la fois très concret et très théâtre. J'aimerais tourner une pièce de Sacha Guitry, j'aimerais tourner *Six Personnages en quête d'auteur* pour montrer, par le cinéma, ce qu'est le théâtre. A force d'être réaliste on découvre le théâtre, et à force d'être théâtral... Ce sont les boîtes du Carrosse d'or : derrière le théâtre il y a la vie et derrière la vie, le théâtre. Je suis parti de l'imaginaire et j'ai découvert le réel : mais, derrière le réel, il y a de nouveau l'imaginaire.

Il y a au cinéma, disait Truffaut, le côté spectacle, Méliès, et le côté Lumière, qui est la recherche. Si je m'analyse aujourd'hui, je vois que j'ai toujours voulu, au fond, faire un film de recherche sous forme de spectacle. Le côté documentaire, c'est un homme dans telle situation. Le côté spectacle vient lorsqu'on fait de cet homme un gangster ou un agent secret. Le côté spectacle vient, dans *Une femme est une femme,* de ce que la femme est une comédienne, dans *Vivre sa vie*, une prostituée.

Les producteurs disent : Godard, il parlera de ce qu'il veut, Joyce, la métaphysique ou la peinture, mais il y aura toujours chez lui le côté commercial. Moi je ne me dis pas cela du tout, je ne vois pas deux choses, je n'en vois qu'une seule. L'ennui, avec *Une femme est une femme*, c'est que Ponti, le producteur, voyait le film, au départ, comme du Zavattini. Quand il l'a vu...

L'« idée » de la comédie musicale.

    – *Comment situez-vous ce film dans votre œuvre ?*

    – Comme *Jules et Jim* pour Truffaut, c'est mon vrai premier film. D'ailleurs, j'en avais écrit le scénario avant *A bout de souffle* ; mais à l'époque, c'est De Broca qui l'a réalisé. De tous les films que j'ai faits, c'est celui qui ressemble le plus à son scénario. Je l'ai suivi en tenant compte de tout : des mots, des virgules... Je me fondais là-dessus pour écrire le texte de tournage. Je lisais : « Elle sort de la maison. » Je me disais : « Que va-t-elle faire, que va-t-elle voir ? Des vieux dans la rue ? » Bon, ce sera ma journée de travail. Mes problèmes ne sont donc pas de longueur, mais de brièveté : avec mes deux pages de scénario, j'ai toujours peur de ne pas faire l'heure et demie. Mais je comprends bien que ceux qui ont un scénario de soixante pages se posent un problème de longueur.

La vue d'ensemble du film, je l'ai eue sur une phrase de Chaplin qui dit : « La tragédie, c'est la vie en gros plan, la comédie, la vie en plan général. » Je me suis dit je vais faire une comédie en gros plan ; le film sera tragi-comique. *Jet Pilot* de Sternberg était aussi une comédie en gros plan. C'est pourquoi il n'a pas marché. *Une femme est une femme* n'a pas marché non plus en France, mais il a été très bien accueilli dans les pays réputés pour leur viva-cité d'esprit : la Belgique, le Danemark, et la Hollande où il a battu les records de recettes des *Canons de Navarone*.

– *Est-ce le film qui vous ressemble le plus ?*

– Je ne crois pas, mais c'est le film que j'aime le mieux. C'est comme *L'Eventail de lady Windermere* pour Preminger : les enfants malades sont ceux qu'on aime le mieux.

Pour moi, le film représente aussi la découverte de la couleur et du son direct, puisque mes autres films étaient post synchronisés. Le sujet, comme celui de mes autres films, raconte comment un personnage se sort d'une certaine situation. Mais j'ai conçu ce sujet à l'inté-rieur d'un néo-réalisme musical. C'est une contradiction absolue, mais c'est justement cela qui m'intéressait dans le film. C'est peut-être une erreur, mais c'est une erreur séduisante. Et cela collait bien avec le sujet, puisqu'on montre une femme qui veut un enfant d'une manière absurde, alors que c'est la chose la plus naturelle du monde. Mais le film n'est pas une comédie musicale. C'est l'idée de la comédie musicale.

J'ai d'ailleurs hésité longtemps à faire des scènes vrai-ment musicales. Finalement, j'ai préféré suggérer l'idée que les personnages chantent, grâce à l'utilisation de la musique, tout en les faisant parler normalement. Du reste, la comédie musicale est morte. *Adieu Philippine*, d'une certaine manière, est lui aussi une comédie musicale, mais le genre lui-même est mort. Même pour les Américains, cela n'aurait plus de sens de refaire *Singin' in the Rain*. Il faut faire autre chose. C'est aussi ce que dit mon film : il est la nostalgie de la comédie musicale, comme *Le Petit Soldat* est la nostalgie de la guerre d'Espagne.

Ce que les gens n'ont pas dû aimer, c'est la discontinuité, les changements de rythme ou les ruptures de ton. Peut-être aussi le côté théâtral, cinéma dell'arte. Les gens jouent et saluent en même temps, ils savent et nous savons qu'ils jouent, qu'ils rient, et en même temps qu'ils pleurent. En somme, c'est une exhibition, mais c'est ce que je voulais faire. Les personnages agissent toujours en fonction de la caméra : c'est la parade.

Dans *Vivre sa vie*, au contraire, on doit avoir l'impression que les gens fuient tout le temps la caméra.

J'ai aussi découvert le Scope, avec *Une femme est une femme*. Je pense que c'est le format normal et que le 1.33 est un format arbitraire. C'est pour cela que j'aime bien le 1.33, parce qu'il est arbitraire. Le Scope, par contre, est le format dans lequel on peut tout tourner. Le 1.33, non, mais il est extraordinaire. Le 1.66, ce n'est rien du tout. Je n'aime pas les formats intermédiaires. J'ai hésité à prendre le Scope pour *Vivre sa vie*, mais je ne l'ai pas fait, car c'est un format trop sentimental. Le 1.33 est plus dur, plus sévère. Par contre, je regrette de n'avoir pas pris le Scope pour *A bout de souffle*. C'est mon seul regret. *Le Petit Soldat*, lui, est bien dans son format.

Mais c'est après coup que l'on voit bien ces choses. Cela fait partie des surprises. J'aime bien être surpris. Si l'on sait d'avance tout ce que l'on va faire, ce n'est plus la peine de le faire. Si un spectacle est tout écrit, à quoi sert de le filmer ? A quoi sert le cinéma, s'il vient après la littérature ? Quand j'écris un scénario, moi aussi j'ai envie de tout mettre sur le papier, mais je n'y arrive pas. Je ne suis pas écrivain. Faire un film, c'est superposer trois opérations : penser, tourner, monter. Tout ne peut pas être dans le scénario, ou si tout y est, si déjà les gens pleurent ou rient en le lisant, il n'y a qu'à le faire imprimer et le vendre en librairie.

L'avantage, pour moi, c'est qu'il n'y a jamais chez moi de scénario qui dorme ou qui traîne. L'ennui, c'est qu'au moment de signer avec un producteur, il se demande sur quoi signer. Moi aussi. Un producteur aime engager un metteur en scène dont il pense que, quand il aura fini son film, celui-ci ressemblera à l'idée qu'il en avait au départ.

Eloge du producteur.

– *Est-ce que cette divergence de points de vue vous a amené à refuser certains projets ?*

– Les Hakim m'ont proposé *Eva*. Pour commencer, je n'aimais pas les acteurs prévus. Je voulais Richard Burton. En principe, on voulait bien. On disait : « Nous lui téléphonerons. » Je disais : « Voilà le téléphone. – Ah ! oui, mais c'est ennuyeux, il n'est peut-être pas là ! » J'ai compris qu'on ne voulait pas. La femme, je la voyais dans le genre de la Rita Hayworth d'il y a cinq ou six ans. De toute façon, je ne voulais que des acteurs américains. Les gens de cinéma, s'ils ne sont pas américains, on ne sait pas quoi faire avec. Un Français qui dit : « Je suis scénariste, qu'est-ce que cela veut dire. Ça n'existe pas. » Tandis qu'un Américain, si ça n'existe pas, ça ne fait rien : ce qui est américain a un côté mythique qui fait exister quelque chose.

Eva me faisait souffrir, aussi, car je trouvais que cela ressemblait trop à *La Chienne*. Et il n'y avait pas de sujet. J'ai pourtant proposé ceci : l'histoire d'un type auquel un producteur propose d'écrire un scénario sur une femme, pour vérifier s'il est bien écrivain. Ça devient l'histoire d'un homme qui essaye d'écrire sur une femme, mais qui n'y arrive pas. Ou peut-être y arrive-t-il, je ne sais pas ; en tout cas, c'est l'histoire qu'il fallait raconter. Je voulais montrer le poème qu'il écrit, et l'analyse du poème. Il écrit par exemple : « Je suis sorti, il faisait beau, je l'ai rencontrée, elle avait les yeux bleus », puis il se demande pourquoi il a écrit cela. Finalement, je crois qu'il n'arrive à rien : c'est un peu l'histoire de la fin de Porthos.

Les producteurs n'ont pas voulu. Les Hakim ne sont pas bêtes, mais, comme tous les grands producteurs d'avant-guerre, ils ne savent plus quoi faire. Avant, un producteur savait le genre de films qu'il devait faire. Il y avait trois ou quatre directions et chaque producteur avait la sienne. Braunberger existait déjà et il avait sa direction qui n'était pas celle des autres. Aujourd'hui, il y a dix mille directions, Braunberger n'est pas perdu, car il a toujours sa petite voie à lui, et ceux qui font *Ben Hur* ont toujours, eux aussi, leur voie à eux. Mais quatre-vingts pour cent des producteurs sont complètement perdus. Ils pouvaient se dire autrefois : « Je vais faire un film avec Duvivier », mais aujourd'hui ? Ils ne pourraient réussir ni les gros films ni les petits films intellectuels. Tout se mélange. Quant aux grosses sociétés, elles ne sont pas assez grosses pour savoir que faire exactement.

Alors on se dit : « Il y a Antonioni. *La Nuit* a fait deux cent mille entrées, faisons un film avec lui. » Ce qui les perd, c'est qu'ils ne savent pas très bien pourquoi ils font cela. Losey, Antonioni, utilisés de cette façon, et au mauvais moment, ne rapportent plus rien du tout. Ces gens, qui ont vécu quarante ans dans un certain cinéma, ne peuvent pas s'adapter. Dans mon contrat avec les

Hakim, il était spécifié qu'ils pourraient, s'ils le jugeaient bon, refaire le montage à leur guise. Je suis tombé des nues. On m'a dit : « Duvivier, Carné, tous les autres ont des contrats de ce genre... »

Ils ne savent plus. Le public aussi les déroute. Autrefois, ils ne savaient pas qu'ils ne savaient rien. Aujourd'hui, ils le savent. Mais il ne faut pas dire trop de mal des producteurs, car les pires sont bien les exploitants et distributeurs. Les producteurs, au fond, sont comme nous : ce sont des gens qui n'ont pas d'argent et qui ont besoin de faire des films. Ils sont du même côté que nous. Ils veulent travailler sans qu'on les ennuie, et ils sont, comme nous, contre la censure. Les distributeurs et les exploitants, eux, n'ont pas l'amour de ce qu'ils font. Je n'ai jamais vu un producteur qui n'ait pas l'amour de son métier. Comparé à un exploitant, le pire des producteurs est un poète. Fous, demeurés, imbéciles, innocents ou bêtes, ils sont sympathiques. Ils mettent leur argent sur des choses dont ils ne savent pas ce qu'elles vont devenir, et souvent, suivant leur bon plaisir. Un producteur est souvent un type qui achète un bouquin et tout à coup veut construire une affaire dessus. Ça marchera ou non, mais il faut qu'il fonce. L'ennui est que, comme la plupart du temps il n'a pas bon goût, il achète des mauvais bouquins. Mais c'est un entrepreneur de spectacles, un forain, donc, quel qu'il soit, il est sympathique. Et il travaille. Un producteur travaille bien plus qu'un distributeur, et un distributeur bien plus qu'un exploitant. Distributeurs et exploitants sont des fonctionnaires et c'est ça qui est terrible. Les producteurs, indépendants et libres, sont à ranger du côté des artistes. L'idéal des fonctionnaires est celui-ci : que tous les jours, à la même heure, un même film fasse entrer un même nombre de spectateurs. Ils ne comprennent rien au cinéma, car le cinéma représente le contraire des fonctionnaires.

Le public, lui, n'est ni bête ni intelligent. Personne ne sait ce qu'il est. Il est quelquefois surprenant, en général décevant. On ne peut pas compter sur lui. En un sens, c'est heureux. En tout cas il change. L'ancien public moyen du cinéma est devenu le public de télévision. Le public du cinéma se scinde : il y a celui du samedi et du dimanche, il y a celui qui cherche quelque chose. Quand les producteurs me parlent du public, je leur dis : « C'est moi qui sais ce qu'il est, car moi je vais dans toutes les salles, et je paye ma place ; vous, vous n'allez nulle part, vous n'êtes pas au courant. »

A bout de souffle, comme *Les Quatre Cents Coups*, a été un malentendu. Cela a beaucoup trop plu, grâce à un concours de circonstances. Aujourd'hui, *A bout de souffle* marcherait moins bien. Le succès dépend de milliers de choses, et on ne peut pas tout savoir. *Une femme est une femme* aussi a été un malentendu, mais dans l'autre sens. Là, on peut savoir pourquoi : c'est la faute du distributeur. Il annonçait aux gens quelque chose, chose comme du Hunebelle alors, quand les exploitants voyaient arriver le film, ils étaient furieux. Maintenant, quand on le repasse, on précise : film spécial, etc... et ça marche mieux. *Vivre sa vie*, par contre, n'a pas posé de problèmes de ce point de vue.

Filmer une pensée en marche.

– *Alors, parlons du film. A-t-il été dur ou facile à faire ?*

– C'était un film à la fois très simple et... C'était comme s'il fallait arriver à extraire des plans de la nuit, comme si les plans étaient au fond d'un puits et qu'il fallait les attirer à la lumière. Quand je sortais le plan, je me disais : tout y est, rien à retoucher, mais il ne fallait pas faire d'erreur sur ce qu'on sortait, sur ce qu'on devait sortir du premier coup. Je ne voulais pas rechercher d'effets. Je ne voulais pas faire à tout prix ceci ou cela. Je devais risquer le coup. Dans *Une femme est une femme*, c'était différent, je voulais obtenir certaines choses, par exemple le côté théâtral. Ce côté, je l'ai eu dans *Vivre sa vie*, mais sans me dire : je dois faire ceci pour l'avoir. Je savais pourtant que je l'aurais. C'était un peu du théâtre-vérité.

Cette façon de sortir les plans fait qu'il n'y a pas de montage. Il n'y avait qu'à mettre bout à bout. Ce que l'équipe technique a vu aux rushes est à peu près ce que le public a vu. De plus, j'avais tourné les scènes dans l'ordre. Il n'y a pas eu non plus du mixage. Le film est une série de blocs. Il suffit de prendre les pierres et de les mettre les unes à côté des autres. Le tout est de prendre du premier coup les bonnes pierres. L'idéal pour moi est d'obtenir tout de suite ce qui doit aller, et sans retouches. S'il en faut, c'est raté. Le tout de suite, c'est le hasard. En même temps, c'est le définitif. Ce que je veux, c'est le définitif par hasard.

J'obtiens un réalisme théâtral. Le théâtre est lui aussi un bloc qu'on ne peut retoucher. Le réalisme, de toute façon, n'est jamais exactement le vrai et celui du cinéma est obligatoirement truqué. Je rejoins le théâtre aussi par la parole : dans mon film on doit écouter parler les gens, d'autant plus qu'ils sont souvent de dos et qu'on n'est pas distrait par les visages. Le son, lui, est le plus réaliste possible. Il me fait penser à celui des premiers parlants. J'ai toujours aimé le son des premiers parlants, il avait une très grande vérité car c'était la première fois qu'on entendait des gens parler.

De façon générale, on en revient maintenant à un son et à un dialogue plus authentiques. On en a profité pour nous reprocher notre grossièreté. Dans *Un singe en hiver*, il y a des dizaines de fois le mot « merde », dans *Les Bonnes Femmes*, il y est deux ou trois fois. Mais c'est là que les gens parlent de grossièreté, car Audiard, lui, reste dans la convention. Si une fille dit à un garçon : « Pauvre con, je te déteste », dans la vie, cela fait mal. Donc, au cinéma, cela doit faire mal autant que dans la vie. C'est ce que les gens n'acceptent pas. C'est pourquoi ils ont refusé *Les Bonnes Femmes*, qui est juste et vrai, mais qui leur faisait de l'effet. On avait vraiment là le cas d'une salle qui se regardait dans un miroir.

– *Au moment de faire* Vivre sa vie, *de quoi partiez-vous ?*

– Je ne savais pas exactement ce que j'allais faire. J'aime mieux chercher quelque chose que je ne connais pas que faire mieux quelque chose que je connais déjà. En fait, le film s'est trouvé réalisé du premier coup, comme si j'étais porté, comme un article écrit du premier jet. *Vivre sa vie,* ç'a été l'équilibre qui fait que tout à coup on se sent bien dans la vie, pendant une heure ou un jour, ou une semaine : Anna, qui est pour soixante pour cent dans le film, était un peu malheureuse, car elle ne savait jamais très bien à l'avance ce qu'elle aurait à faire. Mais elle était tellement sincère dans sa volonté de jouer quelque chose que c'est finalement cette sincérité qui a joué. De mon côté, sans savoir exactement ce que j'allais faire, j'étais si sincère dans mon désir de faire le film que, les deux mis ensemble, nous avons réussi. Nous avons retrouvé à l'arrivée ce que nous avions mis au départ. J'aime beaucoup changer d'acteurs ; mais, avec elle, travailler représente autre chose. Je crois que c'est la première fois qu'elle est absolument consciente de ses moyens et qu'elle les utilise. Ainsi, la scène de l'interrogatoire dans *Le Petit Soldat* est faite sur le côté Rouch : elle ne savait pas à l'avance les questions que je lui poserai. Ici, elle a joué son texte comme si elle ne savait pas les questions. Finalement, on obtient autant de spontanéité et de naturel.

C'est une sorte d'état second qui a fait le film, et Anna n'est pas la seule à avoir donné le meilleur d'elle-même. Coutard a réussi sa meilleure photo. Ce qui m'étonne, en revoyant le film, c'est qu'il semble être le plus composé de ceux que j'ai faits, alors qu'il ne l'était vraiment pas. J'ai pris un matériel brut, des galets parfaitement ronds que j'ai mis les uns à côté des autres, et ce matériel s'est organisé. Et puis – cela me frappe seulement maintenant – d'habitude, je faisais attention à la couleur des choses, même dans le noir et blanc. Là, non. Ce qui était noir était noir, ce qui était blanc était blanc. Et les gens ont tourné avec les habits qu'ils avaient d'habitude, sauf Anna, pour qui on a acheté une jupe et un chandail.

– Pourquoi la division en douze tableaux?

– En douze, ça, je ne sais pas, mais en tableaux, oui : cela accentue le côté théâtre, le côté Brecht. Je voulais montrer le côté « aventures de mademoiselle Nana Untel ». La fin du film, elle aussi, est très théâtrale : il fallait que le dernier tableau le soit plus que tous les autres. De plus, cette division correspond au côté extérieur des choses qui devait me permettre de mieux donner le sentiment du dedans, au contraire de *Pickpocket* qui, lui, est vu du dedans. Comment rendre le dedans? Eh bien, justement, en restant sagement dehors.

Les plus grands tableaux sont des portraits. Il y a Velasquez. Le peintre qui veut rendre un visage rend uniquement l'extérieur des gens ; et pourtant, il y a quelque chose d'autre qui passe. C'est très mystérieux. C'est une aventure. Le film était une aventure intellectuelle, j'ai voulu essayer de filmer une pensée en marche, mais comment arrive-t-on à cela? On ne le sait pas toujours.

En tout cas, quelque chose passe. C'est pourquoi le cinéma d'Antonioni, avec son côté non-communicabilité, n'est pas le mien. Rossellini m'a dit que je frôlais le péché d'Antonioni, mais que je l'évitais de justesse. Je pense que, quand on a ce genre de problèmes, il suffit d'être de bonne foi. Dire que plus on regarde quelqu'un, moins on le comprend, je crois que c'est faux. Mais, évidemment, si on regarde trop les gens, on finit par se demander à quoi ça sert, c'est inévitable. Quand on regarde un mur dix heures de suite, on finit par se poser des questions sur le mur, alors que c'est un mur. On se crée des problèmes inutiles. C'est pour cela aussi que le film est une suite d'esquisses : il faut laisser les gens vivre leur vie, ne pas les regarder trop longtemps, sinon, on finit par n'y plus rien comprendre.

Les Carabiniers, Lucrèce.
   – Parmi vos projets, il y a Les Carabiniers. *Ferez-vous le film en couleurs ?*

   – Oui, mais quelle couleur exactement ? Cela m'est égal. Je serais content si j'obtenais la couleur du *Robinson* de Buñuel ou de la *Jeanne d'Arc* de Rossellini. Et je ferai le film en 16 mm. Agrandie en 35 mm, l'image sera un peu délavée, mais je n'y vois pas d'inconvénient. Peut-être même cela vaut-il mieux. Le tournage en 16 mm correspond à l'esprit du film. La grosse Mitchell, c'est un autre esprit. Pour *Vivre sa vie,* je tenais absolument à une grosse caméra. S'il y avait en plus gros que la Mitchell, j'aurais pris. J'aime bien la forme de la Mitchell : elle a vraiment l'air d'une caméra. J'étais très malheureux dans le sketch de *La Paresse,* car le producteur avait collé d'office une Debrie à tout le monde. C'est une caméra carrée qui n'a pas du tout l'esprit caméra. C'est peut-être idiot, mais j'attache de l'importance à ces choses.

De même, le tournage à la main et le tournage sur pied donnent deux styles différents. Je n'aimerais pas faire un plan fixe au Caméflex, même sur pied. Un Caméflex immobile, c'est triste, c'est fait pour bouger. Et l'on n'obtient pas un vrai plan fixe. Il y a une sorte de vibration dans l'immobile. Une Mitchell, ça c'est vraiment quelque chose de fixe.

Je vais faire aussi un sketch. Un homme sort dans la rue, tout semble normal, mais deux ou trois petits détails lui révèlent que les gens, que sa fiancée, ne raisonnent plus normalement. Il découvre par exemple qu'un café ne s'appelle plus un café. Et si sa fiancée ne vient pas à un rendez-vous, ce n'est pas qu'elle ne l'aime plus, c'est simplement qu'elle a un autre type de raisonnement. Ils n'ont plus la même logique. Un jour il prend un journal et voit qu'il y a eu une explosion atomique quelque part, alors il se dit qu'il est sans doute le seul à raisonner normalement sur la terre. Les choses sont les mêmes, tout en étant différentes. C'est anti-Rossellini, mais c'est comme ça.

Les Carabiniers seraient plutôt du côté de l'ancien Rossellini, celui de *La Machine à tuer les méchants* et de *Où est la liberté?* Le scénario est tellement fort que je n'aurai qu'à le filmer sans me poser de problèmes. Les solutions s'imposeront d'elles-mêmes. C'est l'histoire de deux paysans qui voient arriver les carabiniers. Ils ne viennent pas les arrêter, mais leur apporter une lettre du roi. En fait, c'est un ordre de mobilisation. Ils sont ennuyés, mais les carabiniers leur disent : c'est formidable, la guerre, on peut tout faire, on peut tout avoir. Ils veulent savoir quoi. « On peut partir sans payer le restaurant ? – Bien sûr ! » Et ils continuent à poser des questions, énumérant les plus petits larcins jusqu'aux plus grandes atrocités : « On peut massacrer des enfants ?

– Bien sûr! – Voler des montres aux vieillards? – Mais oui! – Casser des lunettes? – Aussi! – Brûler des femmes? – Evidemment! » Quand l'énumération est finie, ils partent pour la guerre. Le film sera méchant, car à chaque fois qu'une idée finit par émerger de leur bêtise, c'est une idée méchante.

Ils écrivent à leur femme et racontent la guerre : « Nous avons pris l'Arc de Triomphe, le Lido, les Pyramides, violé des tas de femmes et brûlé des choses : tout va bien. » A la fin ils reviennent, heureux mais estropiés, avec une petite valise : « Nous rapportons tous les trésors du monde. » Et ils sortent des tas de cartes postales représentant les monuments de tous les pays : pour eux, ce sont autant de titres de propriété, ils croient qu'une fois la guerre finie, on leur donnera tout ça. Les carabiniers disent : « Quand vous entendrez des cris et des pétards dans la vallée, ça voudra dire que la guerre est finie et que le roi vient récompenser tout le monde, allez-y et vous aurez tout. » Quelque temps après, ils entendent des cris et des explosions, ils y vont mais ce sont des coups de feu (les scènes sont analogues à celles de la lLibération). Le roi n'a pas gagné la guerre, mais il a signé la paix avec l'ennemi et ceux qui ont combattu pour lui sont considérés comme criminels de guerre. Au lieu de récupérer leurs richesses, les deux paysans sont fusillés. Tout sera très réaliste, dans une perspective purement théâtrale, on verra des scènes de guerre, sous forme de commandos, comme dans les films de Fuller, avec quelques plans d'actualités. Mais maintenant que je l'ai raconté, j'ai moins envie de le faire soudain.

– *Vous voulez faire aussi* Ubu Roi.

– Oui, un peu dans le même style. Ubu, au cinéma, doit faire très gangster, avec imperméable et chapeau mou, et on doit voir Ubu et sa clique monter dans leurs

voitures et aller dans les cafés. Quand on dit « merdre »,
il faut que ça réponde à quelque chose, il faut le dire sur
le ton de : « Merdre, j'ai raté mon train ! » et dans un dialogue presque neutre, très bressonisé.

Ce qui m'ennuie, c'est que le ton Ubu était déjà dans
Tirez sur le pianiste, et le côté réaliste était très réussi,
sans parler du texte qui était très beau. Le film, de ce
point de vue, était extraordinaire.

Je dois aussi tourner *Pour Lucrèce* de Giraudoux.
J'aurai là du théâtre à l'état pur, car je voudrais uniquement enregistrer un texte, enregistrer les voix qui le
disent. J'aimerais aussi faire un film immense sur la
France. Il y aurait tout. Il durerait deux ou trois jours.
Le film serait en épisodes, et chaque épisode serait projeté une semaine ou deux. Si on loue un cinéma pendant
un an, c'est faisable. Tout est possible. Tout montrer a
toujours été la tentation des romanciers dans leurs gros
romans. Je montrerais des gens qui vont au cinéma, et
on verrait le film qu'ils voient. Trois jours après, au
théâtre, on verrait la pièce qu'ils voient. On verrait un
intellectuel chargé d'interviewer des gens, et on verrait
les interviews. On pourrait interroger tout le monde, de
Sartre au Ministre de la Guerre, en passant par les paysans du Cantal ou les ouvriers. On y verrait aussi du
sport : courses, athlétisme, etc. Il faudrait s'organiser sur
le principe ; ensuite, aller dans toutes les directions. Le
tournage durerait trois ou quatre ans.

La TV telle qu'elle devrait être.
– *Aimez-vous la télévision ?*
– La télévision, c'est l'État, l'État, c'est les fonctionnaires et les fonctionnaires… c'est le contraire de la télévision. Je veux dire, de ce qu'elle devrait être. Mais j'aimerais beaucoup en faire. Non pas faire des films pour

la télévision, car à ce moment-là, autant les faire pour le cinéma, mais faire du reportage, par exemple. La télévision devrait être, pour ceux qui débutent, l'occasion de faire leurs premières armes, elle devrait être le violon d'Ingres de ceux qui sont arrivés.

J'aimerais faire des émissions genre essai, interviews ou récits de voyages : parler d'un peintre ou d'un écrivain que j'aime. Ou alors, carrément, des « dramatiques ». Mais en direct, car s'il faut filmer une pièce de théâtre, autant qu'elle devienne un film. Si le film, en plus, passe à la TV, alors c'est très bien. La télévision n'est pas un moyen d'expression. La preuve, c'est que, plus c'est idiot, plus c'est fascinant, plus les gens restent hypnotisés sur leurs petites chaises. C'est cela, la télévision, mais on peut espérer que ça changera. L'ennui est que, si on commence à regarder la TV, on ne s'en détache pas. Ce qu'il faut, c'est ne pas la regarder.

Il ne faut donc pas la considérer comme un moyen d'expression, mais de transmission. Il faut la prendre comme telle. S'il ne reste que ce moyen pour parler de l'art aux gens, il faut bien l'employer. Car, même de films comme *Lola Montès* ou *Alexandre Nevski*, il reste quelque chose, à la télévision, malgré la déformation des cadrages, l'écran rond, la grisaille de la photo ou l'absence de couleur. L'esprit reste. Dans *Lola Montès*, ce qu'on perdait sur beaucoup de plans, on le regagnait sur le dialogue auquel on était d'autant plus porté à faire attention. Le film arrivait à tenir uniquement par le dialogue : c'est comme cela que passait son esprit. C'est le cas de tous les bons films : il suffit qu'une partie du film subsiste et cette partie suffit à faire tenir tout le film. Donc la télévision transmet quand même l'esprit des choses, c'est très important, sans parler des choses où il n'y a que l'esprit à transmettre.

Ce qui est curieux, c'est que *Nevski*, fait sur le cadrage et la composition, passait très bien, malgré le massacre inévitable, alors que l'émission des *Perses*, de Jean Prat, basée – toutes proportions gardées – sur le même principe, ne passait pas du tout. On sentait que *Nevski* était beau. Dans une dramatique, ce qui est intéressant, ce n'est pas de « faire beau », de faire de la jolie photo. Par contre, ça peut soudain devenir intéressant dans une interview pour montrer que le personnage est beau, que ce qu'il dit est beau.

On devrait faire aussi des films de voyage. Le film sur l'Inde de Rossellini, passait admirablement. On pourrait dire à quelqu'un qui part en voyage : nous vous faisons accompagner par un ou deux types et vous leur faites faire ce qui vous intéresse. Il suffirait d'aller à Marseille ! Et les actualités ? Ce pourrait être extraordinaire. *Cinq colonnes à la une* paraît génial, mais c'est uniquement parce qu'on compare avec le reste. Et pourquoi ne ferait-on pas des actualités reconstituées, comme faisait Méliès ? Aujourd'hui, on devrait montrer Castro et Kennedy, joués par des acteurs : « Voici la triste histoire de Castro et de Kennedy !... » On ajouterait des actualités, et tout ça passionnerait les gens, j'en suis sûr. Il est vrai qu'en France, des choses comme ça risqueraient de faire cabaret plutôt qu'*Opéra de quat'sous*. Or, il faudrait être très sérieux. Brecht est sérieux. Mais Brecht ne marche pas, en France. En France, on compartimente. Il y a le Comique, il y a le Tragique. Le drame, c'est que Shakespeare est à la fois l'un et à la fois l'un et l'autre. Et Shakespeare ne marche pas, en France. Et dans le comique, il y a le boulevard et le cabaret, qui ne doivent pas non plus se mêler.

Et les faits divers ? On devrait les voir, tels qu'on les voit dans France-Soir. C'est ça l'actualité. Dans le genre, les seules choses extraordinaires qu'on puisse voir, ce sont les reconstitutions de crimes. D'abord, c'est du vrai fait divers, et ensuite il y le côté reconstitution qui est passionnant. De façon générale, le reportage n'a d'intérêt qu'inséré dans la fiction, mais la fiction n'a d'intérêt que si elle se vérifie dans le documentaire.

La Nouvelle Vague, justement, se définit en partie par ce nouveau rapport entre fiction et réalité. Elle se définit aussi par le regret, la nostalgie du cinéma qui n'existe plus. Au moment où l'on peut faire du cinéma, on ne peut plus faire le cinéma qui vous a donné envie d'en faire. Le rêve de la Nouvelle Vague, qu'elle ne réalisera jamais, c'est de tourner *Spartacus*, à Hollywood, avec dix millions de dollars. Et encore, moi, ça ne me gêne pas de faire des petits films pas chers, mais des gens comme Demy sont très malheureux.

On a toujours cru que la Nouvelle Vague, c'était le film bon marché contre le film cher. Pas du tout. C'était simplement le bon film, quel qu'il soit, contre le mauvais film. Seulement, le bon marché s'est trouvé être la seule façon de faire le film. Il est vrai que certains films sont meilleurs quand ils sont bon marché, mais il faut penser aussi aux films qui sont meilleurs quand ils sont chers.

Parler de ce qu'on connaît.

– *Et si l'on vous avait demandé de faire* Vivre sa vie *pour cent millions ?*

– Jamais je n'aurais accepté. Qu'y aurait gagné le film ? Ce que j'aurais pu faire, c'était de payer davantage les gens qui travaillaient avec moi, c'est tout. De même, je refuse de faire un film pour cent millions, quand il m'en faudrait quatre cents. On commence à me proposer des films chers : « Cessez de faire vos petits trucs, ce

223

n'est plus pour vous, faites du vrai cinéma ! Adaptez tel bouquin, on vous donne telle vedette et trois cents millions. » L'ennui, c'est qu'il faudrait quatre milliards.

Il est certain que c'est agréable de travailler à l'américaine, à la superproduction, avec un plan par jour. D'autant plus qu'ils font la même chose que moi, exactement. Le temps que je prends pour réfléchir, ils l'ont eux aussi, mais d'office. Car il y a un tel nombre de projecteurs et de fauteuils de vedettes à déplacer pour préparer le plan, que le metteur en scène n'a rien d'autre à faire qu'à réfléchir pendant qu'on fait le déménagement. Mais ils ont d'autres problèmes : à partir du moment où un film coûte trois ou quatre milliards, il devient film de producteur, et, quel que soit le producteur, il ne vous laisse pas la bride sur le cou. Même si le film est fait sciemment à perte (Bronston, par exemple, avec *Le Cid* ou *Les Cinquante-Cinq Jours de Pékin*, pour utiliser de l'argent bloqué en Espagne), le producteur vous surveille, car il ne veut pas que l'argent se perde de n'importe quelle façon.

En définitive, il n'y a qu'en France que le producteur reconnaît au moins sur le principe, la notion d'auteur. (Hitchcock est une exception, à partir du moment où les metteurs en scène ont leur nom à la porte des cinémas, lui, il a sa photo !). Le meilleur des producteurs italiens ne vaut pas grand-chose, alors que les Américains sont tout de même très forts. Ils le sont sans doute moins depuis que l'organisation des studios a disparu, mais avant, ils étaient les plus forts du monde. Les scénaristes américains aussi écrasent le moins mauvais scénariste français. Ben Hecht est le scénariste le plus fort que j'ai jamais vu. Dans son bouquin *Le Producteur*, c'est extraordinaire de voir comment Richard Brooks arrive à construire un scénario très beau et qui se tient, à partir de l'histoire sur la Mer Rouge, qu'on lui a proposée. Les Américains, qui sont beaucoup plus bêtes quand il s'agit d'analyser, réussissent d'instinct des choses très construites. Ils ont aussi le don d'une simplicité qui donne de la profondeur : voyez ce petit western, *Coups de feu dans la Sierra*. En France, si on veut faire des choses comme cela, on a l'air intellectuel.

Les Américains sont vrais et naturels. Or, cette attitude correspond chez eux à quelque chose. Il faut donc trouver ce qui, en France, correspond à quelque chose. Trouver la situation française comme ils ont trouvé la situation américaine. Pour cela, il faut commencer par parler de ce qu'on connaît. Le reproche qu'on nous a fait, c'est de ne parler que de certaines choses, mais nous parlions de ce que nous connaissions, nous cherchions ce qui nous correspondait. Le seul qui, avant nous, cherchait à voir la France, c'était Becker, et il y arrivait en filmant la haute couture ou les gangsters. Les autres ne montraient jamais la réalité. C'est à eux qu'on aurait dû faire le reproche qu'on nous a adressé, car leur cinéma, c'était l'irréalité totale. Ils étaient coupés de tout. Le cinéma était une chose, la vie, une autre. Ils ne vivaient pas leur cinéma. J'ai vu un jour Delannoy entrer dans le studio de Billancourt avec sa petite serviette : on aurait dit qu'il entrait dans une compagnie d'assurances.

Vadim est confortable.

– *Nous retrouvons là l'idée du compartimentage.*

La France est faite de compartiments. Or, dans un moyen d'expression tout est lié, et tous les moyens d'expression sont liés. Et la vie est une. Tourner et ne pas tourner, pour moi, ce n'est pas deux vies différentes. Filmer doit faire partie de la vie et ce doit être une chose naturelle et normale. Tourner n'a pas beaucoup changé ma vie, car je tournais déjà en faisant de la critique, et si je devais refaire de la critique, ce serait encore pour moi un moyen de me remettre à faire des films. Il est vrai que les choses sont différentes, suivant qu'on aime ou non préparer ses films. Si on doit préparer, alors il faut beaucoup préparer, mais il y a un danger, car le cinéma devient une chose spéciale, à part.

Le seul film intéressant de Clouzot est celui où il a cherché, improvisé, expérimenté, où il a vécu quelque chose : *Le Mystère Picasso*. Clément ou les autres ne vivent pas leur cinéma. Il est un compartiment à part, et il est lui-même fait de compartiments.

En France, je l'ai déjà dit, on ne doit pas mélanger les genres. En Amérique, un film policier peut être aussi politique et comporter des gags. On l'accepte, à la rigueur, ici, car il est américain, mais faites la même chose sur la France, et on hurle. C'est pourquoi un film policier français ne vous apprend rien sur la France. Mais il faut voir aussi que ce compartimentage de la mentalité correspond à un compartimentage de la réalité sociale.

Il ne faut pas mélanger les genres, mais il ne faut pas non plus mélanger les gens. Ils doivent être séparés. Un type n'a pas le droit de mélanger des choses et des milieux différents, et s'il veut le faire, ce lui est très difficile.

La sincérité de la Nouvelle Vague, ç'a été de parler bien de ce qu'elle connaissait, plutôt que de parler mal de ce qu'elle ne connaissait pas, et aussi de mélanger tout ce qu'elle connaissait. Parler des ouvriers ? Je veux bien, moi, mais je ne les connais pas assez. J'aimerais bien tourner 325 000 francs de Vailland, mais c'est un sujet très difficile, j'aurais très peur. Qu'attendent ceux qui les connaissent pour les filmer ? La première fois que j'ai entendu parler un ouvrier, au cinéma, ç'a été dans

Chronique d'un été. A part Rouch, tous les gens qui ont parlé des ouvriers n'avaient pas de talent. Forcément, leurs ouvriers étaient faux.

Il est vrai que maintenant, on nous fait moins de reproches, car on a fini par voir que nous arrivions à parler d'autres choses que de surprises-parties. Le seul qui n'ait fait que cela, c'est Vadim, et on ne le lui reproche pas. Lui, c'est le pire. Il a trahi tout ce qu'il a pu trahir, y compris lui-même. C'est la trahison du clerc. Il représente aujourd'hui, auprès des Pouvoirs, quelqu'un qui est parfaitement intégré économiquement et moralement, et c'est ce que les gens aiment en lui. Et il a l'appui du gouvernement, car il est très bien-pensant : dans le genre érotisme et famille on ne fait pas mieux. Le public adore cela : Vadim est confortable. Et c'est aussi pour cela qu'il est à condamner : il donne aux gens l'impression de voir du Shakespeare alors qu'il leur présente *Confidences* et *Atout cœur*. Les gens se disent : « C'est ça Shakespeare ? Mais c'est formidable ! pourquoi ne pas nous l'avoir dit plus tôt ? »

Je ne crois pas qu'on puisse sentir qu'on fait quelque chose de bête ou de méchant et continuer quand même à le faire, Vadim ne doit pas se rendre compte de ce qu'il fait, il doit croire qu'il fait du bon cinéma. Au début non plus, quand il était spontané et sincère, il ne se rendait compte de rien. Simplement, il se trouvait être à l'heure juste. Le fait d'être à l'heure juste quand tout le monde était en retard donnait l'impression qu'il était en avance. Depuis, il est resté à la même heure, quand les gens sont passés à l'heure juste. Donc il est en retard. De plus, comme il est naturellement très débrouillard, il a suivi la filière des gens qui arrivaient, des gens qui avaient eu de l'ambition du temps de l'Occupation. Il a pris exactement la place de ceux qui, il y a vingt ans, commen-

227

çaient déjà à dater. Tout s'est passé comme les changements de ministres sous la quatrième République. Il a
pris la suite dans le métier.

Avoir du métier est une chose qui a toujours beaucoup compté en France. Avant-guerre, le metteur en
scène n'était pas assimilé à un musicien ou à un écrivain,
mais à un menuisier, à un artisan. Il s'est trouvé que
parmi ces artisans, il y avait des artistes, comme Renoir,
Ophuls. Aujourd'hui, le metteur en scène est considéré
comme un artiste, mais presque tous sont restés des artisans. Ils travaillent dans le cinéma comme on travaille
dans une spécialité. Le métier, ça existe, mais pas
comme ils le croient. Carné a du métier : c'est son
métier qui lui fait faire de mauvais films. A l'époque où il
inventait son métier, il a fait des films extraordinaires.
Maintenant il n'invente plus. Chabrol, aujourd'hui, a
plus de métier que Carné, et son métier, il lui sert à
chercher. C'est un bon métier.

Unité de la NV.

– *Les cinéastes de la* Nouvelle Vague, *dans la critique
comme dans le cinéma auraient tous en commun la volonté de
chercher ?*

– Nous avons beaucoup de choses en commun. Par
rapport à Rivette, Rohmer, Truffaut, je me sens évidemment différent, mais nous avons en gros les mêmes idées
sur le cinéma, nous aimons à peu près les mêmes
romans, les mêmes tableaux, les mêmes films. Nous
avons plus de choses en commun que de différences, les
différences de détail sont grosses, mais les différences
profondes sont minces. Même si elles étaient grosses, le
fait que nous ayons tous été critiques nous a habitués à
voir les points communs plutôt que les différences.

Nous ne faisons pas les mêmes films, c'est vrai, mais

plus je vois les films dits normaux et plus je vois nos films, plus je suis sidéré par la différence. Et il faut qu'elle soit vraiment grande, puisque j'ai tendance en général à voir les points communs des choses. Avant la guerre, entre, par exemple, *La Belle Équipe* de Duvivier et *La Bête humaine* de Renoir, il y avait une différence, mais seulement de qualité. Tandis que maintenant, entre un de nos films et un film de Verneuil, Delannoy, Duvivier ou Carné, il y a vraiment une différence de nature.

Pour la critique, c'est un peu la même chose : les *Cahiers* ont gardé un style à part. Seulement, ça ne les a pas empêchés de baisser. A cause de quoi ? De qui ? Je crois que c'est dû avant tout au fait qu'ils n'ont plus de position à défendre. Avant, il y avait toujours de quoi dire. Maintenant que tout le monde est d'accord, il n'y a plus autant de choses à dire. Ce qui a fait les *Cahiers,* c'est leur position de lutte, de combat.

Il y avait deux sortes de valeurs : les vraies et les fausses. Les *Cahiers* sont arrivés en disant que c'étaient les vraies qui étaient les fausses et les fausses qui étaient les vraies. Mais aujourd'hui, il n'y a ni vrai ni faux, et tout est devenu beaucoup plus difficile. Les *Cahiers* étaient des commandos : aujourd'hui, ils sont une armée en temps de paix, qui part de temps en temps en exercice. Mais je pense que c'est une situation passagère. Pour le moment, comme toute armée en temps de paix, celle des *Cahiers* est divisée en clans, mais c'est le cas de toute la critique, surtout la jeune. Elle en est au stade où en était le protestantisme quand il s'est divisé en un nombre incroyable de sectes, de chapelles. On se jette les metteurs en scène à la tête, car chacun a le sien, et quand on en aime un, on doit obligatoirement détester l'autre.

Et puis je suis dérouté par certaines choses. A l'étranger, les *Cahiers* ont une influence énorme. Or, tout le monde est d'accord là-dessus : quand on va à l'étranger, on voit des gens qui vous disent : « Freda, vous croyez que c'est sérieux ! » On a déjà eu du mal à leur faire admettre que des types comme Ray et Aldrich avaient du génie, mais quand ils voient des interviews de gens comme Ulmer, ils abandonnent ! Je suis pour la politique des Auteurs, mais pas n'importe laquelle, je trouve que vouloir ouvrir la porte à tout le monde absolument est une chose très dangereuse. L'inflation menace.

L'important n'est pas de vouloir à tout prix découvrir quelqu'un. Le côté snob du jeu de la découverte, il faut le laisser à l'*Express*. L'important est de savoir discerner qui a du génie et qui n'en a pas, d'essayer, si on peut, de définir le génie ou de l'expliquer. Il n'y en a pas beaucoup qui essaient.

Il est vrai que pour les critiques de maintenant, tout est devenu très difficile, et, beaucoup des défauts qu'on a maintenant aux *Cahiers*, nous les avions déjà eus. De toute façon, nous avons en commun le fait que nous cherchons : ceux qui ne cherchent pas ne font jamais très longtemps illusion, les choses finissent toujours par s'éclaircir.

(Propos recueillis au magnétophone,
par Jean Collet, Michel Delahaye, Jean-André Fieschi,
André S. Labarthe et Bertrand Tavernier.)

Cahiers du cinéma, n° 138, décembre 1962.
N° spécial Nouvelle Vague.

Entretien avec Eric Rohmer
L'ancien et le nouveau

C'est avec un cinéaste, Eric Rohmer, que nous voulions depuis longtemps déjà nous entretenir. Mais pour nous, aux *Cahiers*, il ne peut s'agir que de redonner à Eric Rohmer une parole qui, pour s'être tue à l'occasion de l'abandon d'une forme d'écriture au profit d'une autre, n'a jamais cessé de nous guider. Car, en délaissant le marbre des *Cahiers*, ne nous a-t-il pas donné sur celluloïd ses plus belles critiques ? Aussi, après la table ronde qui précède et l'entretien que nous eûmes le mois dernier avec Jean-Luc Godard, celui qui suit est-il à lire dans le même sens d'un éclaircissement de nos propres positions critiques, portant l'accent sur la continuité d'une ligne des *Cahiers* dont Eric Rohmer et Jacques Rivette assurèrent (pour ce qu'elles eurent de meilleur) tout à la fois la ferme orientation et la souplesse (plus grande que l'on s'est parfois plu à l'imaginer). Le titre que nous donnons à cet entretien fait écho à un tel souci ; il voudrait aussi, à bien entendre la conjonction, moins additive qu'explicative, suggérer que le cinéma moderne en la personne d'un de ses meilleurs représentants se reconnaît un site dans le domaine instauré par Griffith, tout comme la critique ne saurait être vraiment nouvelle sans trouver chez Maurice Schérer le secret d'une telle nouveauté. Et, venant après le texte de Pier Paolo Pasolini (*Le cinéma de poésie*, cf. précédent numéro), c'est un tour théorique que prit d'abord cet entretien avec le champion d'un cinéma de prose.

– J'admire Pasolini de pouvoir écrire ce genre de choses, tout en tournant des films. La question du langage cinématographique m'intéresse beaucoup, bien que je ne sache pas si c'est un vrai ou un faux problème, et qu'elle risque de détourner du travail même de création. Cette question, parce qu'elle est extrêmement abstraite, demande d'adopter une attitude en face du cinéma qui n'est ni celle de l'auteur, ni même celle du spectateur. Elle nous interdit de goûter le plaisir que procure la vision du film. Cela dit, je suis d'accord avec Pasolini sur le fait que le langage cinématographique est en réalité un style. Il n'y a pas de grammaire cinématographique, mais plutôt une rhétorique qui, d'ailleurs, est d'une part extrêmement pauvre, d'autre part extrêmement mouvante.

– *Ce qui peut sembler également intéressant dans le point de vue de Pasolini, c'est la distinction qu'il propose de faire entre deux moments du cinéma : un âge qui serait l'âge classique et un âge qui serait l'âge moderne du cinéma, la différence entre eux étant,* grosso modo, *que pendant longtemps l'auteur, le metteur en scène, a mis tout son art à effacer les signes de son intervention, à s'effacer derrière son œuvre, alors que, de plus en plus, il manifeste sa présence...*

– Sur ce point, je ne suis pas du tout d'accord avec Pasolini. Je ne crois pas que le cinéma moderne soit forcément un cinéma dans lequel on doive sentir la caméra. Il se trouve qu'actuellement, il y a beaucoup de films où l'on sent la caméra, il y en a eu autrefois aussi beaucoup, mais je ne crois pas que la distinction entre cinéma moderne et cinéma classique puisse résider dans cette affirmation. Je ne pense pas que le cinéma moderne soit exclusivement un « cinéma de poésie », et le cinéma ancien, rien qu'un cinéma de la prose ou du récit. Pour moi, il y a une forme du cinéma de prose et du cinéma « romanesque », où la poésie est présente, mais n'est pas voulue d'emblée : elle vient de surcroît, sans qu'on la sollicite expressément. Je ne sais pas si je peux m'expliquer sur ce point, dans la mesure où cela m'obligerait à porter des jugements sur les films de mes contemporains, ce à quoi je me refuse. En tout cas, il me semble que les *Cahiers* d'une part, les critiques d'autre part, ont trop tendance à s'intéresser surtout à ce cinéma où l'on sent la caméra, l'auteur – ce qui ne veut pas dire que ce soit le *seul* cinéma d'auteur – au détriment d'un autre cinéma, le cinéma de récit, que l'on considère d'emblée comme classique, alors qu'à mon avis il ne l'est pas plus que l'autre. Pasolini cite Godard et Antonioni. On pourrait citer aussi Resnais et Varda. Ce sont des cinéastes très différents, mais qui, d'un certain point de vue, sont à mettre dans le même sac.

Quant à ceux dont je ne dis pas que je les préfère à ceux-là, mais qui me semblent plus proches de ce que moi-même j'essaie de chercher, quels sont-ils ? Des cinéastes chez qui l'on sent la caméra, mais ce n'est pas la chose essentielle : c'est la chose filmée qui a davantage d'existence autonome. Autrement dit, ils s'intéressent à un univers qui n'est pas d'emblée un univers cinématographique. Le cinéma, pour eux, est moins une fin qu'un moyen, alors que chez Resnais, Godard ou Antonioni, on a l'impression que le cinéma se contemple lui-même, que les êtres filmés n'ont d'existence qu'à l'intérieur du film ; ou du cinéma en général. Pour eux, le cinéma est un moyen de nous faire connaître, de nous révéler des êtres, tandis que pour les « modernes », le cinéma serait davantage un moyen de faire se révéler le cinéma.

Ce sont des cinéastes qui n'ont tourné que peu de films, et dont je ne sais pas s'ils ne changeront pas, s'ils ne passeront pas de l'autre côté. Je prends leurs films tels qu'ils sont, et d'ailleurs moins les films en entier que certains moments de leurs films : certains passages par exemple d'*Adieu Philippine*, en particulier la scène des guêpes, ou bien ce film pour lequel vos éloges ont été mesurés et que j'aime énormément : *La Vie à l'envers* d'Alain Jessua. Ou encore Chabrol dans ce qu'il a de meilleur – parce que évidemment chez Chabrol il y a aussi le côté cinéphile, mais c'est un côté mystificateur et qui ne me semble pas le plus profond. Les personnages de Chabrol sont intéressants indépendamment du fait qu'ils sont filmés. Voilà un cinéma qui ne se met pas en avant lui-même, mais qui nous propose des situations et des personnages, alors que, dans l'autre cinéma, les personnages me semblent moins intéressants dans la mesure où ils définissent avant tout une conception du cinéma.

– *Peut-être ces deux catégories peuvent-elles se confondre : dans* Bande à part, *on trouve des personnages intéressants par eux-mêmes et auxquels le cinéaste donne une existence réelle, et, en même temps, un cinéma qui s'interroge sur lui-même.*

– Cela peut aller de pair. Mais, précisément, ces réflexions, je les ai faites un peu après la vision de *Bande à part* : votre exemple tombe mal. *Bande à part* est un film extrêmement touchant, où Godard nous émeut ; mais ce n'est pas les personnages qui nous émeuvent, pas du tout. C'est autre chose. Les personnages en tant que tels, cette fille et ces deux garçons, ne sont intéressants que par leur place à l'intérieur du film et par leurs rapports avec l'auteur. Tandis que les personnages des *Godelureaux* nous intéressent indépendamment de la façon dont l'auteur s'exprime et défend son idée du cinéma à travers eux, bien qu'ils soient aussi tout à fait photogéniques.

– *N'assiste-t-on pas aujourd'hui à une sorte d'évolution d'ensemble de la fonction des personnages, qui sont de moins en moins considérés pour eux-mêmes et en eux-mêmes, et jouent de plus en plus le rôle de prétextes, de masques pour l'auteur ?*

– Dans les films que je cite, les personnages ne sont pas des prétextes. Et puis ça ne prouve rien. Je parle en mon nom personnel, je dis que je me sens plus d'affinités avec certains cinéastes, malgré tout ce qui me sépare d'eux, sur d'autres plans. J'ai l'impression que, de plus en plus, ma recherche s'oriente dans ce sens, et je revendique la modernité de la chose. Un cinéma où la caméra est invisible peut être un cinéma moderne. Ce que je voudrais faire, c'est un cinéma de caméra *absolument* invisible. On peut toujours rendre la caméra moins visible. Il y a du travail (encore) dans ce domaine.

Moderne est d'ailleurs un mot un peu galvaudé. Il ne faut pas chercher à être moderne, on l'est si on le mérite. Et il ne faut pas avoir peur non plus de ne pas être moderne. Il ne faut pas que cela devienne une hantise.

– Pour nous, la revendication d'une modernité a valeur polémique : les cinéastes modernes sont tous ceux – y compris des cinéastes qui ont une longue carrière, comme Renoir – qui non seulement ont donné existence à leur monde, mais en même temps redéfini chaque fois le cinéma par rapport à eux, qui l'ont orienté dans un nouveau sens.

– Ce sens, quel est-il ? Ce qui est remarquable avec le cinéma, c'est qu'on peut tout faire, alors que, en musique ou en peinture, il y a des tabous, des interdits. En musique, il faut choisir d'être avant la musique dodécaphonique ou après ; en peinture, d'être avant la peinture abstraite ou après. Mais au cinéma, s'il faut bien sûr choisir d'être avant le parlant ou après, ce choix est dicté par la seule technique. Toutes les fois qu'on a essayé de défendre les techniques nouvelles, on a eu raison, et l'histoire, le temps ont justifié cette attitude. Inversement, chaque fois que quelqu'un a essayé de défendre une position durement esthétique, même si elle semblait s'accrocher à des innovations techniques, il s'est toujours trompé, quelque intelligent qu'il fût. Par exemple, André Bazin : ce qu'il y a de plus contestable chez lui, c'est précisément sa défense d'un nouveau cinéma en tant que fondé sur la profondeur de champ. Cela n'a pas tenu du tout. De même en ce qui concerne un cinéma qui serait purement réaliste. Ou encore un cinéma qui serait purement « cinéma de poésie » ; ou un cinéma tel que celui de Resnais, où la chronologie disparaîtrait, où le subjectif et l'objectif seraient mélangés. On ouvre les portes, mais ce sont des portes sans issue. Ces innovations n'ont pas forcément de postérité. On n'a jamais pu dire dans quel sens le cinéma pouvait aller. Il s'est trouvé que chaque fois qu'on a cru qu'il allait dans un sens, il est allé dans un sens tout à fait différent.

Ce qu'il y a de mieux et de vrai dans la Nouvelle Vague, c'est son apport technique, tant en ce qui concerne la réalisation que la production. C'est le fait de tourner des films bon marché. C'est une chose qui est entrée dans les mœurs et sur laquelle on ne peut revenir.

*– A ces innovations techniques qui ont eu une heureuse postérité, ne faut-il pas ajouter l'évolution d'une technique plus générale, comme celle du récit, qui a connu des variations nombreuses, qui s'est figée en un certain nombre de conventions au moment du règne d'*Hollywood, *et qui maintenant réagit contre ces conventions : la chronologie, par exemple, n'est-ce pas une technique au même titre que la caméra sur pied ou que le champ-contrechamp, et, en tant que technique, n'est-elle pas susceptible de renouvellements ?*

– Je suis pour le champ-contrechamp et je suis pour la chronologie. Je ne veux pas dire qu'il faille toujours faire du champ/contrechamp et toujours respecter l'ordre chronologique, je ne pense pas que ce soit consubstantiel non plus au cinéma, mais enfin, si l'on peut raisonner par analogies, le récit morcelé à la Dos Passos, ou bien le monologue intérieur à la Joyce et à la Faulkner n'ont tout de même pas interdit de revenir à la façon que l'on dit classique de raconter, et même dans les œuvres qui, en fin de compte, sont aussi modernes. Voyez les gens qui ont voulu imiter Faulkner ou Dos Passos, ils ont fait ce qu'il y a de plus affreux, c'est-à-dire du Sartre style *Chemins de la liberté.*

Mais il faut se garder de raisonner par analogies : le roman n'est pas dans la même situation que le cinéma maintenant. Je pense que c'est en respectant l'ordre chronologique qu'on ira le plus loin et qu'on sera le plus moderne. C'est une opinion purement personnelle, je ne suis pas en mesure de prouver sa vérité. Mais les expériences qu'on a faites dans la recherche d'un cinéma non chronologique prouvent que c'est une voie peu intéressante. Notez d'ailleurs que la plupart des cinéastes que j'ai cités suivent l'ordre chronologique. Même Godard n'a rien fait jusqu'ici de vraiment non-chronologique.

– Ce n'est pas tellement quant à la chronologie que la technique du récit évolue aujourd'hui. C'est plutôt la façon même de conduire l'histoire, de stucturer l'intrigue, qui subit les plus grands bouleversements : il y a davantage d'ellipses, ou bien on passe sur certaines choses considérées longtemps comme essentielles pour en mettre d'autres en valeur...

– Là, je suis de votre avis. C'est-à-dire que ce que l'on montrait autrefois, on ne le montre plus maintenant, et ce que l'on ne montrait pas, on le montre. Mais le cinéma poétique n'est pas le plus propre à faire cela ; il serait, me semble-t-il, du point de vue des ellipses, plus traditionaliste que l'autre, dans la mesure où il montrerait surtout les moments forts de l'action. Le cinéma poétique est souvent fait de morceaux de bravoure. C'est plutôt dans un cinéma qui ne se veut pas poétique, qui se veut prosaïque, qu'on peut trouver une tentative de briser le mode traditionnel du récit, mais d'une façon souterraine, pas d'une façon spectaculaire, pas en empruntant certaines techniques au roman. Sur ce point je n'ai pas du tout changé : je pense qu'il ne faut pas transposer au cinéma certains procédés des romanciers. Parce qu'il faut que la chose soit spontanée et vienne au cinéaste pour les besoins mêmes de son expression, tout naïvement, sans référence aucune.

– *Prenons le cas de Bresson...*

– Mais Bresson, je ne sais pas dans quelle catégorie le placer. On peut très bien dire qu'il est au-dessus des catégories, mais je n'en suis pas sûr. J'aurais plutôt tendance, actuellement, à le mettre dans celle du cinéma poétique, plutôt que du cinéma de récit. C'est un cinéaste chez qui la présence de la caméra se sent, même par son absence, si j'ose dire. La caméra est effacée, mais cet effacement même indique qu'elle pourrait être là. On sent énormément, chez Bresson, le cinéaste. Je pense que ce qui l'intéresse, c'est la *façon de montrer* les choses, mais pas de montrer *certaines* choses. Autrement dit, le cinéma serait assez une fin pour lui, et pas un moyen.

Parlons un peu, si vous voulez, de la dédramatisation. Je n'aime ni le mot, ni la chose. Lorsqu'on demandait à un cinéaste des années 40, par exemple Jacques Becker : « Quel film tourneriez-vous si vous pouviez vraiment le faire en toute liberté ? », il répondait : « J'aimerais tourner un film sans histoire. » Il y a beaucoup de gens qui sont de cet avis. Je pense, moi, qu'un cinéma peut être moderne et raconter une histoire. Je ne vois pas pourquoi le fait de ne pas raconter d'histoire serait plus moderne qu'autre chose. C'est peut-être vrai du roman moderne, mais il faut considérer le cinéma en lui-même. Il faut non seulement oublier ce qu'est la littérature moderne, il faudrait même oublier ce qu'est le cinéma, et c'est pourquoi je n'aime plus trop en parler. Il faut aller de l'avant, sans penser à quoi que ce soit. Mais il y a des cinéastes qui ne peuvent pas ; il y a des cinéastes qui aiment à réfléchir sur le cinéma et partir de cette réflexion lors de la création, chez qui le cinéma jette continuellement regard sur lui-même. Je ne sais pas dans quelle catégorie je suis, je ne peux pas juger, mais je préférerais être dans la seconde catégorie, et chaque fois que je vois un cinéma très ouvert au monde extérieur, cela me séduit, peut-être parce que je trouve qu'actuellement le cinéma n'est pas assez ouvert à ce monde, est un peu trop refermé sur lui-même. Soit expressément, soit de façon sournoise.

– *Revenons à votre exemple de la scène des guêpes chez Rozier : ce serait, semble-t-il, avant tout un moment poétique...*

– Oui. Ce que je voulais dire, c'est que, même filmée d'une autre manière, même filmée par n'importe qui, elle serait restée toujours telle, tout aussi poétique. Ça ne veut pas dire que Rozier n'ait pas fait un travail de caméra très important, mais qu'il a donné au spectateur le sentiment d'une existence indépendante de la scène. On peut distinguer un cinéma de poésie d'un cinéma qui filme la poésie. Personnellement, puisque je fais des documentaires pédagogiques, j'aime bien filmer la poésie, quoique ce soit une chose quasiment impossible. Le cinéma est un moyen pour faire découvrir la poésie, soit la poésie d'un poète, soit la poésie du monde. Mais ce n'est pas le cinéma qui est poétique, c'est la chose montrée qui l'est. Dans *La Vie à l'envers*, on a l'impression que la poésie est dans l'univers montré beaucoup plus que dans la façon dont le cinéaste le montre. Ce qu'on ne pourrait pas dire des films cités par Pasolini : là, ce n'est pas l'univers qui est poétique, c'est le regard du cinéaste qui le poétise. C'est très net dans *Alphaville*, qui devient fantastique par la seule façon dont Godard prend un univers banal et le rend fantastique.

– *Vous avez mis le doigt sur une définition plus sérieuse du moderne : le cinéma, aujourd'hui, est un art qui se regarde, qui se retourne sur lui-même. Le premier objet du cinéaste semble être la question : qu'est-ce que le cinéma, qu'a-t-il été jusqu'à présent, que peut-il être ? Cela n'est pas votre problème... Mais est-il possible de continuer à faire du cinéma aujourd'hui sans se poser ce problème préalable ? Est-il possible de conserver ou de retrouver cette spontanéité, cette naïveté des grands cinéastes qui ne se posaient pas le problème du cinéma, mais celui du monde ?*

– Je ne peux vous répondre que sur mon cas. Pour moi, il est certain que, depuis que je tourne assez régulièrement, j'éprouve de moins en moins le besoin d'une part de réfléchir sur le cinéma, et d'autre part, même, d'aller au cinéma. J'y vais très peu. C'est peut-être une question de tempérament. Je ne sais pas si l'on peut en tirer une règle générale. Il est possible que des gens ayant la même idée que moi du cinéma, au contraire, y aillent énormément.

– *Un cinéma qui se tourne vers le monde et qui ne se prend pas lui-même pour objet, c'est bien sûr le cinéma américain tel que vous l'avez défendu aux* Cahiers.

– Je suis très en dehors du coup. Je vous dirais presque que je ne sais pas si un film est américain ou pas. A un certain moment, j'ai beaucoup aimé le cinéma américain, mais, actuellement, ce côté américain m'intéresse moins. Quand je dis qu'il peut y avoir un cinéma moderne qui ne soit pas une réflexion sur le cinéma, cela n'entraîne pas que ce soit un cinéma naïf. Je distingue deux cinémas, le cinéma qui se prend pour objet et comme fin, et celui qui prend le monde pour objet et qui est un moyen. Mais je peux très bien réfléchir sur le cinéma en tant que moyen et, là-dessus, j'ai beaucoup d'idées. Les Américains étaient très naïfs, c'est-à-dire qu'ils n'ont jamais écrit, ils n'ont jamais réfléchi sur le cinéma, ni en tant que moyen, ni en tant que fin. Si vous les interrogez, presque tous (à part peut-être Hawks qui a certaines idées sur le cinéma en tant que moyen, mais des idées très simples) ont réfléchi sur le cinéma en tant que technique ou bien sur le monde en tant qu'objet, c'est tout. Nous, nous pouvons réfléchir à la fois sur le cinéma en tant que fin et en tant que moyen. Ça a l'air de vous choquer que je dise que le cinéma est un moyen et non une fin.

– *Non, pas du tout.*

– Je m'aperçois que des critiques, souvent, admirent certains des films que j'ai cités, mais ne savent pas très bien qu'en dire, alors que chaque fois qu'un film prend le cinéma comme objet, on peut en parler, on en parle beaucoup. Lorsque ce n'est pas le cas, on dit des choses que je trouve plus banales, plus conventionnelles : en somme, on finit par le considérer comme un bon film classique, ce qu'à mes yeux il n'est pas.

– *Si beaucoup de films aujourd'hui semblent plus complexes, plus abstraits, cela vient peut-être du fait que le monde qu'ils prétendent décrire semble lui-même plus complexe, plus abstrait, plus indéfinissable. Cela vient peut-être du fait que le monde ne peut pas se réduire à un scénario linéaire.*

– Je ne suis pas d'accord. Vous allez dire que je suis réactionnaire, et pas seulement classique : pour moi, le monde ne change pas, du moins tellement peu. Le monde est toujours le monde, ni plus confus ni plus clair. Ce qui change, c'est l'art, c'est la façon de l'aborder.

– *Cela revient au même.*

– Le problème qui nous occupe n'est pas celui d'une conscience plus ou moins grande des moyens d'expression, ni du passage d'un stade naïf à un stade intellectuel : il s'agit d'opposer un art qui serait enfermé en lui-même, qui se contemplerait lui-même, et un art qui contemplerait le monde. Mais cette contemplation du monde peut être différente, même si le monde ne change pas, dans la mesure où nous avons des moyens d'investigation différents. C'est une chose que j'apprends, ne serait-ce qu'en faisant de la télévision scolaire documentaire : on a une donnée et on a un moyen, mais ce moyen peut nous faire découvrir dans cette donnée des choses que nous ne connaissions pas. Il ne s'agit pas du fait que le monde change, il s'agit de découvrir dans le monde des choses différentes. Ce que j'aime dans les films dont je parlais, c'est qu'ils nous font découvrir des choses différentes : ce qui est intéressant dans le cinéma, c'est qu'il est un instrument de découverte. Et cette découverte peut aller extrêmement loin. Notez qu'il en va de même pour l'art, il est toujours une découverte. Vous me répondrez que le cinéma poétique est aussi un moyen de découverte du monde. Peut-être, mais ce n'est pas ce que vous disiez. Cette propriété qu'il a de découvrir le monde n'est pas ce qu'on met généralement en avant...

– *Le cinéma comme moyen de découvrir le monde, c'est, à la limite, le cinéma-vérité. Or, votre démarche est assez éloignée de celle du cinéma-vérité.*

– Le cinéma-vérité m'a toujours intéressé dans la mesure où il est une technique. Cette technique, finalement, je ne l'ai pas employée, bien que j'ai eu envie de le faire. Mais il faut distinguer ce que l'on aime et ce que l'on fait. Sur beaucoup de points, je suis très hostile au cinéma-vérité. J'ai toujours rêvé, je le ferai un jour probablement, dans une œuvre pédagogique plutôt que dans une œuvre romanesque, de laisser les interprètes improviser leur texte.

La vérité qui m'a intéressé jusqu'ici, c'est celle de l'espace et du temps : l'objectivité de l'espace et du temps. Prenons par exemple *Place de l'Etoile* : j'ai essayé de reconstituer la place de façon qu'elle apparaisse vraiment, car, au cinéma, il est souvent très difficile de donner l'idée d'un espace, d'un lieu ; et, ce qui m'intéresse, c'est d'essayer de rendre ce lieu à partir de ces éléments fragmentaires. Je n'ai pas voulu, avec ces éléments, créer un lieu tout à fait différent, ce que font certains cinéastes, filmant Paris, et en faisant New York, ou bien une ville de 1960, et en faisant une ville de l'an 2000. Au contraire, j'ai le sentiment qu'il est très difficile de rendre la réalité telle qu'elle est, et que la réalité telle qu'elle est sera toujours plus belle que mon film. En même temps, seul le cinéma peut donner la vision de cette réalité telle qu'elle est : l'œil n'y parvient pas. Donc, le cinéma serait plus objectif encore que l'œil. Il fallait faire en sorte que la place de l'Etoile fût présente à la fois par la façon de filmer et par la façon de raconter : le récit est au service même du lieu, il est fait pour mettre en valeur le lieu. C'est cela que j'appelle la recherche de la vérité ; c'est cette vérité-là qui m'intéresse, alors que ce n'est peut-être pas cette vérité de l'espace qui intéresse le cinéma-vérité, mais une vérité psychologique, sociologique ou ethnologique : il y a des milliers de vérités possibles.

De même m'intéresse la durée, l'objectivité de la durée. Présenter une durée pas forcément réelle, mais qui existe indépendamment de la façon dont je la montre. Je ne pense pas que le cinéma dit classique soit arrivé jusqu'au bout de cette reconstruction et découverte à la fois de l'espace et du temps, il en est resté à mi-chemin. Il faut aller plus loin, et d'ailleurs, on n'y arrivera jamais, c'est évident, mais on peut parvenir à une approximation très grande.

– *Parallèlement à ces préoccupations, vous avez celle du moraliste...*

– Oui, puisque ce qui m'intéresse, c'est montrer les êtres et que l'homme est un être moral. Mes personnages ne sont pas des êtres purement esthétiques. Ils ont une réalité morale qui m'intéresse au même titre que leur réalité physique. En ce qui concerne mes *Contes Moraux*, je considère qu'ils sont composés à la machine électronique. Etant donné l'idée de « contes moraux », si je mets « conte » d'un côté de la machine et « moral » de l'autre, si l'on développe tout ce qui est impliqué par conte et tout ce qui est impliqué par moral, on arrivera presque à poser la situation, car, un conte moral n'étant pas un conte d'aventure, ce sera forcément une histoire en demi-teinte, donc une histoire d'amour. Dans une histoire d'amour, il y a forcément un homme et une femme. Mais s'il y a un homme et une femme, ce n'est pas très dramatique ; ou alors, il faudrait faire entrer en jeu des empêchements : la société, etc. Donc, il vaut mieux qu'il y ait trois personnages : disons un homme et deux femmes, puisque je suis un homme et que mes contes sont des récits à la première personne. Ainsi, les thèmes des *Contes Moraux* découlent de l'idée même de conte moral. Une fois trouvé le thème, vous pourrez déduire le contenu de chacun des six récits. Dans le premier, la situation apparaîtra sous la forme la plus simple : le choix ne se posera pas vraiment en termes de morale, mais simplement de convenance quasi-matérielle. Un garçon cherche une fille, il s'ennuie, il en trouve une autre. Et, étant donné ce côté matériel, le thème de l'alimentation aura de l'importance : ce sera donc la boulangère. Le second sera ce même thème inversé : le garçon n'est pas attiré, mais repoussé, par la fille. Le troisième, qui n'est pas encore tourné, est celui dans lequel le choix se posera enfin en termes de morale, et même de religion, puisque le personnage principal est catholique. Et ainsi de suite. J'aurais très bien pu prendre une machine pour trouver ces sujets, donc je ne suis pour rien dans ces histoires. Ces problèmes dont nous parlons, je ne m'en suis jamais soucié en faisant des films.

– *Dans quelle mesure alors la pratique du cinéma a-t-elle modifié vos idées sur le cinéma ?*

– On peut dire que j'ai pris le contrepied de mes idées. Même, je me demande si j'ai eu des idées. A bien y réfléchir, je crois que Bazin a eu des idées et que nous, nous avons eu des goûts. Les idées de Bazin sont toutes bonnes, ses goûts sont très contestables. Les jugements de Bazin n'ont pas été ratifiés par la postérité, c'est-à-dire qu'il n'a vraiment pas imposé un grand cinéaste. Il en a aimé certains qui sont grands, mais je ne pense pas que ce qu'il en a dit les ait vraiment imposés. Nous, nous n'avons pas dit grand-chose d'important sur la théorie du cinéma, nous n'avons fait que développer les idées de Bazin. En revanche, je crois que nous avons trouvé les bonnes valeurs, et les gens qui sont venus après nous ont ratifié nos goûts : nous avons imposé des cinéastes qui sont restés et qui, je crois, resteront. J'ai été amené à agir contre mes théories (si jamais j'en ai eu). Quelles étaient-elles ? Le plan long, le découpage plutôt que le montage. Ces théories, pour la plupart, étaient reprises de Bazin et de Leenhardt. Leenhardt les avait définies dans un article qui s'appelait *A bas Ford, vive Wyler*, où il disait que le cinéma moderne est un cinéma non de l'image ou du montage, mais de plans et de découpage. Or, j'ai fait un cinéma qui est avant tout de montage. Jusqu'ici, le montage est la partie la plus importante dans mes films. A la rigueur, je pourrais ne pas assister au tournage, mais il faut que je sois au montage. D'autre part, au tournage, je m'intéresse de plus en plus au cadre et à la photographie, plutôt qu'au plan. Je crois moins au plan qu'autrefois.

Autre idée, qui a été commune à tous les gens de ma génération : la direction des acteurs. Je pensais que c'était au cinéma la chose la plus importante, et j'ai toujours eu une certaine appréhension dans ce domaine. J'avais peur de ne pas savoir diriger les acteurs. Maintenant, je pense que la direction des acteurs est un faux problème, cela n'existe pas, il n'y a pas de souci à se faire, c'est la chose qui soit la plus simple au cinéma. Ainsi mes préoccupations sont exactement le contraire de ce qu'elles étaient, mais cela me paraît naturel.

— *Vos goûts en matière de cinéma correspondent peut-être plus à ce que vous faites que vos théories... Quelles seraient les références cinématographiques de vos films ?*

— Je n'en ai pas. Si j'en avais, je serais peut-être paralysé. J'admire les gens qui peuvent dire : « Je me suis demandé ce qu'Hitchcock ferait à ma place. » Personnellement, non seulement je ne me le demande pas, mais je ne vois même pas comment je pourrais me le demander, parce que je ne sais pas ce que fait Hitchcock : quand je vois un film, je ne pense pas du tout à la technique, et je serais incapable de plagier un film. J'ai le souvenir de ce qui s'y passe, je vois des moments intéressants, un visage qui a une expression extra-ordinaire, mais la façon dont c'est montré, je ne la vois pas à la première ni même à la seconde ou troisième vision, et ça ne m'intéresse pas. Quand je tourne quelque chose, je pense à la chose que je montre. Si je veux montrer cette chaise, cela me posera des problèmes, il se peut que je tâtonne, mais le fait qu'une fois Hitchcock ou Renoir ou Rossellini ou Murnau ont filmé une chaise ne me sera d'aucun secours. Quand j'ai fait des petits films d'amateur muets, j'ai certainement été inspiré par Murnau, enfin je croyais surtout être inspiré par lui, ou bien par Fritz Lang ou par Griffith : ce sont les très vieux cinéastes, ceux chez lesquels j'aurais pu trouver le génie du cinéma, de même qu'on peut trouver le génie de la langue chez les classiques. Quand j'écris, ce serait plutôt à Tacite que je pourrais parfois penser, ou à Virgile, plutôt qu'à Marcel Proust ou à Jean Paulhan. De ce point de vue, je m'oppose assez à la plupart des gens des *Cahiers* qui, au contraire, aiment bien les références.

– *Et de qui l'on pourrait dire, ils l'ont dit eux-mêmes, que leurs critiques étaient leur premier film. Ce n'est pas votre cas.*

– Je ne pense pas. J'ai tourné des petits films amateurs en même temps que j'écrivais. Je crois que tous, aux *Cahiers*, nous avons commencé très vite, sinon à tourner, parce que nous n'en avions pas les moyens, du moins à vouloir faire du cinéma. Nous faisions de la critique intéressée. Nous ne sommes pas des critiques qui avons passé au cinéma, mais des cinéastes qui avons fait un peu de critique pour commencer.

Quand je filme, je réfléchis sur l'histoire, sur le sujet, sur la façon d'être des personnages. Mais la technique du cinéma, les moyens employés me sont dictés par le désir de montrer quelque chose. Autrement dit, si je fais des plans

courts, ce n'est pas du tout que j'aime les plans courts plutôt que les longs, c'est que, pour ce que je veux montrer, le
plan court est plus intéressant. S'il se trouvait que je ne pouvais le montrer qu'en plans longs, je ferais des plans longs.
Je n'ai aucune forme *a priori*, c'est certain.

– *Godard disait qu'il y avait deux catégories de cinéastes :
ceux qui voulaient faire du cinéma à tout prix, ceux qui voulaient faire un certain film. Vous seriez plutôt dans la seconde.
Et pourtant, vous travaillez sur la télévision scolaire, sur des sujets
de commande...*

– Je ne considère pas du tout la télévision scolaire comme
un travail alimentaire. C'est, bien sûr, un champ d'expériences moins libre que ce cinéma d'auteur que je veux faire
avec mes *Contes Moraux*. Il y a un côté œuvre, sinon imposée, du moins de circonstance, œuvre proposée. Je m'en
accommode très bien. C'est même un stimulant, quand on
me propose quelque chose, de me dire : « Est-ce que je le
fais, est-ce que je le fais pas ? » Alors que je n'aurais peut-
être pas eu l'idée de le faire.

– *Il y a un trait commun à vos critiques, à vos films et à vos
émissions de télévision, c'est un certain esprit didactique.*

– Il y a non seulement le cinéma romanesque, poétique,
de fiction, mais aussi le cinéma qu'on disait autrefois documentaire, que maintenant on aime bien appeler d'un terme
que j'aime moins parce qu'il est prétentieux : information.
C'est-à-dire un cinéma didactique. Dans ce domaine, il y a
peut-être plus à faire que dans le cinéma de fiction, et je
m'en suis aperçu grâce à la télévision scolaire. Là, il faut
faire une sorte de violence au cinéma lui-même, qui, bien
qu'il ait une aptitude documentaire innée, n'est pas toujours en mesure de traiter certains sujets, parce qu'ils ne
sont pas visuels.

Autrement dit, il faut « visualiser ». J'éprouve une certaine répugnance à la chose, et en même temps, je suis inté-

ressé par ça : j'éprouve une répugnance à rendre visuel quelque chose qui ne l'est pas, mais, lorsque cette chose peut l'être, c'est extrêmement intéressant. Il faut intervenir par un biais, il faut trouver ce biais. Ce qui m'intéresse, c'est de faire connaître par le cinéma des choses qui se dérobent à la connaissance par ce moyen d'expression. Soit parce que, me semble-t-il, la difficulté fait le prix de l'art, soit parce que ce fait de solliciter une réalité qui se dérobe permet de connaître des choses qu'un regard plus direct ou plus immédiat n'aurait pu connaître. Je fais des émissions littéraires. Or, la littérature et la poésie sont les choses les moins filmables qui soient. On ne pourra jamais filmer directement un texte, ni l'expliquer, ni l'illustrer. Cependant, je pense qu'il peut y avoir une connaissance, par la télévision, de ce texte, qui peut être intéressante et qui enrichira non seulement le cinéma mais la littérature elle-même. C'est-à-dire que nous serons attirés par des aspects qui ne sont pas ceux auxquels on s'attache actuellement. Prenons la peinture. Il est sûr que le cinéma, lorsqu'il se sert de tableaux pour évoquer le monde dans lequel ils ont été peints, nous invite à une conception « impure » de la peinture. Mais je me demande jusqu'à quel point on a tellement raison actuellement de considérer dans un portrait uniquement l'art du Titien et non le modèle qui a posé. De plus en plus, quand je vais au musée, quand je vois un tableau, je regarde la chose peinte, et cela me donne une connaissance de la peinture tout aussi grande que si je considérais la touche du peintre. Lorsque j'ai tourné mon émission sur La Bruyère, je suis allé au Louvre uniquement pour savoir comment étaient faits les verres au XVIIᵉ siècle. Mais j'ai vu dans ces tableaux des choses que je n'aurais pas vues si je ne les avais pas regardés uniquement du point de vue des verres. Je n'essayais pas de distinguer les peintres entre eux, ni de juger la couleur, la technique. Et pourtant, cela m'a donné une idée plus grande encore de la peinture. Donc, le cinéma, même dans la mesure où il pourrait sembler un peu réactionnaire par rapport à d'autres arts, un peu anecdotique, peut introduire à une connaissance plus grande des choses.

L'intérêt d'un cinéma didactique, en particulier un cinéma qui se sert de documents, d'œuvres d'art (nous montrons du passé, en général, ses œuvres d'art), c'est de lier plus étroitement l'esthétique et les autres disciplines. L'amour du beau et l'amour du vrai sont liés. Cela nous mène à découvrir le passé sous un angle forcément esthétique : la beauté des choses que l'on montre, en même temps que l'art qu'on introduit soi-même dans la façon de les montrer. Dans mon *La Bruyère*, le fait de chercher des choses qui soient visuelles, qui soient physiques, sur les personnages, m'a fait m'intéresser à des « Caractères » qui ne sont pas les aspects les plus mis en évidence : en particulier ce que je pourrais appeler le côté naturaliste, et quasi physiologique de sa description. L'attitude corporelle de l'homme n'est pas la chose qui frappe le plus quand on le lit. On s'intéresse plutôt aux notations d'ordre purement psychologique ou d'ordre social. Représenter ses personnages sur l'écran vous oblige à découvrir des choses qui existent et qu'on n'aurait pas remarquées autrement. De même dans *Perceval*, qui est ce que j'ai fait de plus simple, de plus scolaire, j'ai pu mettre en parallèle la description des combats qu'on admire dans la poésie du Moyen Âge avec les miniatures qui sont d'un art décoratif extraordinaire, choses qui en général n'ont pas été remarquées par... par qui ? puisque les gens qui s'occupent de littérature ne s'intéressent pas tellement à l'illustration et que ceux qui s'intéressent à l'illustration ne s'intéressent pas à la littérature. Il existe au XIIe siècle un art extrêmement important et qui est même des plus grands, l'art des troubadours, l'art de la civilisation occitane. Si j'emploie le mot « art » c'est parce que c'est la

249

fusion de deux activités précises : la poésie et la musique. La musique était composée par le poète. Le poète était son propre musicien. Mais les gens qui étudient le poète ne pensent pas du tout au musicien, et, dans les littératures, on considère cette poésie comme assez froide, dans la mesure où on ne l'entend pas chantée. D'autre part, ceux qui s'intéressent à la musique ne connaissent pas cette langue et, par conséquent, entendent, mais ne savent pas ce que ça veut dire. Eh bien, on pourrait, par le film, faire goûter à la fois la poésie et la musique. Le cinéma, est une sorte de conglomérat des différents arts. Il permet d'établir un pont entre eux, et je crois que c'est une chose très importante, même à un niveau très humble et pédagogique.

— *Pourquoi n'employez-vous pas de musique de film ?*

— Je reproche à beaucoup de films, surtout des films « poétiques », d'être gâtés par la musique, souvent très banale, et pas du tout nécessaire. Je ne vois pas à quoi la musique peut servir, si ce n'est à arranger un film qui est mauvais. Mais un bon film peut s'en passer. Et puis, ce n'est pas moderne, c'est une convention qui date du muet, quand on pianotait dans la salle. Le fait d'associer une musique quelconque à des feuilles d'arbres, des nuages qui passent, ou même quelqu'un qui ouvre sa porte, est la pire des conventions, un stade tout à fait dépassé. Dans mes *Contes Moraux,* il n'y a que de la musique réelle : lorsque les personnages écoutent des disques ou la radio. Il n'y a absolument aucune autre musique : même pas au générique.

Dans mes émissions de la télévision scolaire, la musique possède avant tout une fonction documentaire, au même titre qu'un tableau, qu'une estampe, qui permettent de situer une époque, de la connaître. Je ne la fais entendre que dans les silences du documentaire. Il peut, bien sûr, y avoir quelques exceptions à la règle. Il m'arrive parfois de continuer à faire entendre de la musique sous le texte. Je ne suis pas complètement sectaire. Il est évident que, dans un film sur documents, il faut tout de même rechercher un certain agrément, et que l'on peut avoir recours à la musique. Mais, sur un discours véritablement abstrait, disons de mathématiques, cela me gênerait profondément d'entendre de la musique. En effet, j'identifie la musique, je la reconnais et, ce faisant, je n'écoute plus le commentaire ; inversement, si je porte toute mon attention sur le commentaire, je n'écoute plus la musique. C'est un des deux reproches que je ferais à bien des documentaires, l'autre ayant trait au fait que l'on n'entende jamais aucun bruit, alors qu'il est si facile aujourd'hui d'enregistrer un son.

– *Vos* Contes Moraux *semblent reliés les uns aux autres un peu à la manière des nouvelles d'un même recueil, voire des chapitres d'un roman. Ils donnent, par ailleurs, l'impression d'être en constante référence à ce genre littéraire. Or, vous avez écrit que le cinéma était en avance sur la littérature...*

– Si je l'ai écrit, j'ai eu tort. Ce que je crois, c'est que le cinéma n'a pas à se soucier de la littérature. Cela dit, on peut partir d'une œuvre écrite. Qu'elle soit ancienne ou moderne n'a vraiment aucune importance, l'essentiel étant de faire du cinéma moderne. Tout ce qui est bon est nécessairement moderne dans la mesure où cela ne ressemble pas à ce qui a été fait auparavant. J'ai certes prêché pour un cinéma non littéraire, et j'ai fait des *Contes Moraux* qui sont effrontément littéraires, ne serait-ce que dans la mesure où le commentaire joue un rôle important. J'aime montrer au cinéma des choses qui semblent répugner à la transcription cinématographique, exprimer des sentiments qui ne sont pas filmables, parce que profondément enfouis dans la conscience. C'est un rapport de soi-même à soi-même que j'ai délibérément voulu montrer dans les *Contes Moraux*. C'est pourquoi ils sont à la première personne et pourquoi il y a un commentaire. Ils traitent du recul que quelqu'un peut prendre par rapport à ses goûts, ses désirs, ses sentiments, par rapport à soi-même. Le personnage parle de lui et se juge ; il est filmé en tant qu'il se juge. Mes *Contes Moraux* ne sont donc pas littéraires, ce sont des adaptations cinématographiques d'œuvres littéraires, et, lorsque je les tourne, j'ai très nettement l'impression d'être le metteur en scène d'une œuvre préexistante. En cela, je me rapprocherais de Leenhardt. Bazin disait que les *Dernières Vacances* était le film d'un roman qui n'avait pas été écrit.

– *Ainsi votre cinéma serait à la fois introspectif et objectif : vous* montrez *quelqu'un se posant des questions qui sont au fond de lui-même...*

– Voici pourquoi. Ce qui m'irrite, ce que je n'aime pas dans le cinéma moderne, c'est le fait de réduire les gens à leur comportement, et de penser que le cinéma n'est qu'un art du comportement. En fait, nous devons montrer ce qu'il y a au-delà du comportement, tout en sachant qu'on ne peut montrer que le comportement. J'aime que l'homme soit libre et responsable. Dans la plupart des films, il est prisonnier des circonstances, de la société, etc. On ne le voit pas dans l'exercice de sa liberté. Liberté qui est peut-être illusoire, mais qui existe même à ce titre-là. Voilà ce qui m'intéresse, voilà ce qui, évidemment, doit répugner au cinéma, art physique, matérialiste, non seulement empirique, mais encore empiriste, puisque l'homme ne s'y définit que par ce qu'il fait. Je pense que le génie du cinéma réside dans la possibilité d'aller au-delà de cette limite et de découvrir autre chose. Peut-être ces *Contes Moraux*, qui ne constituent en vérité qu'un seul film, me permettront-ils de parcourir ce chemin, d'aller au-delà des apparences.

– *Ce qui recoupe alors ce que dit Pasolini des grands moments du cinéma moderne : dépasser la limitation naturaliste du cinéma pour rendre un certain caractère onirique de l'existence...*

– Le mot « onirique » m'intéresse tout particulièrement

dans la mesure où mes *Contes Moraux* ont certainement un côté onirique. Ce sont tous des rêves. Les rêves sont construits par le cerveau, qui est une machine électronique. Toute fiction est rêve.

– *Mais comment résoudre ce paradoxe : un cinéma qui serait tout à la fois cinéma du comportement et cinéma du rêve ?*

– Ce n'est pas un paradoxe. On ne peut montrer que du comportement, et c'est en le montrant qu'on peut aller au-delà. Je ne peux accepter l'idée d'un cinéma qui serait autre qu'un cinéma du comportement, qui ne serait pas objectif. Le style subjectif au cinéma me semble être une hérésie. Une hérésie tout à fait condamnable et pour laquelle je ne peux pas avoir de pitié. Murnau ou Hitchcock n'y ont eu recours que par coquetterie et de manière tout à fait passagère au cours d'un film. Il m'est impossible de confondre réalité et image mentale. Vous ne pouvez confondre la tour Eiffel et l'image que vous en avez. Ou alors, c'est une hallucination. C'est autre chose, il est concevable de montrer des hallucinations. Mais la tour Eiffel telle que vous l'imaginez se différencie obligatoirement de la tour Eiffel telle que vous la percevez. C'est ce que faisait remarquer Alain à propos du Panthéon, ça va de soi, c'est évident. L'image mentale est essentiellement différente de l'image objective. Je ne vois pas ce que j'imagine, je le construis. Tout ce que je pourrais trouver dans l'image mentale, je l'y aurais mis moi-même. Or, si quelque chose est projeté sur l'écran, cela m'est donné, tout y vient de l'objet, rien de moi. Le spectateur ne pourra donc en aucune façon identifier une image qui serait une image mentale de l'héroïne à une image qui serait une image objective de ce qu'elle voit. C'est absolument impossible. Or, dans certains films, on ne sait pas si ce qui est présenté l'est en tant qu'objectif ou subjectif. C'est donc nécessairement faux, puisque dans la vie, une telle question ne se pose pas.

– *Il y a cependant le cas du* Désert Rouge *où la réalité est présentée de manière objective tout en étant celle que voit l'héroïne.*

– Prenons l'exemple de *Marienbad.* Il y a des plans qui sont censés être objectifs et d'autres qui sont censés être subjectifs. Les uns qui sont censés être le monde vu par un personnage, les autres le monde vu par le spectateur extérieur à ce personnage. Or, moi, spectateur, je mets tout sur le même plan. Dans le cas présent, ça n'a aucune importance, dans la mesure où il s'agit d'une fantaisie poétique qui ne raconte pas véritablement une histoire. Mais, si l'on veut me faire croire à cette subjectivité, alors là, je ne marche pas du tout. Ça ne m'apporte rien et ça me paraît être tout à fait inintéressant à faire. C'est même extrêmement appauvrissant pour le cinéma, car il est beaucoup plus intéressant de susciter l'invisible à partir du visible que de tenter en vain de visualiser l'invisible. C'est un mensonge ou un truc. Ce n'est pas moderne, c'est archaïque. Au lieu d'un tel procédé, mieux vaut avoir recours à la parole. Si je pense à la tour Eiffel, je le dis. Dans mon troisième conte moral, il y aura un rêve. Je vais donc montrer le personnage endormi et décrire le rêve dans le commentaire. Notez qu'il est possible de montrer un rêve, mais je préfère ne pas le faire. Je crois qu'il peut être beaucoup plus frappant de partir du personnage en train de dormir que de faire artificiellement intrusion à l'intérieur de ce personnage. Il serait très facile d'écrire mes *Contes Moraux* dans un style subjectif, puisque ce sont des réflexions sur le passé. A la fin de *La Carrière de Suzanne*, le narrateur change d'idée sur Suzanne, tandis qu'il la voit dans les bras d'un nouveau garçon. Il comprend alors quels étaient ses rapports avec son premier amant et pourquoi elle lui plaisait. Cela, j'aurais pu l'exprimer par un retour en arrière. J'aurais pu superposer deux visions érotiques de cette fille, une dans laquelle elle serait apparue laide, une dans laquelle elle serait apparue belle, à la fin. J'ai préféré rester objectif. Le point de vue que l'on a sur elle est toujours le même et la distinction n'est exprimée que par le commentaire. Vous me direz alors que c'est de la littérature et je vous répondrai que non. Le commentaire n'est pas une chose impure, il ne le serait que s'il n'avait aucun rapport avec l'image. S'il lui est profondément attaché, vous obtenez, étant donné que parole et image sont étroitement unies du seul fait que le cinéma est parlant, un ensemble parole-image dont chaque pôle éclaire l'autre. L'ensemble est pur dans la mesure où seul le cinéma en est capable. Seul le cinéma est capable de l'union de la parole et de la représentation visible du monde.

– Cette pureté cinématographique doit-elle être comprise par rapport aux autre arts ?

Oui, le cinéma doit être à la recherche d'une certaine pureté. Si l'on me disait que je fais appel à la littérature dans mes films, ce reproche me toucherait. Je m'en défendrais. Si je fais appel à elle, ce n'est que pour l'utiliser d'une autre manière que dans les ouvrages littéraires.

– Mais le cinéma, art visuel, sonore, littéraire, n'est-il pas impur par définition ?

– C'est une erreur de concevoir la pureté du cinéma en le limitant à un seul de ses aspects. Penser que le cinéma est pur uniquement parce qu'il est image est aussi sot que de le penser pur uniquement parce qu'il est son. L'image n'est pas plus pure que le son ou qu'autre chose, mais, dans l'union des différents aspects, je crois qu'une pureté propre au cinéma peut se manifester. Ce que j'appellerai impur, c'est une certaine façon de le concevoir qui fait qu'il ne découvre pas ses propres possibilités et, qu'au lieu de suivre une route qu'il a été seul à tracer, s'engage sur des voies empruntées par d'autres arts. Ce qui me gêne par-dessus tout, c'est un cinéma qui se veut trop plastique dans la mesure où cette plastique est inspirée de la conception plastique de la peinture. Le cinéma est un art dans lequel l'organisation des formes est très importante, mais encore faut-il qu'elle soit faite avec les moyens propres au cinéma et non avec d'autres, copiés de la peinture. De même, le cinéma est un art dramatique, mais il ne faut pas que cette dramaturgie soit inspirée de la dramaturgie théâtrale. C'est également un art littéraire, mais il convient que ses mérites ne résident pas exclusivement dans le scénario ou les dialogues. Le fait d'unir étroitement la parole à l'image crée un style purement cinématographique. Au contraire, faire exprimer certaines choses par les comédiens, alors qu'elles pourraient être dites par le commentaire, cela devient théâtral. Je trouve beaucoup moins cinématographique de faire dire à quelqu'un quelque chose qui renseigne le spectateur sur un point que de le dire dans le commentaire. C'est moins artificiel. Un problème analogue s'est posé pour l'emploi des sous-titres dans le cinéma muet. Eux aussi libéraient l'image d'une fonction, celle de signifier. L'image n'est pas faite pour signifier, mais pour montrer. Son rôle n'est pas de dire que quelqu'un est quelque chose, mais de montrer comment il l'est, ce qui est infiniment plus difficile. Pour signifier, il existe un outil excellent : le langage parlé. Employons-le. S'il s'agit d'exprimer à l'aide d'images ce que l'on peut dire en deux mots, c'est peine perdue.

– *Mais montrer, c'est du même coup signifier...*

– Oui, en montrant, on signifie, mais il ne faut pas signifier sans montrer. La signification ne doit venir que de surcroît. Notre dessein est de montrer. La signification doit être conçue à un niveau stylistique et non grammatical, ou alors à un niveau métaphorique, enfin, dans un sens plus large. Le cinéma symbolique est ce qu'il y a de plus affreux. On voit de temps en temps des films attardés dans lesquels l'image veut jouer le rôle exact du mot ou de la phrase. C'est tout à fait passé de mode. N'insistons pas là-dessus.

– *Vous avez défendu Bergman, c'est donc que vous ne lui faites pas le reproche que certains lui font d'être un cinéaste « littéraire », n'utilisant que des « symboles »...*

– Je n'ai pas changé. Je ne reviens pas du tout sur mon œuvre de critique. Je défends toujours les gens que j'ai défendus, comme j'attaque ceux que j'ai attaqués. Je pense donc toujours ce que j'ai dit sur Bergman. Je l'aime beaucoup. De toute façon je n'ai aucun *a priori*. Ainsi, le cinéma subjectif que je viens de récuser, il n'est pas exclu qu'un jour quelqu'un de très fort finisse par me le faire admettre.

– *Etes-vous donc toujours absolument fidèle à la politique des Auteurs ?*

– Oui, je n'ai pas changé.

– *Croyez-vous toujours à la mise en scène ?*

– On peut affirmer, comme l'a fait Godard, que la mise en scène n'existe pas. Si l'on considère que la mise en scène c'est l'art du cinéma, si c'est l'opération cinématographique en tant que telle, alors, nier son existence revient à nier que le cinéma soit un art, et le cinéaste un artiste. Maintenant, si l'on conçoit la mise en scène comme une technique finalement assez proche de la technique théâtrale ou de ce que l'on appelle dans le métier la « réalisation », l'action de faire valoir, un art de l'exécution, on peut très bien prétendre qu'elle n'existe pas. Si, personnellement, je tiens au terme de mise en scène, c'est que je n'entends pas par là une réalisation, mais une conception : l'art de concevoir un film. Cette conception est ensuite réalisée par l'équipe qui est à notre disposition et qui est constituée par un opérateur, un monteur, etc. On peut sans doute se passer de monteur et d'opérateur, mais on peut aussi leur faire confiance en n'en demeurant pas moins metteur en scène. C'est pourquoi nier la mise en scène telle que, bien entendu, on la conçoit aux *Cahiers*, reviendrait à nier le cinéma. Je ne pense pas que le meilleur dialogue du monde puisse suffire à faire un bon film. Et pourtant, la mise en scène peut y être incluse de sorte que le travail sur le plateau devienne inutile. Cela ne veut pas dire que la mise en scène n'existe pas, ça veut dire, dans ce cas-là, que le scénario est déjà de la mise en scène. Et s'il est vrai qu'on peut se dispenser d'assister aux prises de vues, cela veut également dire que la mise en scène peut se faire au montage.

– *Dans vos articles, surtout les plus anciens, votre prise de position était non seulement esthétique, mais politique.*

– Oui. Et non moins conservatrice. Je le regrette maintenant. La politique est inutile. Elle rendrait plutôt mauvais service à ma cause. Mais la situation n'était pas la même en 1950. Relisez *L'Ecran français* : le cinéma américain s'y trouvait condamné en bloc. Pour dénoncer l'imposture de la gauche, il fallait faire pencher la balance à droite, corriger un excès par un autre excès. Mais, depuis presque dix ans, la critique de cinéma, en France, a jeté la politique aux orties. C'est ce qui fait qu'elle est la meilleure du monde.

Cela dit, rien n'empêche qu'un critique ou un cinéaste ait ses propres convictions. Actuellement, je suis très indifférent à la politique – du moins prise dans son sens étroit –, mais je n'ai pas changé. Je ne sais pas si je suis de droite, mais ce qui est sûr, en tout cas, c'est que *je ne suis pas de gauche*. Oui, pourquoi serais-je de gauche ? Pour quelle raison ? Qu'est-ce qui m'y force ? Je suis libre, il me semble ! Or, les gens ne le sont pas. Aujourd'hui, il faut d'abord faire son acte de foi en la gauche, après quoi tout est permis.

La gauche n'a pas que je sache le monopole de la vérité et de la justice. Moi aussi je suis – qui ne l'est pas ? – pour la paix, la liberté, l'extinction du paupérisme, le respect des minorités. Mais je n'appelle pas cela être de gauche. Etre de gauche, c'est approuver la politique de certains hommes, partis, ou régimes précis qui se disent tels et qui ne se gênent pas pour pratiquer, quand cela les aide, la dictature, le men-

258

songe, la violence, le favoritisme, l'obscurantisme, le terrorisme, le militarisme, le bellicisme, le racisme, le colonialisme, le génocide. D'ailleurs, j'ai tort de m'étendre là-dessus. Tout le monde sait que ces vieilles catégories de droite et de gauche ne riment à rien aujourd'hui – si elles ont jamais voulu dire quelque chose – du moins en France, chez les « intellectuels ».

Rien ne nous détermine politiquement de façon profonde, ni notre origine, ni notre fortune, ni nos besoins, ni notre métier, ni même nos croyances religieuses ou philosophiques. Ce qui nous fait passer, parfois, d'un extrême à l'autre, c'est le hasard, une lecture, une phrase, une femme, un ami, l'amour du nouveau ou le sens de l'opportunité. J'en ai vu changer d'idées plus souvent que de pardessus. C'était là leur seul luxe. Un luxe qui ne coûte rien. Tandis qu'un pardessus...

Et puis pourquoi, parce que l'on écrit, l'on peint ou l'on filme, aurait-on sur le gouvernement de la société des vues plus justes que ceux qui sont chargés de pourvoir à ses besoins, et non pas, comme nous, à ses plaisirs ? Chaque fois qu'un artiste se mêle de politique, au lieu d'apporter ce qu'on est en droit d'attendre de lui, c'est-à-dire une vue plus sereine, plus vaste, plus conciliante des choses, il s'enferme dans la position la plus étroite, la plus bornée, la plus excessive. Il pousse à l'emprisonnement, au massacre, à la destruction, ignore le pardon, la tolérance, le respect de l'adversaire. C'est normal, comme disait Platon : celui qui est fait pour exalter les passions des hommes ne peut être que leur piètre modérateur.

– *Vous pensez donc que le cinéaste doit être indifférent à son temps ?*

– Pas du tout. Bien au contraire. Je dirai même qu'il peut, qu'il doit *s'engager*, mais pas politiquement au sens étroit et traditionnel du terme. Qu'est-ce que l'art procure aux hommes ? Du plaisir. C'est à l'organisation de ce plaisir que l'artiste devrait s'attacher. Et, comme nous entrons, dit-on, dans l'ère des loisirs, peut-être trouvera-t-il là une tâche importante, passionnante et tout à fait à sa mesure.

Mais, là non plus, je ne lui donnerai pas carte blanche. Rien de plus iconoclaste et plus mauvais prophète, en même temps, qu'un créateur. Laissez-moi là ouvrir une courte parenthèse qui n'est pas tout à fait hors de mon propos et qui vous prouvera que l'amour de l'ancien et celui du nouveau ne sont pas – loin de là – incompatibles. Le sens du passé, le goût de l'histoire, sont des caractéristiques essentielles de notre époque. Je l'ai dit autrefois dans *Le Celluloïd et le Marbre*. Le passé nourrit non seulement une partie des loisirs de l'homme, mais son travail : l'industrie du livre, du disque, de la radio, de la télévision (et celles donc du papier, de la matière plastique, de l'électronique), mais aussi de l'automobile ou de l'avion. Car pourquoi prend-on l'auto ou l'avion ? Pour aller voir les Châteaux de la Loire ou les Pyramides...

J'aime Paris et j'aurais voulu pouvoir faire quelque chose pour sa sauvegarde. Mais le fait que Jess Hahn, dans *Le Signe du Lion*, se soit promené sur les berges de la Seine, n'empêche certainement pas qu'on les remplace par une autoroute qui, non seulement défigurera la rive droite, mais ne sert strictement de rien, puisque le trajet le plus court de Boulogne à Vincennes, ce n'est pas le quai – qui fait une courbe – mais le boulevard périphérique ! Dans les *Métamorphoses du paysage industriel*, dans *Nadja*, je montre des choses qui méritent à mes yeux d'être sauvées. Seul, bien sûr, je n'ai pas d'audience, mais d'autres peuvent faire comme moi et l'union fait la force. Une chose m'a choqué chez Le Corbusier. Son regret était, disait-on, de n'avoir pas construit au cœur des villes. Etrange idée ! Godard déplore-t-il que ses films ne soient pas projetés au Français et qu'on ne raye pas Molière du répertoire ? Il faut une place pour tout, et la place est ce qui manque le moins. Plus on respecte le passé, plus on fraye la route au moderne. L'extrême conservatisme et l'extrême progressisme sont frères. Si l'on démolit petit à petit les maisons de Paris, si l'on rabote progressivement ses rues, on ne bâtira jamais rien de bien neuf. Au contraire, si l'on s'interdit absolument de détruire quoi que ce soit, si l'on met un frein à l'hypertrophie de la banlieue, force sera bien, comme disait Alphonse Allais, de construire des villes à la campagne. C'est, ma foi, beaucoup plus sage, normal, rationnel. Vous ne croyez pas ?

Je veux dire qu'on voit aujourd'hui tellement de choses absurdes que l'idée la plus folle sera moins folle que tout ce qu'on dit, fait ou projette en ce moment. Et qu'y a-t-il de plus fou, de plus dispendieux, de plus difficile à réaliser ? Etouffer des agglomérations conçues à l'échelle du piéton et d'un peuplement restreint par le gaz d'échappement et le béton des grands ensembles ou bien faire surgir *ex nihilo*, à la manière des Romains ou des pionniers de l'Ouest, une ville nouvelle (non pas quelque nouveau Sarcelles ou même Brasilia, mais une cité vivante, immense, industrieuse, joyeuse, vouée à la science, aux jeux, aux sports, aux fêtes, aux congrès, au farniente), de la faire surgir dans quelque lieu du désert français qui ne soit pas pour autant une Thébaïde, sur la côte des Landes, par exemple, et qui nous donnera cette seconde métropole (Los Angeles, Milan, Barcelone) qui nous fait tant défaut.

Rassurez-vous, je n'ai pas l'intention de briguer le poste de commissaire général au Plan, mais pourquoi tout Français n'aurait-il pas sur l'aménagement du territoire des idées, même idiotes, alors qu'il en a sur la réforme électorale ou le conflit indo-pakistanais ? Chose curieuse, ce sont les gens qui exercent des professions artistiques qui se montrent les plus indifférents à ce problème-là, alors qu'ils se bousculent pour signer des pétitions et cautionner des partis politiques. Ils s'intéressent au social – qui n'est pas tellement leur rayon – mais du décor de la vie, apparemment, ils s'en fichent. Ils ne s'aperçoivent pas que l'existence de ce décor est liée à celle des choses tout platement vitales, comme l'air que nous respirons, la terre qui nous nourrit, l'eau que nous buvons. A quoi nous servira d'être égaux et libres si l'eau est devenue imbuvable, la terre stérile, l'air empoisonné ? C'est très bien que chaque travailleur puisse passer, s'il le veut, un mois chaque année au bord de la mer. Encore faut-il que la mer soit la mer et non du bitume.

Je ne suis pas pessimiste. Je veux simplement dire que ces problèmes-là qui trouveront certainement une solution, sont beaucoup plus actuels et importants que ceux de la politique classique. Je veux dire aussi qu'ils offrent au cinéaste un champ beaucoup plus vaste et plus à sa portée. Un film politique, en France surtout, ne peut être qu'exception. Rien ne m'irrite plus que de voir certains payer de manière grotesque leur tribut à la politique par quelque allusion incongrue et forcée à l'actualité. Le décor de la vie, au contraire, nul art ne peut mieux le montrer que le cinéma. Le seul ennui – ennui de taille – est qu'en France on ne trouve pas de décor vraiment moderne et nous ne pouvons qu'envier en cette matière les Américains ou les Italiens. Mais il y a, outre les films de fiction, une branche très importante – bien qu'on en parle peu – et qui n'attend que notre « engagement ». C'est le film d'information, financé par l'Etat ou par les entreprises et qui traite principalement de tous ces problèmes d'essor économique, d'aménagement, de construction, et dans lesquels il conviendrait que le cinéaste intervienne de façon plus active, plus sérieuse, plus passionnée qu'il ne le fait d'ordinaire. Je sais qu'il s'agit d'œuvres de commande et qu'on n'y est pas libre, mais enfin on a vu des films antimilitaristes commandés par le ministère des

Armées. Ce qui m'étonne et me chagrine, c'est que les gens qui traitent ce genre de sujet semblent se désintéresser du fond du problème, se mettent sans vergogne au service de la technocratie et des slogans les plus niais. Au lieu de reconsidérer la chose qu'on leur donne à traiter, d'apporter sur elle un regard neuf, ils ne voient là que l'occasion d'un exercice de style. Ce n'est pas par leurs travellings ou leurs cadrages recherchés qu'ils mériteront le nom d'artistes. C'est par leur volonté de traiter le sujet et de superposer le point de vue de l'art à celui de la technique.

Il y a une démission du cinéaste, en face de l'évolution du monde moderne, qui est autrement plus blâmable que le désintérêt pour la politique. Chacun essaie de tirer son épingle du jeu et ne semble pas le moins du monde affecté par l'infinie platitude, l'infinie vulgarité – je sais : il y a des exceptions – de la presse, de la radio, de la télévision, du cinéma, qui lui sert, il est vrai, de repoussoir. C'est très bien, parfois, d'être « dans le vent ». Il faut savoir aussi être à contre-courant. L'art n'est pas un reflet du temps : il le précède. Il ne doit pas suivre les goûts du public, mais les devancer. Il doit rester sourd aux statistiques et aux graphiques. Il doit surtout se défier comme de la peste de la publicité, même la plus intelligente. La publicité est le virus numéro un du cinéma. Elle fausse tout, gâche tout, jusqu'au plaisir du spectateur, jusqu'au jugement des critiques. Il faut refuser d'entrer dans son jeu. On dira que c'est impossible ou qu'il n'y a plus qu'à tourner des films d'amateurs. Eh bien, c'est ce que je fais, ou presque.

(Propos recueillis au magnétophone par Jean-Claude Biette, Jacques Bontemps et Jean-Louis Comolli.)

Cahiers du cinéma, n° 172, novembre 1965.

Entretien avec Jacques Rivette

Le temps déborde

Des cinéastes de la Nouvelle Vague, Jacques Rivette était l'un des rares à ne pas avoir été interrogé par les *Cahiers*. Ce n'est pas, on s'en doute, que son importance dans le cinéma nous ait échappé. Théorique d'abord, manifestée par ses articles critiques, silencieuse (scripturalement) mais non moins profonde pendant la durée où il fut rédacteur en chef de la revue, jusqu'à se prolonger, toujours aussi grande, dans ce que sont, aujourd'hui, les *Cahiers*. Importance comme cinéaste ensuite, de par le caractère novateur de chacune de ses entreprises : tentative d'auto-effacement de la fiction dans *Paris nous appartient*, exploration d'un « lieu commun » au cinéma et au théâtre dans *La Religieuse*, expérience de la durée avec *L'Amour fou*. La raison de ce retard à l'interroger ? Peut-être simplement certaine gêne de part et d'autre à briser une conversation ininterrompue depuis plusieurs années. Et tant qu'à faire, il valait mieux que les bâtons en fussent rompus plutôt que le naturel.

– *Comment avez-vous eu l'idée de faire* L'Amour fou ?

– Il n'y a pas d'idée à l'origine du film ; il est difficile de vous répondre.

– *Vous y pensiez depuis longtemps déjà ?*

– Non, il s'est simplement agi de faire un film dans des circonstances économiques données. Georges de Beauregard n'arrêtait pas de dire : « Est-ce que vous connaissez quelqu'un qui aurait un scénario qu'on pourrait tourner pour 45 millions ? » J'ai vaguement cherché, je crois même que je lui ai envoyé un ou deux types, et que leurs scénarios ne lui ont pas plu. Si bien que, finalement, je lui ai dit que j'en avais un. Et c'est à ce moment-là que je me suis mis à chercher ce qu'on pouvait tourner pour 45 millions. Ce qui imposait qu'il y ait très peu d'acteurs et très peu de décors.

– *Finalement le film a coûté plus de 45 millions...*

– Non, pas au tournage. C'est le montage qui, lui, a crevé le plafond : à l'arrivée, c'est un film d'une soixantaine de millions – ce qui, pour une production « légale », reste pas trop cher à la minute.

– *Le tournage en cinq semaines a été imposé par cette limite de 45 millions ?*

– Oui, oui. Avec cette somme, c'était obligatoirement un tournage à Paris, avec une petite équipe, très peu de décors, des comédiens pas trop exigeants. Comme, par ailleurs, depuis que j'avais vu *Les Bargasses*, J'avais une envie imprécise, mais très forte, de faire un film avec Bulle Ogier et Jean-Pierre Kalfon, j'ai pensé à eux très vite, sans que je puisse dire si c'est le fait de penser à l'histoire d'un couple qui m'a fait penser à eux, ou le contraire.

– *Est-ce également à cause de cette référence à l'équipe et aux pièces de Marc'O que* L'Amour fou *est un film sur le théâtre ?*

– Chaque fois que je commence à penser à un film – aussi bien ceux qui se sont faits que ceux qui ne se sont pas faits – j'ai toujours l'impression que le sujet que j'ai va permettre au maximum de faire un petit court métrage, et je cherche toujours des choses qui permettent d'étoffer, d'arriver au moins à une heure un quart. C'est comme ça que j'ai été amené au théâtre.

Et puis, surtout, je m'en voulais beaucoup de la façon dont je montrais le théâtre dans *Paris nous appartient*, que je trouve trop pittoresque, trop extérieure, faite sur les clichés. Le travail que j'avais eu l'occasion de faire sur *La Religieuse* au Studio des Champs-Elysées m'avait donné le sentiment que le travail de théâtre, c'était autre chose, plus secrète, plus mystérieuse, avec des rapports plus profonds entre les gens qui sont pris dans ce travail, des rapports de complices. C'est toujours très passionnant et très efficace de filmer quelqu'un qui travaille, qui fabrique quelque chose ; et ce travail de théâtre est plus facile à filmer que celui d'un écrivain ou d'un musicien.

– Le personnage principal est celui d'un homme de théâtre, mais dans quelle mesure Jean-Pierre Kalfon a-t-il été réellement le metteur en scène d'Andromaque ? A-t-il choisi lui-même ses acteurs, par exemple ?

– Avant même d'écrire quoi que ce soit, j'en avais parlé à Jean-Pierre, parce qu'il me fallait avant tout savoir s'il était d'accord sur ce principe d'être réellement metteur en scène. Je lui ai suggéré *Andromaque*, d'abord pour ne pas avoir d'histoires de droits d'auteurs, et ensuite parce que, tant qu'à prendre une pièce classique, autant en prendre une dont la situation est très archétypique, de façon que, même en lambeaux, le spectateur puisse s'y repérer un peu. Il l'a relue, a été d'accord. Et le principe était alors qu'effectivement, il choisissait les acteurs dont il avait envie, et mettait en scène *Andromaque* suivant les

266

idées qu'il avait. Nous devions simplement être d'accord sur l'actrice qui jouerait Hermione, puisqu'elle devait aussi tenir le rôle de Marta ; mais en fait, c'est lui qui m'a amené Josée Destoop comme presque tous les autres. Pour Phœnix, il n'avait trouvé personne, je lui ai suggéré Michel Delahaye. Tout ça s'est fait très simplement, par des rencontres plus ou moins au hasard : il s'agissait surtout de constituer, ou plutôt, pour les trois-quarts, de reconstituer un petit groupe amical – auquel Didier Léon ou Claude-Eric Richard se sont ensuite intégrés d'eux-mêmes.

– *Et Michèle Moretti, c'est vous qui l'avez choisie ? Ou bien faisait-elle partie du groupe ?*

– Pour elle, ça s'est fait la veille du tournage. Je l'avais trouvée très bien dans *Les Bargasses* et *Les Idoles*, j'aimais bien sa façon d'être dans la vie par rapport aux autres de la bande, mais il n'y avait de rôle pour elle ni dans *Andromaque*, ni dans le scénario ; au dernier moment, je lui ai proposé d'être l'assistante de Jean-Pierre, et c'est devenu un rôle très important bien que pas du tout prévu ni prémédité. C'est elle qui en fait un rôle important, parce que tout ce qui se passait avec elle était intéressant. D'autres rôles au contraire, prévus comme importants, ont diminué, parce qu'il s'est trouvé que ça ne fonctionnait pas – le rôle de Puck, par exemple.

– *Le choix d'*Andromaque *est-il seulement motivé par la nécessité de choisir une pièce dans laquelle les spectateurs pourraient s'orienter facilement ? Il nous semble y avoir certaines analogies, certains recoupements, entre le sujet d'*Andromaque *et les situations de* L'Amour fou. *Ces analogies vous étaient-elles apparues dès le moment de l'écriture du scénario ?*

– Il est certain que le choix d'*Andromaque* n'était pas tout à fait innocent. Les risques d'analogie – si j'ose dire – entre *Andromaque* et *L'Amour fou* nous ont même tellement frappés à la relecture de la pièce, que Jean-Pierre et moi avons décidé dès le début d'éviter tout rapprochement trop évident entre Racine et ce que nous faisions. C'était vraiment trop facile, et ça devenait très déplaisant. Tout au long du tournage, et encore au montage, on ne s'est pas toujours obligé à supprimer tout ce qui surgissait comme rapports, mais on ne les a jamais cherchés, et, quand ils faisaient vraiment trop gros et trop putains, on a toujours essayé de les disloquer. Il fallait que cela reste deux choses parallèles, et que même les échos de l'une à l'autre restent accidentels. Le principe, c'était de laisser les choses venir d'elles-mêmes, sans jamais les forcer, d'être là comme témoin.

— *Labarthe nous disait qu'une certaine phrase de Renoir vous avait servi de principe pendant le tournage : que le metteur en scène doit faire l'endormi.*

— Oui, le fait d'avoir passé trois semaines avec Renoir, pour tourner les émissions de *Cinéastes de notre temps*, tout de suite après le tournage et la terminaison de *La Religieuse*, m'avait beaucoup impressionné. Après le mensonge, d'un seul coup c'était la vérité. Après un cinéma somme toute artificiel, c'était la vérité du cinéma. Donc, j'ai voulu faire un film non pas inspiré par Renoir, mais essayant d'être conforme à cette idée du cinéma incarnée par Renoir, c'est-à-dire un cinéma qui n'impose rien, où l'on essaie de suggérer les choses, de les voir venir, où c'est d'abord un dialogue à tous les niveaux, avec les acteurs, avec la situation, avec les gens qu'on rencontre, où le fait de tourner le film fait partie du film. Ce qui m'a surtout intéressé dans ce film, c'est de m'être amusé à le tourner. Le film lui-même n'est qu'un résidu, où j'espère qu'il reste quelque chose. Ce qui était passionnant, c'était de susciter une réalité qui se mettait à exister d'elle-même, indépendamment du fait qu'on la filme ou non, et ensuite, de se comporter vis-à-vis d'elle comme d'un événement sur lequel on fait un reportage, dont on ne garde que certains aspects, sous certains angles, suivant le hasard ou les idées qu'on a, parce que, par définition, l'événement déborde toujours complètement, et de tous côtés, le récit ou le rapport qu'on peut en faire.

1 B

– Avant, les tournages étaient toujours un pensum pour moi, quelque chose d'affreux, un cauchemar. J'aimais penser au film avant de le faire, j'aimais le monter une fois tourné, mais les tournages eux-mêmes s'étaient toujours faits dans de mauvaises conditions. C'est la première fois que le tournage non seulement n'a pas été un enfer, mais a même été le moment le plus passionnant. Et surtout, il n'y a pas eu de solution de continuité : la première idée du film a tout de suite débouché sur des conversations, avec Jean-Pierre, avec Bulle, avec Marilù (Parolini), avec toutes les personnes qu'on rencontrait pour telle ou telle raison plus ou moins liée au projet . Toutes ces conversations ont abouti naturellement au moment où Jean-Pierre a commencé à faire des lectures d'*Andromaque* avec les gens qu'il avait choisis, puis, insensiblement, c'est devenu le premier jour de tournage où Jean-Pierre continuait imperturbablement à faire ses lectures ou un début de mise en place sur la lancée du travail de la semaine précédente ; le soir nous restions ensemble – nous ne nous sommes pas quittés pendant cinq semaines – en continuant à parler, pas forcément du film, mais de tout le reste autour, et tout s'intégrait de soi-même, et le lendemain, au tournage, nous continuions la conversation de la veille. Au montage, ça a été la suite, la même chose, avec d'autres personnes, avec les monteuses, et encore parfois avec les gens du film qui revenaient me voir, et la conversation continuait. J'ai le souvenir d'une longue conversation ininterrompue : *L'Amour fou*, c'était un sujet de conversation entre nous ; pas nécessairement par mots d'ailleurs ; par des silences aussi bien, en écoutant des disques, ou en allant voir un film... Par exemple, nous sommes tous allés revoir *Marnie* vers la fin du tournage, et non seulement nous avons eu l'impression qu'Hitchcock avait déjà filmé, et au-delà, tout le sujet de *L'Amour fou*, mais par la suite, cette vision de *Marnie* s'est pour nous intégrée au film. Je pense que c'est comme ça que c'est amusant de faire du cinéma : autrement, ça n'a aucun intérêt.

Les rapports des gens au tournage et dans le film ne sont pas forcément les mêmes, il y a une part de jeu. Avec Labarthe, par exemple, nous faisions des petites conspirations dans les coins, nous convenions qu'il allait interviewer tel ou telle, l'attaquer de telle ou telle façon. Parfois ça ne donnait rien, et il revenait à la charge deux jours après en attaquant sous un autre angle. De la même façon, alors que Jean-Pierre et sa troupe répétaient depuis une heure ou deux tandis que nous nous croisions les bras, on décidait tout d'un coup de s'installer un petit rail dans un coin et de filmer.

Mais ça aurait pu être aussi bien un quart d'heure avant ou un quart d'heure après. J'intervenais au minimum dans le travail de Jean-Pierre ; d'ailleurs il n'aimait pas du tout ça. La seule gageure, c'est qu'en six jours de tournage, nous avons essayé de filmer en résumé ce qui aurait dû l'être en trois semaines. De cela, évidemment, le film se ressent : c'est ce qui nous a amené à faire des trucs un peu plus extérieurs, les percussions par exemple : en cours de route, comme Jean-Pierre voulait obliger ses acteurs à dire les vers d'une certaine façon, il a commencé à les scander suivant les ruptures d'idées, puis à marquer ces césures en tapant dans les mains et, en deux jours, on est arrivé naturellement à l'idée des gongs. Mais, si on avait vraiment eu trois semaines, nous aurions pu atteindre le stade où les gongs auraient été supprimés, parce que ce n'était qu'un moyen, une étape.

– *Malgré ce resserrement du temps, on a l'impression d'une maturation, d'un progrès lent, régulier, continu, dans la mise en scène de la pièce.*

– Les plans que j'ai gardés, et qui ne sont qu'une petite partie de ce que nous avions filmé, en 35 ou en 16, sont à peu près montés chronologiquement, oui ; mais on a surtout l'impression d'une progression par la fatigue des acteurs. Au début, ils sont frais, ils ont encore l'illusion qu'ils vont arriver à jouer *Andromaque* à la fin de la semaine, alors que, trois ou quatre jours après, ils savent bien qu'ils n'y arriveront jamais... Ils étaient d'ailleurs très frustrés, s'étant tous lancés dans la pièce avec l'envie de la jouer réellement devant des spectateurs.

Heureusement pour lui, Jean-Pierre avait la suite du rôle, et il s'y est jeté à fond, d'autant plus à fond, je crois, qu'on lui avait retiré brusquement sa mise en scène d'*Andromaque*. Les autres sont restés un peu en l'air, et ils venaient au tournage, ils rôdaient autour de la suite du film, même s'ils n'avaient pas de raison précise.

– *Comment s'est déroulé, précisément, le tournage des « scènes intimes » ?*

– La partie « théâtre » devait venir d'abord, pour que Jean-Pierre et les acteurs puissent répéter un peu avant le début du tournage, pour qu'ils ne partent pas tout à fait à zéro le premier jour ; nous avons commencé dans une pure optique de reportage, en essayant de roder d'abord le système de tournage à deux caméras, et c'est seulement au bout de deux jours, après avoir pris l'habitude de la collaboration entre la Mitchell et la Coutant, après avoir accoutumé les uns aux autres, l'équipe et les comédiens, en tournant beaucoup dans les coins tout en intervenant le moins possible dans le travail de la pièce, que nous avons amené des scènes « jouées » (le départ de Bulle), en essayant de garder au maximum le même esprit de reportage, c'est-à-dire en prévoyant juste les grandes lignes de la scène, ce que feraient les caméras, la « tactique » du moment à tourner, mais en ne préméditant jamais les détails – ou la fin du plan, qui était presque toujours très ouverte et dépendait beaucoup de l'humeur des gens à chaque prise. Je ne disais de couper que quand il n'y avait vraiment plus rien d'autre à faire, et souvent, c'est la fin du magasin qui se chargeait de terminer le plan à ma place.

Et par la suite, quand nous sommes entrés dans l'appartement, nous avons essayé de conserver autant qu'on le pouvait ce ton du reportage, de ne jamais brusquer, et ceci, avant tout, en tournant chronologiquement, en « voyant venir ». Cela permettait de parler le soir du tournage du lendemain, des points qui restaients vagues, de ceux qu'on essayait de préciser un peu à l'avance, de prévoir au moins dans leurs grandes lignes, et de ceux qu'on préférait décider ou improviser au moment du tournage.

– *Le dialogue était écrit ?*

– Le plus souvent non, et toujours au dernier moment.

– *Pendant les scènes de reportage de la « première semaine », que faisait Kalfon : il montait une pièce ou il jouait dans un film ?*

– Il montait une pièce. Le film était un intrus qui l'empêchait de monter *Andromaque* aussi tranquillement qu'il l'aurait voulu, lui cassait son jeu, l'embêtait prodigieusement. Les interviews avec André S. Labarthe, au début, ça l'amusait, et puis, au bout d'un moment, ça l'a embêté

272

également, parce que ça lui coupait son rapport avec les acteurs, ça l'obligeait à parler de façon abstraite, mais j'ai insisté pour qu'on continue à en faire : tant qu'à le brimer par le cinéma, autant le filmer, c'était plus intéressant.

– *Et Labarthe, lui, essayait de construire une émission ?*

– Il essayait ; il était simplement un peu gêné dans la mesure où le théâtre est quelque chose qu'il connaît moins bien que le cinéma ; il ne savait pas toujours quelles étaient les questions qu'il fallait poser à Jean-Pierre pour qu'il accroche. L'émission de Labarthe, c'est, en principe, le film en 16, quand on aura fini de le monter dans sa vraie longueur (entre deux et trois heures) : il est beaucoup plus serein que l'autre. Ce sont uniquement des gens qui travaillent, qui ne sortent jamais de ce travail, et qui en parlent... je n'en ai gardé dans le film 35 que les choses qui avaient un rapport avec le personnage de Sébastien.

– *Est-ce que Kalfon d'une part, Labarthe de l'autre, ont pensé à monter la pièce, et l'émission ?*

– Jean-Pierre voulait vraiment le faire, il n'a renoncé que parce qu'il n'était pas tout à fait content de tous les comédiens, et qu'il n'avait pas trouvé de local. D'ailleurs, il avait déjà fait plusieurs mises en scène de théâtre, il y a quelques années ; je n'en ai vu aucune, et je l'ignorais même, c'est lui qui me l'a appris. De même que je n'ai su qu'après que Michèle Moretti avait été effectivement son assistante pour certaines de ses mises en scène.

– *D'où venait le projet de faire réaliser ce reportage en 16 mm par Labarthe et son équipe ?*

– Cela vient des émissions T.V. sur Renoir, de *Cinéastes de notre temps*, de l'admiration profonde que j'ai pour la plupart des émissions de cette série. C'est une idée qui est venue très vite, et pour des raisons pratiques : je savais que le temps que nous pourrions consacrer à filmer le théâtre serait très court, alors que je voulais dès le départ avoir un gros matériel pour le montage, ce qui rendait impossible de le faire uniquement à la Mitchell. J'ai alors pensé qu'il serait amusant de le faire avec deux systèmes très différents à la fois, et d'introduire cette fiction très grossière, et qui ne trompe personne, du reportage de télévision à l'intérieur du film.

L'idée de faire de Labarthe le questionneur est venue beaucoup du rôle que devait jouer le personnage de Marta : il devait avoir une position fixe, c'est-à-dire ne jamais intervenir dans la progression dramatique, mais jouer un rôle de pivot très ferme sans jamais agir ; il fallait donc qu'il ait des arrière-plans, d'où la nécessité de lui donner un passé ; mais comme elle ne pouvait pas le dévoiler d'elle-même, il fallait que ce soit lors de « questionnages »... J'en ai beaucoup retiré au montage d'ailleurs, parce que ça devenait trop systématique.

– *Finalement, ce système aléatoire, qui a consisté à faire monter une pièce par Kalfon et tourner une émission par Labarthe et Etienne Becker, semble avoir été tout à fait prémédité, et retrouver, d'après ce que vous venez de dire, une fonction bien précise ?*

– Au départ, c'était uniquement le désir d'avoir le moins possible de choses à faire, de me reposer au maximum, de n'avoir qu'à discuter un peu avec les gens et puis me marrer dans mon coin. Dès que je trouvais un truc qui faisait que c'était d'autres gens qui faisaient le boulot, j'étais ravi. Etienne prenait ses initiatives ; il savait que, suivant les moments, il devait s'axer sur telle chose plutôt que sur telle autre, mais il était très très libre : il filmait ce qui l'amusait suivant ses propres méthodes, parfois des petits bouts, d'autres fois en défilant les chargeurs les uns derrière les autres s'il trouvait que ça en valait la peine. D'ailleurs, les trois derniers jours, nous avons tourné avec les deux équipes séparément, l'une après l'autre, ce qui permettait de tourner de midi à minuit, et donnait plus de latitude à Labarthe et Becker, qui n'avaient plus à tenir compte de la position de l'autre équipe ; les meilleurs moments de reportage sur *Andromaque*, c'est comme ça qu'on les a eus.

Il y a un moment dont je n'ai gardé que quelques très courts extraits dans le film, c'est la répétition presque en continuité de la dernière scène, cela dure plus d'une heure, et tel quel, c'est très bien.

– Ce n'est donc pas par hasard qu'on a l'impression que Kalfon lui aussi a constamment une répugnance à intervenir, voudrait que ses acteurs fassent tout d'eux-mêmes ?

– C'est la suite des conversations qu'on avait eues pendant trois mois avant le début du tournage, à propos de Racine, à propos de Barthes, à propos des acteurs, à propos de la mise en scène. Et nous étions tout à fait d'accord sur ce principe de la non-intervention comme principe de base. L'idée que le metteur en scène, non seulement ne doit pas être un dictateur, mais ne doit pas non plus être un père.

2 A

– Mais, mises à part ces explications par la commodité ou la paresse, ce qui est frappant, c'est la combinatoire infinie que permettent les trois termes, caméra 16, caméra 35, et théâtre.

– Mais c'est aussi une solution de paresse, parce qu'il suffisait de poser au départ le principe de ces trois éléments, et après, ça se développait tout seul. D'ailleurs, je suis de plus en plus persuadé que les films se décident avant, et que, si on part sur des bons principes, ça court tout seul sur le développement de ces principes. Sinon, si on part, pas forcément sur des mauvais principes, disons des principes plus abstraits, ça implique qu'on se donne un mal de chien à chaque fois pour soulever une masse d'une tonne de deux millimètres, et que cette dépense d'énergie fabuleuse n'aboutit qu'à un résultat mesquin. C'est plus agréable de fonctionner d'une façon où les choses se multiplient plutôt que d'une où elles se divisent.

– *Vous vous opposez donc aux théories de François Truffaut, selon lesquelles le tournage va contre le scénario, le montage contre le tournage, etc. Est-ce qu'il y a eu pour vous un stade où quelque chose est allé contre ce qui précédait ?*

– Je ne m'oppose pas du tout à cette théorie, mais au lieu de dire aller contre, je dirais plutôt critiquer. Nous passions notre temps à critiquer : rien n'était jamais donné ni acquis. Pour tourner une scène, quelquefois nous la faisions telle qu'elle était prévue, d'autres fois nous changions tout. Ce n'était pas être pour ou contre, c'était une remise en question spontanée, qui allait de soi. En tout cas, il n'y avait pas en effet l'idée de stades tranchés, mais d'une continuité, de moments successifs, différents, de la même chose qui, parce qu'ils étaient différents, impliquaient à chaque fois une attitude différente et, de là, certains réajustements de l'un à l'autre.

– *Mais vous n'aviez tout de même pas ce sentiment de lutte contre, d'empoignade avec le cinéma que la plupart des metteurs en scène ont ou paraissent avoir.*

– Et que j'avais eu moi-même pendant mes deux premiers films, de façon terrifiante, c'est pourquoi je me disais que ce n'était certainement pas la bonne façon de faire des films. Mais là, pour la première fois, je n'ai pas eu cette impression.

– *Cette façon de prendre un matériel dont vous n'êtes pas totalement responsable, et de le transformer ensuite en l'utilisant d'une autre façon, en faisant que tout réagit sur tout, cela va tout à fait dans le sens d'une certaine musique.*

– Oui… Enfin, c'est évident, on est obligé de penser à des choses de ce genre. Mais j'ai essayé de ne pas trop y penser. Pendant le tournage, on essayait non pas d'épuiser toutes les possibilités offertes, parce que c'est inutile et impossible, mais d'en utiliser ce que nous pouvions, dans les cinq semaines dont nous disposions, pour donner l'idée de cette masse de possibilités virtuelles.

– *Justement, devant ce donné inépuisable, entre le 16 et le 35, vous avez dû vous apercevoir très vite que votre film allait être très long.*

– Non, parce que j'ignorais totalement ce que j'aurais envie de garder au montage. Je sentais bien que je ne serais pas à court de matériel pour monter, mais je ne savais pas du tout la proportion que j'en garderai.

– *Combien aviez-vous tourné de 35 en tout ?*

– Environ vingt-cinq mille mètres. Un premier bout-à-bout du 35 durait environ quatre heures, puis nous l'avons un peu resserré, puisque le film dure maintenant quatre heures douze, avec à peu près une demi-heure de 16.

– *Tout ce qui était un petit peu hasardeux, qui partait dans tous les sens, au tournage, se recolle complètement, et certaines choses apparaissent complètement préméditées, des raccords entre le 16 et le 35, qui créent une sorte de dialectique très riche…*

– C'était une dialectique facile à préméditer : à partir du moment où on tourne avec deux caméras, on a une chance d'avoir des bons raccords ; mais on a aussi des surprises, très instructives…

– *Et les lignes générales du récit, en aviez-vous une idée précise à l'avance ?*

– L'idée de départ était qu'il s'agissait de trois semaines de la vie de deux personnes. Le premier travail fut de parler avec Jean-Pierre et Bulle de la façon dont ils voyaient les choses, de ce qu'ils pensaient des réactions

277

des personnages qu'ils auraient à jouer. Dans le premier texte, par exemple, il manquait beaucoup de choses sur Claire, mais je savais qu'elles manquaient : ainsi, c'est en parlant un soir tous les trois que l'un de nous, je ne sais vraiment plus lequel, après vingt idées qu'on n'a pas gardées, a lancé l'idée qu'elle devrait chercher un chien.

– *L'idée du chien n'était pas dans les 30 pages du scénario ?*

– Dans les 30 pages, si ; mais pas dans les 10 pages. Au départ, le film tenait vraiment en trois phrases, celles sur lesquelles Beauregard, puis Bulle et Jean-Pierre, m'ont donné leur accord. J'ai alors écrit 10 pages pour avoir une base de discussions ; c'est à ce stade-là que se sont placées les conversations avec Bulle et Jean-Pierre, et le travail avec Marilù. C'est là qu'on s'est imposé de construire une sorte d'agenda de leur vie, jour par jour, et presque heure par heure, pendant ces trois semaines ; c'est cet agenda que j'ai ensuite récrit en 30 pages, sous une forme un peu plus littéraire, pour pouvoir le faire lire. Au tournage, c'est ce calendrier que nous avons suivi, au besoin en allant contre certaines des choses qui étaient écrites, en les déplaçant, ou en les précisant. Ainsi, la scène où Sébastien lacère ses vêtements est venue en discutant la veille du premier jour de tournage ; je savais seulement, de façon complètement abstraite, qu'il fallait à ce moment-là une scène qui inverse les rapports entre Claire et Sébastien, où la « folie » qui avait investi le personnage de Claire soit reprise en compte par celui de Sébastien.

– *Vous saviez donc jour par jour ce que faisaient vos personnages. Mais dans le film, l'encastrement de leurs deux emplois du temps n'est pas régulièrement alternatif ; il y a de longs passages sur le théâtre seul, ou sur Claire seule, pendant lesquels on sent qu'il se passe quelque chose pour l'autre.*

– Tout le détail de la construction a été remis en question au montage ; mais le film a été monté jour par jour, et le principe de l'agenda a été conservé.

– *Oui, mais on ne les ressent pas comme des jours, plutôt comme des durées pures...*

– C'est pour cette raison qu'il n'y a que peu d'indications de date ; j'avais d'abord prévu de marquer tous les jours, et puis nous avons pensé qu'au fond, c'était bien de perdre par moments la notion précise du temps, et de ne pas avoir des repères tout du long, mais de les redonner de temps en temps cependant, pour qu'on sente arriver une échéance, telle que la fin d'un mois et le début du mois suivant : le dernier jour « dramatique » est un 31, et le lendemain, le 1er, est le jour où on boucle le cercle. Mais d'un jour à l'autre, il y a toujours un passage au noir.

– *Il y a quand même un moment où la notion de jour disparaît complètement au profit de celle de la durée, et où on se retrouve exactement dans la même situation que Kalfon, c'est lorsqu'il apprend le suicide de Claire, qu'on avait oubliée.*

– Là, je n'ai rien voulu de précis ; j'ai voulu, soit qu'on l'oublie, soit au contraire qu'on pense à elle en se demandant ce qu'elle est en train de faire pendant ce long passage où on la perd de vue. Il y a quand même de petites allusions à elle de temps en temps : le coup de téléphone de Jean-Pierre au bistrot, le fait qu'il aille passer la nuit chez Marta. Mais les deux réactions restent possibles, selon les gens : ça fait partie de la liberté du spectateur.

Je voulais des durées « libres », où l'on puisse de temps en temps perdre de vue l'écoulement du temps, et le récupérer par à-coups. C'est pourquoi j'ai gardé du film en 16 toutes les indications de temps, lorsque Jean-Pierre dit : « Il ne reste plus que deux semaines, plus qu'une semaine... » J'ai aussi cherché, au début, à donner l'impression au spectateur qu'il est embarqué pour trois semaines, mais je n'y suis pas vraiment arrivé, ça n'apparaît qu'en filigrane.

Cette durée de trois semaines est d'ailleurs en même temps arbitraire ; c'est aussi bien l'image de ce qui pourrait se passer en trois mois entre eux deux.

2 B

– *Pour en revenir au théâtre, on a l'impression que les acteurs n'ont pas répété entièrement* Andromaque, *qu'ils reprennent toujours les mêmes scènes ?*

– Effectivement, il s'est trouvé qu'ils répétaient plus souvent certaines scènes que d'autres, parce qu'ils les connaissaient mieux. Et puis, il y en avait qui étaient moins intéressantes par rapport au film. Surtout, le fait de revenir toujours sur les mêmes scènes, cela donnait des rimes à l'intérieur du film : la première rencontre de Pyrrhus et Andromaque, ou l'entrée d'Hermione. Les deux derniers actes sont très sacrifiés, parce qu'ils les avaient moins répétés. Mais tout ça n'était pas prémédité. Ce que j'ai gardé, ce sont les moments les plus intéressants plastiquement, et par rapport à Sébastien, non par rapport à Racine.

– *Qu'est-ce qui vous décidait à faire intervenir plus précisément le 16 ?*

– Quand j'avais envie, sans aucun critère général. Le principe, c'est que la caméra 16 est la seule qui a le droit de voir les acteurs en gros plan.

– *On n'a pas du cinéma dans le cinéma, mais le cinéma filmant du théâtre et filmé par du cinéma. Cela donne l'impression curieuse que la caméra 16 prend en charge toute la part de cinéma, et que la caméra 35 n'existe pas, qu'elle est un filtre transparent…*

– Je suis content que l'on ait cette impression, parce

qu'effectivement, la caméra 35 joue totalement le rôle d'œil de vache là-dedans. A la rigueur, c'est la personne qui est entrée sur la pointe des pieds, l'intrus qui reste assez loin parce qu'il va se faire engueuler s'il s'avance plus, qui épie dans les angles, qui regarde du balcon, toujours un peu planqué. Elle a un côté voyeur brimé, comme quelqu'un qui ne peut jamais se rapprocher comme il le souhaiterait, qui d'ailleurs n'entend pas tout. La Mitchell et la Coutant, ce sont deux formes opposées d'indiscrétion, passive et active, sournoise ou interventionniste ; mais c'est le même principe que la réalité préexiste, aussi bien quand on ne la filme pas que quand on la filme.

– *Cela produit un effet très curieux, parce que dans les scènes où 16 et 35 mm sont mélangés, c'est le 16 qui passe pour être du cinéma, avec un son précis, et quand c'est le 35, on a l'impression d'être spectateur de la pièce, dans la salle. Dans l'appartement, on n'a plus l'impression, du fait de la présence du seul 35, qu'on voit un film.*

– Oui, c'est un peu ce que je souhaitais, et c'est pourquoi j'ai essayé de rendre la caméra 35 la plus invisible possible. Il n'y a que trois travellings dans l'appartement, complètement fonctionnels. D'ailleurs, toute l'équipe technique s'est sentie très brimée tout au long du tournage, justement à cause de ça, parce que je voulais que la caméra 35 ne soit qu'une machine à enregistrer, totalement neutre. Pratiquement, je n'avais de rapports qu'avec les comédiens, c'est avec eux que je décidais de la façon de prendre une scène, et après je disais : « On met la caméra là et moteur ! », en vérifiant un peu si ce que je voulais qu'on voie était dans le cadre. Souvent même, à la fin, quand nous tournions très vite, Alain Levent faisait les cadres tout seul. Je faisais confiance aux techniciens, mais tout mon dialogue était avec les acteurs.

En tout cas, le rôle du 16 n'était pas vraiment prémédité. J'avais bien vu que c'était « le cinéma », bien sûr. Et même, ça ne me déplaisait pas, les moments où Jean-Pierre parle des rushes de l'émission de Labarthe qu'il a vus. J'avais même pensé un moment le filmer en train de regarder ces rushes, et puis j'y ai renoncé : puisqu'il le disait, ce n'était pas la peine de le filmer.

– *Vous parlez de cinéma dans le cinéma, c'est plutôt, en fait, le cinéma hors du cinéma. Quand on voit une caméra dans un film, le plus souvent on a l'impression qu'elle est un élément du film que l'on voit. Ici, on a au contraire l'impression qu'il y a un mal général qui s'appelle le cinéma, et un abcès de fixation qui est la caméra 16. La caméra 35, qui était l'intruse, ne l'est plus du tout, on ne la « sent » plus, et c'est la 16 qui donne l'impression d'être l'intruse extrême.*

– C'est dans la mesure où la caméra 16 est active, tandis que la caméra 35 essaie d'être la plus passive possible, avec même un côté faux-jeton. De temps en temps, elle fait des petites promenades, mais indépendamment de ce qu'elle filme, suivant un principe que je n'ai pas inventé, qui consiste à régler un mouvement d'appareil complètement indépendant de ce qui est filmé par ailleurs, et à laisser le cadreur se débrouiller pour adapter les deux. Mais encore une fois, c'est un vieux truc. Et je ne l'ai jamais fait dans l'appartement.

– *Il y a d'ailleurs un moment très « choquant », quand on voit des plans en 16 dans un endroit autre que le théâtre, chez Marta. Ça donne un peu le sentiment d'un scandale, comme si Labarthe était rentré dans le film 35, un moment on se demande même s'il n'est pas l'amant de Marta.*

– C'est un petit bout que j'ai mis tout à fait en fin de montage ; c'est la suite des interviews de Marta commencées au théâtre, dans la loge, puis dans la salle, puis au bistrot. Je n'ai pas monté l'interview chez elle, parce qu'il n'ajoutait rien, ou plutôt il ajoutait trop ; mais j'ai eu envie de ces plans-là purement plastiquement. J'ai eu envie qu'il y ait quelque chose entre Bulle téléphonant à Marta pour lui demander de la rejoindre et Bulle entrant dans le bistrot ; et comme ça n'aurait pas été bien de mettre encore du théâtre à cet endroit, il fallait continuer sur l'idée de Marta. Ces plans-là ont donc été mis uniquement pour avoir une pause ; évidemment, en projection, on s'est dit tout de suite que c'était énorme, mais, dans la mesure où on ne l'avait pas choisi, on l'a laissé, comme quelque chose qu'on venait d'apprendre.

Mais le doute reste permis ; une fois sur deux, quand je vois le film, j'ai l'impression que Labarthe essaie de rentrer dans la vie de Marta, qu'il pousse son pion, d'autres fois j'ai simplement le sentiment qu'il est là pour poursuivre son reportage, parce que Marta l'intéresse, et non parce qu'il a repéré qu'elle a l'air seule dans la vie, actuellement.

– *En fait, le malaise vient surtout du fait que ces plans sont en 16 mm, qu'à ce moment ils concernent la « fiction » et connotent « film », tandis qu'habituellement, ils connotaient « théâtre »...*

– En tout cas, c'est monté uniquement pour avoir des durées, des oppositions de décors et de personnages ; les oppositions de matières, elles, sont subies. Que ça soit du 16 ou du 35, je n'y pouvais plus rien, c'était trop tard pour intervenir, je n'avais plus qu'à l'accepter comme un fait indépendant de ma volonté, comme les ambiances, les bruits imprévus liés au son direct : tout ça fait partie des choses données, qu'on doit reprendre telles quelles.

3 A
– La seule idée que j'avais pendant le montage, c'est qu'il existait certaines choses qui avaient été filmées, de

la pellicule, et que le montage consistait, non pas à savoir ce qu'on avait voulu dire, mais ce que cette pellicule disait par soi-même, et qui n'avait peut-être aucun rapport avec ce qu'on avait prévu. Le montage, c'est chercher les affinités qui peuvent se créer entre ces différents moments de pellicule, qui existent complètement en eux-mêmes. Le fait qu'il y ait eu, à un moment, une caméra face à des personnes, qui les a provoquées à agir d'une certaine façon, et tout ce que l'on a pu penser, ou dire, ou faire à ce moment-là, tout cela n'a plus la moindre importance, c'est du passé mort ; la seule chose qui compte, c'est ce qu'il en reste, et il en reste une cristallisation qui est les rushes. Et les rushes, je ne me lasse pas de les voir, j'y passe des journées et des journées avant de commencer à monter, et la première collure, c'est toujours un sentiment de sacrilège. Parce que c'est une violence qu'on leur fait de les obliger à se ranger dans un certain ordre plutôt que dans tel autre ; c'est pourquoi aussi j'aime bien les montages très longs, pour avoir le temps de beaucoup tourner autour, revoir en cours de route les prises laissées de côté, les doubles, les chutes, essayer de comprendre ce qu'ils disent eux aussi. C'est le moment où on passe du côté brut de la réalité captée à la dimension du film : c'est le moment de la responsabilité maximum, parce que c'est là que le film, qu'on le veuille ou non, va vouloir « dire » quelque chose ; mais c'est lui-même qui doit le dire, et non pas moi ni qui que ce soit.

Dans le cas de *L'Amour fou*, c'était très passionnant, parce qu'il y avait de quoi jouer très longtemps avec ce principe-là. J'étais prêt à démolir complètement la chronologie de départ ; et des choses qui n'étaient pas prévues vraiment à un endroit précis au tournage se sont promenées, on s'est beaucoup amusé à les déplacer jusqu'à ce qu'elles aient l'air d'être à leur place, de ne plus avoir envie de bouger.

J'avais commencé par monter l'armature en 35 dans l'ordre du scénario, et c'était monstrueux, d'un ennui mortel. J'ai alors attendu d'avoir le 16 gonflé, sans rien toucher, en laissant dormir le film presque deux mois. Et nous sommes repartis en le reconstruisant peu à peu à partir des injections de 16 mm ; sans le 16, le film était « in-montable » ; il était nul. On y serait peut-être arrivé, mais il aurait certainement fallu couper beaucoup de choses pour que ce soit visible.

Le 16 mm a introduit le suspense ; et quand Louis Marcorelles me reproche d'avoir trahi l'esprit du 16 et du cinéma-vérité au profit d'Hitchcock, il a raison. C'est en effet du cinéma-vérité complètement dévié de sa nature profonde, mis au service d'une idée du cinéma qui est peut-être finalement plus proche d'Hitchcock que de Renoir ; le suspense introduit par le 16 a permis de redonner aux plans la force qu'ils avaient dans les rushes, et qu'ils avaient perdue dans le bout-à-bout ; certains plans d'ailleurs ne l'ont pas retrouvée, la force des rushes. Mais dans tous les films, quels qu'ils soient, très mis en scène ou très « reportage », j'ai toujours senti cette déperdition de force par rapport aux rushes.

— *Cela condamne le montage ?*

— Non, je crois quand même qu'il faut monter. Je crois que tout le monde a eu la tentation de montrer les rushes tels quels aux gens, Godard, Eustache ou Garrel, et certainement Renoir autrefois, mais, pour le moment, je continue à penser que ce serait une facilité pas payante, et que les rushes laissés tels quels dépériraient peu à peu.

— *Quand vous parlez d'un suspense introduit par le 16, vous ne pensez pas simplement à ce qui se rapporte à la « fiction », mais aussi à la nature même du 16 à l'intérieur du 35 ?*

285

– Oui, le 16 relançait le 35, plastiquement et dynamiquement. C'était une autre qualité d'image et une autre vitesse. Par exemple, la deuxième semaine – qui est la partie du film centrée sur Claire – était extrêmement ratée en bout-à-bout. Et d'un seul coup, par les petites injections de 16, elle a pris son sens. C'est une chose qu'on ne peut pas vraiment expliquer : il y avait simplement trop de 35 à la suite. Il n'y a que pendant les deux jours que Bulle et Jean-Pierre passent ensemble dans l'appartement que le 16 aurait été incongru : là, le principe, c'est de n'avoir pendant une demi-heure qu'un seul niveau.

– *Pour ce qui se passe pendant ces deux jours, aviez-vous écrit quelque chose ?*

– Non, rien. Dans les trente pages du scénario, il y avait juste : « Ici vient une scène qui sera ce qu'elle sera », ou quelque chose de ce genre. On l'a tournée en un jour, à la fin du tournage dans l'appartement. Nous avions parlé de ce passage entre nous, mais assez peu, c'était une sorte de récompense réservée pour la fin, dont on avait presque peur de parler. Au départ il était prévu que nous aurions deux ou trois jours, puis nous avons pris du retard, nous n'avons plus eu qu'un jour de tournage, si bien que nous l'avons fait dans la folie la plus complète. Le même éclairage une fois pour toute, la caméra se déplaçant à toute allure dans tous les azimuts, des plans où, tout d'un coup, il fallait que tout le monde se planque parce que Jean-Pierre partait dans un sens qui n'était pas du tout prévu, Levent réussissait à le rattraper de justesse. On savait seulement que ces deux jours seraient faits sur l'idée de puérilité, deux jours où ils sont frère et sœur, la régression à l'enfance. Nous avions même envie d'aller encore beaucoup plus loin dans cette voie, carrément dans la scatologie, enfin vraiment l'esprit enfantin. Il en reste quelques petites choses, les inscriptions « kakapipi » sur le mur, mais c'est très timide. On n'a pas eu le temps d'aller plus loin. En tout cas, le principe c'était : ils ont quatre ans. En y repensant après coup, c'est celui de *Monkey Business*. Je dois dire que, sur ce principe, Jean-Pierre était bourré d'idées. Il voulait faire aussi un grand hommage à Laurel et Hardy, un duel à coups de yaourts et de fromages blancs, que, malheureusement, on n'a pas eu le temps de tourner. Ils étaient très fatigués à la fin de toutes ces actions presque ininterrompues, et puisqu'ils étaient fatigués, on a tourné la fatigue, mais ce n'était pas du tout prévu. Ils s'étaient dépensés à griffonner sur les murs, à se rouler dans les draps, à démolir la porte ! Après, je n'ai fait qu'amener la Mitchell devant eux et filmer leur épuisement.

– *Est-ce que vous aviez vu, à cette époque,* Les Petites Marguerites *?*

– Non, pas encore. De toute façon, c'est vraiment la tarte à la crème du soi-disant nouveau cinéma. Depuis j'en ai vu plein : *Herostratus, The Happening, Sept jours ailleurs*... En même temps, la destruction, c'est le plus vieux thème du cinéma : c'est Mack Sennett, c'est le burlesque. Ce sont des choses sur lesquelles on retombe forcément, d'autant que nous ne cherchions pas une seconde à être original. On faisait ce qui s'imposait, ce qui allait de soi. Ils avaient envie de se peindre, ils se peignaient...

– *Tout cela est quand même très rythmé d'actes sexuels violents et répétés, qui contrarient le côté « retour à l'enfance ».*

– Oui, il y a des moments où Jean-Pierre oubliait un peu le postulat. Encore que la sexualité infantile...

– *En tout cas, bien souvent, au cours du film, il y a entre eux des relations mère-enfant très nettes...*

– Oui, c'est venu tout seul, comme une chose tellement évidente que ce n'était pas la peine de la prévoir.

287

On a même gommé ou renoncé à tourner des choses dans ce sens. A la fin, quand Jean-Pierre est seul dans l'appartement, on avait prévu qu'il serait carrément en position fœtale, puis on ne l'a pas fait, c'était inutile.

– *Mais il y a déjà une allusion à ça dans le film, quand Beneyton joue la mort d'Oreste…*

– Oui, et ça, justement, c'est venu tout seul aux répétitions. Ce n'était pas la peine de le refaire.

– *Que pensez-vous de la façon qu'ont les acteurs de jouer Racine ?*

– J'avoue que le fait que Racine soit dit de façon très abrupte, souvent maladroite, lui donne une force extraordinaire. Ou bien, pour que ça passe, il faudrait que ce soit joué magnifiquement par des acteurs géniaux. Mais là, je trouve qu'il y a une sorte de brutalité du vers racinien qui revient, à l'improviste, dans le tâtonnement, quand on ne s'y attend pas.

– *Dans* Andromaque *même, en tant que pièce, il y a un côté complètement barbare, ce n'est pas du tout une pièce de finesse, d'élégance, et tous autres clichés qu'on a pu dire ou écrire sur Racine.*

– Absolument, c'est une pièce d'une sauvagerie extraordinaire. Au départ, notre idée, c'était de prendre une pièce-bateau du répertoire français, tout en sachant, puisqu'on a lu Barthes, que Racine c'est quand même… bien. Et puis, en relisant la pièce, elle nous a paru vraiment extraordinaire ; même Dennis Berry et Yves Beneyton, qui auraient préféré au début qu'on monte une pièce d'Artaud par exemple, se sont enthousiasmés dès les premiers jours de lecture. Pour Jean-Pierre et pour moi, ce contact des comédiens avec le mot à mot du texte, qui est fabuleux, a été une révélation : c'est ce qui est passionnant dans un travail comme ça, c'est en étant obligé de suivre le mot à mot du vers qu'on se rend compte que chaque vers est d'une méchanceté, d'une sauvagerie, d'une décision et d'une audace incroyable. C'est vraiment un auteur fou, un des grands auteurs malades de la littérature française.

Une vraie représentation de Racine, ce serait tout autant au bord de l'insoutenable que l'*Antigone* du Living Theater ; mais par de tout autres moyens, sans jouer du tout sur les actions physiques ; c'est d'ailleurs ça, l'idéal, que les mots aient la même violence que les actions dans les spectacles du Living : des mots qui blessent, qui torturent. Ce qui nous avait frappé aussi, dès la première lecture, c'est à quel point c'est une pièce sur la régression ; elle commence sur les hommes, qui parlent de politique, continue sur les femmes qui se mettent à parler de leurs problèmes passionnels, et, peu à peu, les personnages adultes disparaissent, et le cinquième acte, c'est vraiment l'acte des enfants terribles, qui ne peut déboucher que sur des actions puériles, sur le suicide et sur la folie.

Et quand Michèle et Jean-Pierre parlent du côté « inmontable » de Racine, ils le pensaient profondément ; ils ont dit devant la caméra ce qu'on se disait ensemble tous les soirs.

– *Vous aviez pensé à Hitchcock en faisant le film ?*

– Avant, très peu ; je savais que certains moments devraient être tournés dans une optique un peu hitchcockienne, mais je pensais que ce serait comme des abcès de fixation très indépendants du reste du film, et qui d'ailleurs me faisaient assez peur avant, pendant et après, parce que je ne savais pas du tout s'ils ne jureraient pas par rapport au reste. Sans quoi, je n'y ai pas pensé jusqu'au jour où nous avons été revoir *Marnie*, vers la fin du tournage, et où les rapports, si j'ose dire, nous sont apparus évidents.

Mais peut-être tout film que nous aurions été voir, dans l'état d'esprit où nous étions, nous aurait frappé de la même façon : dans ces cas-là, on se projette sur tout ce qu'on rencontre...

3 B

– En ce qui concerne le théâtre, cette intensité qu'il prend au long du film, qui contrebalance presque ce qui se passe entre Kalfon et Bulle, était-elle voulue ?

– Oui, je voulais que ce soient deux choses aussi intéressantes l'une que l'autre, si possible à égalité. L'histoire, c'est quelqu'un partagé entre deux endroits, deux lieux clos, l'un où il répète, l'autre où il essaie de sauver – si l'on peut dire – le couple qu'il fait avec sa femme, sans qu'on sache si c'est le fait que le couple va mal qui fait la pièce aller mal ou le contraire. En fait, pour lui, c'est lié, il est pris dans un sac de nœuds, coincé des deux côtés.

– On a l'impression, à vous entendre, que c'est Sébastien le personnage principal...

– C'est vrai, c'est lui le personnage central ; mais, de même qu'il y a pour lui un équilibre entre le théâtre et l'appartement, je voulais qu'il y ait équilibre entre eux deux. Mais le point de départ c'était qu'on ne la voyait, elle, que par rapport à lui. Ce que l'on voit de Claire, c'est peut-être seulement l'idée que Sébastien s'en fait : il y a des moments sur elle, surtout vers la fin, où l'on peut penser qu'il imagine tout. De toute façon, c'est forcément l'idée qu'un homme peut se faire d'une femme.

Pour moi, la cristallisation de départ, ça a été le souvenir de la vie de Pirandello, qui a vécu pendant quinze ans avec sa femme folle. D'ailleurs, la scène de l'épingle vient de la vie de Pirandello, je l'avais lue trois mois avant dans le programme de je ne sais plus quelle pièce que j'avais été voir – *Se trouver*, je crois. Evidemment, en trois semaines, il ne pouvait pas se passer la même chose qu'en quinze ans, ça n'avait plus du tout le même poids ni le même sens, et je ne me suis pas senti la force, ni finalement l'envie, de faire un film où la femme serait vraiment folle. Donc ça serait seulement une crise, un passage à vide, comme tout le monde en a ; et c'est là qu'il est devenu évident qu'elle ne serait pas plus folle que lui, et que même, le plus malade des deux, c'était nettement lui. Le sentiment principal, c'était aussi une phrase de Pirandello sur laquelle j'étais tombé en bouquinant un peu avant de commencer à écrire quoi que ce soit, et que j'avais d'ailleurs recopiée au début du scénario : « J'y ai réfléchi, nous sommes tous fous. » C'est ce qu'on dit couramment, mais le beau, c'est justement de s'appliquer à y réfléchir.

– *Ce transfert de la folie d'un personnage à l'autre, c'est aussi* Lilith…

– Oui, bien sûr, mais *Lilith* est un film qui recoupe tellement les préoccupations qu'on a tous… Je m'en suis aperçu au bout de quelques jours, j'ai compris que j'étais aussi un peu en train de refaire *Lilith*. Mais, en fait, j'ai pensé à dix films. Il ne faut jamais hésiter à plagier. Là aussi, c'est Renoir qui a raison.

– *Quelle fonction donnez-vous aux trois scènes de répétitions qui ont lieu dans l'appartement de Sébastien ?*

– Je crois que ce sont des scènes assez importantes, parce que c'est l'irruption du théâtre chez Claire, qui l'exclut encore plus que le fait de ne pas participer à la pièce. Non seulement elle est refoulée hors du théâtre, mais en plus le théâtre la relance jusque dans son refuge.

– *Si l'on excepte les disques et le transistor, il n'y a de la musique qu'à un seul moment dans le film, juste avant la fin, et c'est un moment qui ne ressemble à aucun autre. Aviez-vous choisi à l'avance de la placer à cet endroit, quand Sébastien marche longtemps seul, et seulement à ce moment ?*

– Je tenais à ce moment, à la fin du film, où Jean-Pierre ressortait, où l'on devait ressentir un sentiment de fausse délivrance, et où ce sentiment de délivrance devait tomber peu à peu. J'aurais voulu, à ce moment-là, faire des choses plus savantes, jouer sur des changements de lieux, des changements d'éclairages, la tombée de la nuit. Je n'ai pas pu. J'ai dû filmer très simplement Jean-Pierre marchant, avec quelques plans de coupe un peu bêtes pour pouvoir monter. Et puis, c'était un moment, de toute façon, musical. Alors, j'ai eu envie qu'il y ait de la musique, là, et pas ailleurs. D'un côté, je savais que c'était un film où il fallait jouer sur le réalisme total du son, avec peut-être quelques ponctuations très brèves auxquelles j'ai renoncé après en avoir parlé avec Jean-Claude Eloy, parce qu'il m'a convaincu que ce serait des « pom-pom-pom » inutiles. Et puis, dans la mesure même où il n'y avait pas de musique du tout, j'ai pensé qu'il en fallait une importante à un moment, parce que toutes les règles doivent être contredites une fois, et aussi pour que ça décolle, que ce soit réellement planant, en dehors, de l'autre côté… Je voulais qu'à ce moment, non seulement il y ait de la musique mais, pour reprendre un terme de Boulez, que ce soit la musique qui soit l'onde porteuse, et l'image un simple accompagnement, presque accidentel, sans importance.

– *C'est justement l'impression qu'on a : qu'au tournage ce moment était conçu comme devant être accompagné de musique.*

– Cela ne s'est pas exactement imposé au moment du tournage, mais très vite, dès le début du montage, dès que j'ai commencé à parler avec Jean-Claude. J'avais prévu d'abord de toutes petites amorces de musique par-ci par-là dans le film, et puis, tout à coup, un grand éclatement, un bloc, puis la résorber totalement à la fin.

Quand la musique arrive, la parole est déjà morte depuis quelque temps : il y a eu le coup de téléphone de Françoise qui annonce le départ de Claire, puis la conversation entre elles deux à la gare, dont le degré de réalité est déjà plus improbable, puis encore quelques phrases confuses dans la loge, et le marmonnement de Jean-Pierre quand il marche en chantonnant un thème d'Otis Redding ; après la musique, il n'y a plus que des sons purs, et les cris d'enfant à la fin, qui sont complètement accidentels, pas prémédités du tout, enregistrés synchrones avec le dernier plan. Il fallait que la musique arrive non pas dernière, mais avant-dernière.

– *De même que la marche de Sébastien est, elle aussi, une fausse fin ?*

– Depuis le début, il n'y a que des fausses fins dans ce film. C'est un film qui n'arrête pas de finir. C'est pour ça qu'il dure si longtemps.

– *Il y a pourtant de la musique à un autre moment dans le film : quand Sébastien dort, avant la scène de l'épingle, on entend une sorte de bredouillis.*

– Ce n'est pas de la musique instrumentale. Ce sont des bonzes zen. D'ailleurs, cela revient à plusieurs endroits, mais d'une façon que j'ai voulue très faible et ça s'est un peu perdu au repiquage : c'est vraiment au bord du seuil de perception, presque comme des infrasons. Au générique, par exemple, le bruit du train se transforme en bonzes zen, avec quelques bouffées de musiques folkloriques, des gouttes d'eau, tous ces éléments tournant en boucle : tout cela très grossièrement inspiré de *Telemusik* évidemment. Parce que la grande ambition du film, formellement, c'était de chercher un équivalent, dans le cinéma, des recherches récentes de Stockhausen : ce mixte de construit et d'aléatoire, et qui implique obligatoirement le temps, la durée. Et l'autre

« modèle » musical du film, mais c'est encore plus lointain, malheureusement, c'était *Sgt. Peppers*…

– *Pour* Paris nous appartient, *c'était Stravinsky ?*

– Non : *Paris nous appartient,* c'était Bartok.

C'était volontairement ce romantisme un peu décadent, ce côté voulu grinçant. L'origine de *Paris nous appartient,* ça peut paraître prétentieux et même monstrueux, c'est le choc de Budapest, fin 1956. Juste après *Le Coup du berger,* j'avais écrit des scénarios que devait produire Rossellini, dont aucun heureusement n'a été tourné, et c'est l'un d'eux que j'ai repris, en le modifiant complètement, six mois après, au printemps 57. Ça paraît idiot, mais à cause de ça, c'était lié à Bartok.

– *Comment voyez-vous, maintenant,* Paris nous appartient ?

– Je ne l'ai pas revu depuis longtemps, et j'ai très peur de le revoir. J'ai eu trop envie de le tourner pour le renier, mais avec le recul, je suis très malheureux sur les dialogues, que je trouve épouvantables. Je continue à aimer le principe du film, y compris toutes les naïvetés, j'aime bien la construction, la façon dont les personnages passent d'un décor à l'autre, dont ils bougent entre eux ; même le côté pas très au point de l'intrigue, ça m'est égal, mais le style des dialogues, et par conséquent le style de jeu, me gêne prodigieusement. Je croyais en les écrivant que c'était l'anti-Aurenche et Bost, et je m'aperçois que c'est la même chose, du dialogue à effets dans le pire sens du mot ; ils sont sauvés par certains comédiens ; d'autres les aggravent ; mais ils sont terriblement contents d'eux-mêmes, et ça, je ne peux plus le supporter. Même les scènes de théâtre sont faites sur la convention, et c'est ce qui m'a donné l'envie de montrer le théâtre d'une autre façon.

– D'ailleurs, il n'y a pas de raison de s'arrêter ; tous les films sont sur le théâtre : il n'y a pas d'autre sujet. C'est la facilité, bien sûr, mais je suis de plus en plus persuadé qu'il faut faire les choses faciles, et laisser les choses difficiles aux pédants. Si on prend un sujet qui traite du théâtre de près ou de loin, on est dans la vérité du cinéma, on est porté. Ce n'est pas un hasard si, parmi les films que nous aimons, il y en a tellement qui sont au premier degré sur ce sujet-là, et on se rend compte après que tous les autres, Bergman, Renoir, les bons Cukor, Garrel, Rouch, Cocteau, Godard, Mizoguchi, sont aussi là-dessus. Parce que c'est le sujet de la vérité et du mensonge, et qu'il n'y en a pas d'autre au cinéma : c'est forcément une interrogation sur la vérité, avec des moyens qui sont forcément mensongers. Le sujet de la représentation. Et le prendre carrément comme sujet d'un film, c'est de la franchise, donc il faut le faire.

– *Ça revient donc un peu à prendre directement le cinéma comme sujet du cinéma ?*

– Il y a eu beaucoup d'essais de films sur le cinéma dans le cinéma, et ça ne marche pas aussi bien, c'est plus laborieux, ça fait coquetterie. C'est moins fort, peut-être parce qu'il n'y a qu'un seul niveau ; c'est le cinéma qui se regarde lui-même, au lieu que, s'il regarde le théâtre, il regarde déjà quelque chose d'autre : pas soi-même, mais son frère aîné.

Bien sûr, c'est aussi une façon de se regarder dans un miroir, mais le théâtre, c'est la version « civile » du cinéma, c'est son visage de la communication vers le public ; alors qu'une équipe de film, c'est un complot, c'est complètement fermé sur soi, et personne n'est encore arrivé à filmer la réalité du complot. Il y a quelque chose d'infâme, de crapuleux profondément dans le travail de cinéma. Il faudrait peut-être le filmer de façon plus critique, ou plus violente, comme Garrel filme sa « chambre du crime » ; c'est très difficile en tout cas : même *Huit et demi* s'arrête avant le début du film, le fait que Mastroianni va, peut-être, commencer à tourner son film force Fellini à terminer le sien.

— *Indépendamment de cela, ne croyez-vous pas que ce qui intéresse de plus en plus les cinéastes modernes — ou ceux qui l'ont toujours été, comme Renoir — c'est quelque chose de commun entre le lieu théâtral, et le lieu tel qu'il se pose dans le cinéma moderne ? Quand on voit* Persona *ou les films de Garrel, on ne peut pas ne pas se poser la question du lieu.*

— Que le lieu préexiste ? Que le film est l'exploration du lieu ? Tout ce que je peux dire, de façon empirique, c'est que, dans *L'Amour fou,* si les décors avaient été différents, tout aurait été fondamentalement différent, et qu'il y a d'abord une opération d'apprivoisement et d'exploitation de ces deux décors. L'appartement, on a essayé de le montrer dans différentes situations dramatiques : familier, étranger, en ordre, en désordre, démoli, amical, hostile ; et au contraire, le décor du théâtre comme complètement immobile, puisqu'il est totalement artificiel. On était très bien, d'ailleurs, dans ce décor, parce qu'il était à la fois très grand et très intime ; on sentait des lignes de force dans cet endroit que j'aime beaucoup ; chaque fois que j'y rentrais, j'étais content, alors que l'appartement dépendait totalement de ce qu'on en faisait.

— *Au premier et dernier plan, avec la scène et le blanc on a nettement l'impression que le lieu tend à résorber le film, que l'espace devient dévorant...*

— C'est ça, « rien n'aura eu lieu que le lieu ». A part cela, ce début et cette fin ont été faits pour nouer le colis, pour essayer de trouver un petit équivalent, purement fonctionnel, à partir du théâtre, du début et de la fin de *Persona*.

C'est ça aussi que j'aime encore dans *Paris nous appartient*, le labyrinthe que font entre eux les décors, l'idée qu'on garde du film comme d'une série de lieux en rapport les uns avec les autres, les uns coupés, d'autres qui communiquent, d'autres qui sont des itinéraires facultatifs, et des gens qui circulent comme des souris à l'intérieur de ces labyrinthes, et se retrouvent dans des culs-de-sac, ou coincés nez à nez ; et à la fin, ça se volatilise et ça n'est plus rien que ce lac et des oiseaux qui s'envolent... Là, le lieu de la fin était très très loin du lieu du début – au contraire de *L'Amour Fou*...

Avec le côté forcément cyclique que donne le fait qu'au début et à la fin, on voit Kalfon écoutant le magnétophone ?

On aurait pu faire un film qui soit purement l'égrenage du calendrier, du premier au dernier jour, mais j'ai eu envie aussi qu'il fasse un cercle, et la façon la plus simple était ce vieux truc du flash-back.

– Mais qui ne joue pas du tout comme un flash-back...

– Non, qui joue purement comme un rappel. C'est une sorte d'hommage à Stravinsky, puisque c'est le début et la fin de quantités de Stravinsky, surtout *The Flood*, ou le *Canticum*, début et fin en miroir. Et d'ailleurs, après coup, je me suis rendu compte que des tas de choses étaient en miroir dans le film, c'est pourquoi ça ne m'ennuie pas du tout de mettre l'entracte, parce que ça accentue le jeu de miroir. Les deux jours de Jean-Pierre au théâtre, et les deux jours où il s'enferme dans l'appartement, les deux conversations avec Michèle, Marta et Puck, beaucoup de choses se répondent. Il y en a même certaines que j'ai un peu accentuées à partir du moment où j'ai décidé d'avoir l'entracte.

– C'est ce que Delahaye appelle, d'une façon très élégante,

la structure en nœud papillon. Donc, l'entracte devient un
moment très important...

– Ah oui, pour moi le moment le plus important du
film, c'est celui où les gens vont faire pipi.

– *A quel moment y avez-vous pensé ?*

– Dès que j'ai vu le premier montage complet, d'une
traite, j'ai eu le sentiment que, physiquement, ce n'était
pas supportable. C'était également la réaction des deux
monteuses, et j'ai pensé qu'il fallait en tenir compte : on
s'est rendu compte qu'on avait très bien suivi la première
heure, assez bien la deuxième, qu'on se désintéressait
complètement de la troisième heure, et que l'attention
revenait peu à peu pendant la dernière. Mais une heure
était complètement perdue, et pour des raisons de fatigue
physique. L'entracte, c'est aussi le moment où on fait
semblant d'être gentil avec le spectateur, et de lui rendre
sa liberté ; alors il en fait ce qu'il veut, s'il veut s'en aller,
il s'en va. J'espère d'ailleurs qu'il y aura des personnes
qui partiront, peut-être pas tout à fait la moitié de la salle,
mais disons un quart ou un cinquième, ne serait-ce que
pour prouver que j'ai eu raison de faire un entracte.

Je voudrais que ce soit comme au théâtre, où on peut
partir au milieu – ce que je fais très souvent. Par contre,
ceux qui restent, j'aimerais bien qu'ils restent jusqu'au
bout, et même je trouve qu'il faudrait verrouiller les
portes. Il faut que ce soit un contrat, d'aller voir un film,
un acte et un contrat ; et une des clauses du contrat, c'est
qu'ils ont le droit de partir à l'entracte, mais pas ailleurs.

– *Avez-vous essayé de faire le film le plus court ?*

– J'ai vu très vite qu'il dépasserait de toute façon les
trois heures ; mais je crois que sa durée actuelle – quatre
heures douze – est à peu près la durée exacte, et aussi la
durée maximum ; j'ai le sentiment que c'est à cinq
minutes près, qu'il n'aurait pas fallu aller plus loin.

— *Et vous n'avez pas eu la tentation de filmer* Andromaque *en continuité ?*

— C'était prévu au départ, les comédiens pensaient qu'ils allaient réellement jouer *Andromaque* le dernier jour, après six jours de répétitions ; et on devait le filmer à deux caméras. On y a renoncé parce que les acteurs n'étaient pas prêts et que, de toute façon, on n'aurait pas eu assez de pellicule.

— *Est-ce que vous aimeriez filmer une représentation théâtrale, ou une pièce de théâtre ?*

— Je crois que tous les metteurs en scène ont eu envie de ça, et que personne ne l'a jamais fait. Mais ce qui serait intéressant dans le fait de filmer une pièce, ce ne serait pas de la filmer mais de l'avoir mise en scène, et peut-être de l'avoir écrite.

4 A

— *Comment alors voyez-vous* La Religieuse *entre ces deux films et par rapport à la pièce montée par vous ?*

— Comme une erreur séduisante. J'ai eu envie de le faire, d'abord, uniquement en tant qu'adaptation, pour faire lire le livre ; puis, il y a eu le montage de la pièce, et j'ai eu envie de filmer la pièce, et que, par moments, elle devienne film, mais en restant inscrite à l'intérieur d'une représentation théâtrale. J'avais même parlé à Beauregard dans ce sens, mais il n'a absolument pas été d'accord ; j'ai donc triché un peu, en ce sens que, pour moi, c'est resté un film sur une pièce. J'ai voulu jouer sur le fait qu'il y avait des moments très théâtraux, volontairement « joués théâtre », et que, par moments, ça devenait plus des actions physiques, donc du cinéma ; mais c'est trop gommé, et les moments de théâtre ressemblent plutôt à du cinéma raté ; ça se sent

299

seulement un peu sur le jeu des acteurs, et surtout sur la façon de filmer, très frontale dans les parties « théâtre ».

– *Mais vous n'avez pas pu, explicitement et longuement, désigner la présence du théâtre ?*

– Je l'ai fait par des petites choses : les trois coups du début, la scène d'ouverture où je voulais que le public de la cérémonie ait l'air d'un public de théâtre et que la cérémonie soit filmée comme une représentation, des choses de ce genre. Mais ce n'était pas assez, il aurait fallu le double de temps, le double d'argent. C'est vraiment un film qui souffre d'avoir été un faux film à moyens, c'est en réalité un film complètement fauché, fait avec des bouts de ficelle, où on a été constamment dévoré par les problèmes matériels. C'est le type même de l'entreprise où l'on essaie de sauver les intentions, mais où l'on en sauve une sur dix, et où elle perd son sens. La seule chose amusante, c'était le problème des décors, qui étaient faits sur le principe inverse de celui de *Paris nous appartient* : il s'agissait de construire complètement deux couvents imaginaires, avec des bouts de murs, de couloirs, d'escaliers, filmés à gauche et à droite dans un rayon de quarante kilomètres autour d'Avignon : chaque fois qu'Anna passe une porte ou qu'on change de plan, c'est un saut de Villeneuve au pont du Gard ; c'était vraiment un puzzle, dont on raccordait les morceaux par des trucs d'éclairages, d'ouvertures de porte, de changements de vitesse, des choses comme ça. Mais le *lieu* n'existe que sur l'écran, dans le film : c'est le mouvement du film qui construit le décor.

L'origine de *La Religieuse*, c'était surtout la musique, les idées de Boulez – très mal assimilées. Le principe, c'était que chaque plan avait sa durée, son tempo, sa « couleur » (c'est-à-dire son timbre), son intensité et son niveau de jeu. Mais le plus souvent, je n'ai pas réussi à préciser tous ces éléments, parce qu'il fallait filmer avant tout, et on filmait vraiment ce qu'on pouvait, comme on pouvait.

– *On a l'impression – ça a beaucoup frappé Jean-Marie Sraub – d'un film très travaillé au montage.*

– Non, le montage a été fait très soigneusement mais très vite. Le vrai montage, c'était la préparation, c'était le tournage. Après, on a mis les plans bout à bout, en faisant des coupures nettes, en montant le son très *cut*. J'avais prévu dès le départ que le son serait très travaillé parce qu'il m'aidait à accentuer les ruptures de cellule à cellule. L'idée de départ de *La Religieuse*, c'était un jeu de mots, c'était de faire un film « cellulaire », puisque c'était sur les cellules de bonnes sœurs.

– *Comment avez-vous travaillé avec Jean-Claude Eloy ? Avant le tournage ?*

– Après le tournage. De très près. Je savais en gros avant le tournage que tel ou tel plan serait musicalisé, et n'aurait de sens que si sa durée correspondait exactement à une musique. Ensuite, à la moritone, on a regardé le film ensemble, plan par plan, et avec Denise de Casabianca et Jean-Claude, on a discuté entre nous la construction sonore complète du film, non seulement là où il y avait de la musique, mais là où il n'y en avait pas. La bande sonore est donc devenue complètement une partition. Le principe, c'était d'ailleurs qu'on essayait qu'il y ait le moins de musique possible, de la relayer par des ambiances, des sons plus ou moins trafiqués, avec des degrés entre le son direct pur et la musique pure, en passant par des sons réels mélangés, ralentis, à l'envers, des percussions plus ou moins précises, des musiques en boucle à des vitesses variables. Et quand on ne pouvait vraiment pas faire autrement, Jean-Claude acceptait

301

d'écrire une musique pour ce moment-là ; avec le principe qu'on économisait au maximum la musique, mais qu'il y en avait tout du long, et que son rôle s'accentuait, se précisait en avançant dans le film, la musique principale étant en avant-dernier, sur la grande scène entre Anna et Rabal, qui est la vraie fin du film, la scène où brusquement Suzanne comprend – et où la parole est prise complètement dans la musique, devient un élément de celle-ci.

— *Eloy concevait sa musique en fonction d'un plan comme cellule globale, ou en fonction d'un de ces éléments du plan dont vous parliez, timbre, hauteur ?*

— Il a écrit toute la musique en fonction de cette musique principale (et qui dans *Macles*[1] commence et se termine), tout le reste étant des développements de certaines parties de cette grande musique, écrits plus pour tels ou tels instruments, en fonction du plan, et en fonction également du son réel qu'on avait, et qu'on gardait toujours sous la musique ; tous les bruits étaient repérés et intégrés dans sa partition.

— *Il y a une grande ressemblance entre le personnage de Suzanne tel que vous l'avez décrit – un personnage aveuglé pendant les neuf-dixièmes du film et qui comprend tout à la fin – et celui de Claire.*

— Vous savez, sans vouloir imposer les thèmes « rivettiens », c'est aussi ce qu'on pourrait dire du personnage de la femme dans *Le Coup du berger*, ou du personnage d'Anne dans *Paris nous appartient*. C'est seulement le dernier jour du mixage que ça m'a brusquement frappé, et j'ai enfin compris pourquoi j'avais eu si longtemps envie de faire *La Religieuse*, en m'apercevant que c'était la répétition de *Paris nous appartient* : complètement le même sujet, avec un meilleur dialogue ! Ainsi que *Le Coup du berger*, d'ailleurs : je voulais, là, essayer de donner le maximum de gravité à une anecdote de boulevard ; que la fin soit ressentie presque comme tragique. C'était très inspiré des *Dames du bois de Boulogne* évidemment ; de même que le dialogue se voulait inspiré de Cocteau – qui est le grand inspirateur secret des cinéastes français, le point commun entre *Lola*, Truffaut, certains Godard, et maintenant Garrel.

4 B

– *La Religieuse*, j'ai mis cinq ans à le faire, je l'ai tourné avec beaucoup plus de recul et de froideur, très certainement, que si je l'avais fait tout de suite. Le principe n'était pas de faire une adaptation, c'était qu'il n'y avait pas d'auteur du tout. Je crois de plus en plus qu'il n'y a pas d'auteur dans les films ; qu'un film, c'est quelque chose qui préexiste. Ça n'est intéressant que si on a ce sentiment que quelque chose préexiste, et qu'on s'efforce d'aller vers lui, de le découvrir, en prenant des précautions pour ne pas trop l'abîmer, le déformer. Et c'est pour ça qu'il est tellement agréable de faire un film comme *L'Amour fou*, où on parle entre soi du film comme on parlerait de quelqu'un qui est absent, qu'on aimerait rencontrer. Au bout d'un moment, *La Religieuse*, ce n'était plus du tout une adaptation de Diderot : j'avais le sentiment que j'avais tellement assimilé le livre qu'il n'existait plus comme œuvre littéraire ; j'essayais vraiment de retrouver Suzanne Simonin. Il y avait bien un texte qui préexistait, mais comme texte justement, comme une réalité tout à fait indépendante de l'existence d'un auteur nommé Diderot ; et c'était quelque chose qu'il fallait accepter avec ses accidents, sa réalité de texte écrit, contredisant toute idée de fiction (ce qui était lié en même temps au passage de la première à la troisième personne), tout en sachant que ce que je voulais atteindre était aussi en dehors de ce texte, comme c'est aussi bien en dehors du film. Et Anna était le médium pour ça.

— *C'était un point de vue très différent de celui de la mise en scène de la pièce ?*

— Oui, je crois que c'est venu juste après la pièce, en contrecoup. Je savais dès le début qu'Anna jouerait le rôle, mais ça a pris encore plus de force avec la pièce, où elle sauvait tout ce spectacle lamentable et bâclé. Je n'avais jamais vu ça au théâtre ; la tentation était d'essayer de refaire la même chose au cinéma, mais ce n'était pas possible ; et nous avons souffert dans le film de ne pas retrouver cette exaltation du théâtre. Mais il fallait que le film soit cette chose hostile et pas agréable, cette machine qui enferme Suzanne.

— *On sent ce parti dans la plastique, le côté métallique de la couleur surtout.*

— C'est la seule idée que j'en avais au départ, je savais que je voulais les plus violents contrastes possibles ; et au tirage, on a encore essayé d'accentuer ce côté dur de l'image ; on n'y est pas tout à fait arrivé, d'abord parce qu'il aurait fallu des arcs, et parce que l'Eastmancolor, ça reste toujours joli, toujours pastel, il aurait fallu tirer en Technicolor, pour avoir vraiment des noirs ou des bleus très durs.

— *Une chose est présente dans vos trois premiers films, et absente de* L'Amour fou, *c'est l'argent.*

— J'avais prévu, au début, que la question d'argent se poserait, au moins pour le théâtre, et puis ça nous a emmerdés, on avait envie de planer. Il nous a paru évident que c'était des gens qui étaient plutôt fauchés, encore qu'ils aient la chance de vivre dans un assez grand appartement – mais je crois qu'ils louent ça meublé, on voit nettement qu'ils y campent – ils ont un peu de fric parce qu'il monte des pièces de temps en temps, elle joue de temps en temps. J'avais prévu un type qui venait l'embêter par-ci par-là en lui rappelant qu'il faut commencer à telle date, se dépêcher, etc., et puis l'idée de tourner ces scènes m'embêtait tellement.

– *Parlez-nous de votre travail avec Bulle Ogier. Son jeu est très différent ici de ce qu'il est dans* Les Idoles *de Marc'O...*

– J'ai surtout joué sur son inquiétude ; j'ai plutôt passé mon temps à l'empêcher d'avoir des assurances, des textes trop appris. La plupart du temps, elle a un texte au départ, dans lequel il y a d'ailleurs autant d'idées d'elle que de moi, texte qu'elle a lu un certain nombre de fois, mais pas complètement assimilé. Il y avait donc de grandes différences d'une prise à l'autre.

– *Beaucoup de gens sont très étonnés, après avoir vu le film, d'apprendre que Bulle et Kalfon ne forment pas un couple dans la vie...*

– Il me semblait impossible de faire un film sur un couple joué par deux acteurs qui ne se connaissent pas très bien avant ; mais, d'autre part, ça m'aurait énormément gêné de le faire avec deux acteurs qui soient un vrai couple. C'était déjà en partie un psychodrame, où ils ont forcément investi des choses d'eux, et s'ils avaient fait ça ensemble en étant un vrai couple, je me serais senti très responsable et très gêné. J'ai eu la chance qu'ils aient déjà une certaine complicité dans la vie, et un vocabulaire commun...

5 A

– *Croyez-vous que le cinéma soit utile, qu'un cinéma révolutionnaire puisse exister ?*

– Je crois qu'un cinéma révolutionnaire, ça ne peut être qu'un cinéma « différentiel », un cinéma qui remette en question le reste du cinéma. Mais en France, en tout cas, par rapport à une révolution possible, je ne crois pas à un cinéma révolutionnaire au premier degré, qui se contente de prendre la révolution comme sujet.

Un film comme *Terre en transes*, qui prend comme sujet la révolution, est aussi vraiment un film révolutionnaire ; c'est toujours idiot de faire des suppositions, mais je ne crois pas que cela puisse exister maintenant en France. Les films qui se contentent de prendre la révolution pour sujet se subordonnent aux idées bourgeoises de contenu, de message, d'expression ; or, la seule façon de faire un cinéma révolutionnaire en France, c'est de faire qu'il échappe à tous les clichés de l'esthétique bourgeoise : à l'idée, par exemple, qu'il y a un auteur du film qui s'exprime. La seule chose qu'on puisse faire en France en ce moment, c'est d'essayer de nier que le cinéma soit une création personnelle. Je crois que *Playtime* est un film révolutionnaire, malgré Tati ; le film a complètement effacé le créateur. Dans les films, ce qui est important, c'est le moment où il n'y a plus d'auteur du film, plus de comédiens, même plus d'histoire, plus de sujet, plus rien que le film lui-même qui parle, et qui dit quelque chose qu'on ne peut pas traduire. Le moment où il devient le discours d'un autre, ou d'autre chose qui ne peut pas être dit parce que justement, c'est au-delà de l'expression. Et je crois qu'on ne peut y arriver qu'en essayant d'être le plus passif possible aux différents stades, en n'intervenant jamais pour son compte, mais au nom de cette autre chose qui n'a pas de nom.

– *C'est pourtant quelque chose qui arrive très souvent chez Bergman par exemple, alors qu'il est au contraire très actif, qu'il est un véritable démiurge.*

– C'est vrai, mais j'ai l'impression pourtant que Bergman est quelqu'un qui écrit des scénarios sans se poser jamais de questions sur le sens de ce qu'il est en train d'écrire ; on a beaucoup parlé des « lieux communs » de *Persona* par exemple ; mais ce qui est important dans *Persona*, c'est justement qu'au-delà de tous ces lieux communs qui ont fait partir Bergman, il n'a pas empêché le passage de cette « autre chose », précisément peut-être parce qu'il ne remet pas en question ce qu'il a envie de tourner, qu'il le tourne comme ça. D'une certaine façon, il accepte d'être seulement un intermédiaire : les films de Bergman, c'est tout à fait autre chose que la vision du monde de Bergman, dont tout le monde se fiche. Ce qui parle dans les films de Bergman, ce n'est pas Bergman, c'est le film, et c'est ça qui est révolutionnaire, parce que c'est ça qui me paraît remettre en cause le plus profondément tout ce qui justifie le monde tel qu'il est et tel qu'il nous dégoûte.

– *Est-ce qu'on ne retombe pas là sur la notion d'« auteur » assez fort pour laisser parler le film ?*

– Pas forcément ; je crois qu'il y a beaucoup de méthodes. Le « génie » de Bergman est une méthode, mais l'absence de génie peut en être une, aussi efficace. Le fait d'être un collectif, par exemple...

– *Ne croyez-vous pas que c'est un mythe ?*

– Non, je ne crois pas. Je sais bien que Bulle et Jean-Pierre, avec un autre metteur en scène cela aurait donné autre chose, en dehors de toute question de talent ou quoi que ce soit ; ça n'a rien à voir, c'est un ensemble de réactions presque physiques, biologiques ; ça n'a plus rien à voir avec l'intelligence.

– *Pour Bergman, peut-être faut-il apporter un correctif : le fait qu'il travaille toujours avec sa famille, avec les mêmes*

307

gens, qu'il n'écrit pas des scénarios dans l'abstrait en se disant après coup : qui pourrais-je bien prendre ? Sophia Loren n'est pas libre, tiens, je vais prendre Liv Ullmann... C'est aussi le côté Renoir, qui n'écrivait des scénarios que pour des gens déterminés à l'avance. Ça n'est peut-être qu'à ce niveau-là que le collectif peut exister.

– De toute façon, Renoir c'est la personne qui a le mieux compris le cinéma, plus même que Rossellini, plus que Godard, plus que n'importe qui.

5 B
– *Et Rouch ?*

– Rouch est contenu dans Renoir. Je ne sais pas si Renoir a vu les films de Rouch, mais s'il les voyait, je suis sûr que, d'une part, il trouverait ça « épatant », et que d'autre part, ça ne l'épaterait pas du tout. Rouch, c'est le moteur de tout le cinéma français depuis dix ans, bien que peu de gens le sachent. D'une certaine façon, Rouch est plus important que Godard dans l'évolution du cinéma français. Godard va dans une direction qui ne vaut que pour lui, qui n'est pas exemplaire, à mon avis. Alors que tous les films de Rouch sont exemplaires, même ceux qu'il a loupés, même *Les Veuves de quinze ans*. Jean-Luc n'est pas exemplaire, il est provocant. Il provoque des réactions soit d'imitation, soit de contradiction ou de refus, mais il ne peut pas être pris en exemple, au pied de la lettre. Rouch ou Renoir, si.

– *Croyez-vous à la vertu d'éveil d'un cinéma qui prendrait pour thème des éléments directement politiques ?*

– De plus en plus, non. Je crois de plus en plus que le rôle du cinéma, c'est d'être complètement démythifiant, démobilisateur, pessimiste. C'est de sortir les gens de leur cocon et de les plonger dans l'horreur.

– On peut y arriver très bien en prenant pour thème la révolution.

– Oui, mais à condition que la révolution soit un thème comme un autre. Le seul film intéressant sur les événements, le seul vraiment fort que j'aie vu (je ne les ai évidemment pas tous vus), c'est celui sur la rentrée des usines Wonder, tourné par des élèves de l'IDHEC, parce que c'est un film terrifiant, qui fait mal. C'est le seul qui soit un film vraiment révolutionnaire. Peut-être parce que c'est un moment où la réalité se transfigure à un tel point qu'elle se met à condenser toute une situation politique en dix minutes d'intensité dramatique folle. C'est un film fascinant, mais on ne peut pas dire qu'il soit du tout mobilisateur, ou alors par le réflexe d'horreur et de refus qu'il provoque. Vraiment, je crois que le seul rôle du cinéma, c'est de déranger, de contredire les idées toutes faites, toutes les idées toutes faites, et plus encore les schémas mentaux qui préexistent à ces idées : faire que le cinéma ne soit plus confortable. J'aurais de plus en plus tendance à diviser les films en deux : ceux qui sont confortables et ceux qui ne le sont pas ; les premiers sont tous abjects, les autres plus ou moins positifs. Certains films que j'ai vus, sur Flins ou Saint-Nazaire, sont d'un confort désolant ; non seulement ils ne changent rien, mais ils rendent le public qui les voit content de lui ; c'est les meetings de *L'Humanité*.

– Il est évidemment difficile de croire aux films politiques qui montrent la « réalité » en croyant qu'elle va se dénoncer elle-même...

– Je crois que ce qui compte, ce n'est pas le fait que ce soit de la fiction ou de la non-fiction, c'est l'attitude que prend le type au moment même où il filme. Par exemple, la façon dont il accepte ou non le son direct. Et de toute façon, la fiction c'est du direct, parce qu'il y a tout de

309

même le moment où on filme. Et le direct, quatre-vingt-dix fois sur cent, comme les gens savent qu'ils sont filmés, on peut penser qu'ils se mettent à réagir en fonction, ça devient donc presque de la super-fiction. D'autant plus que le metteur en scène a ensuite toute liberté pour utiliser la matière filmée : serrer, garder les longueurs, choisir, ne pas choisir, son truqué ou pas. C'est ce moment-là qui est le vrai moment politique.

– *Vous pensez qu'il y a une position morale du cinéaste par rapport à ce qu'il filme ?*

– Il n'y a que ça, sans aucun doute. Par rapport d'une part aux personnes qu'il filme, et d'autre part par rapport au spectateur, par la façon dont il choisit de lui transmettre ce qu'il a filmé.

Mais tous les films sont politiques. Je soutiens en tout cas que *L'Amour fou* est un film profondément politique. Il l'est parce que l'attitude que nous avons eue tous pendant le tournage, et ensuite au montage, correspond à des choix moraux, des idées sur les rapports humains, donc à des options politiques.

– *Qui sont transmises au spectateur ?*

– Je l'espère. La volonté de faire qu'une scène dure d'une telle façon et pas d'une autre, je trouve que c'est un choix politique.

– *C'est donc une notion très générale de la politique...*

– Mais la politique, c'est ce qu'il y a de plus général. C'est ce qui correspond à l'attitude la plus large qu'on puisse avoir vis-à-vis de l'existence. *La Marseillaise* est un film directement politique, mais pas tellement différent d'un film comme *Toni*, qui, lui, est indirectement politique, et même de *Boudu*, qui semble ne pas l'être du tout. Or, *Boudu*, c'est un film complètement politique : c'est un grand film de gauche. Presque tous les films de Renoir sont plus ou moins directement politiques. Même ceux qui le sont le moins explicitement, comme *Madame Bovary* et *Le Docteur Cordelier*. Je crois que ce qu'il y a de plus important *politiquement*, c'est l'attitude que le cinéaste prend par rapport à tous les critères esthétiques, enfin, soi-disant esthétiques, qui régissent l'art en général, l'expression cinématographique entre triples guillemets en particulier. On peut raffiner après à l'intérieur des choix qu'on fait, mais c'est d'abord ça qui compte. Et ce qui comptait avant tout pour nous, dans ce sens, pour Jean-Pierre et pour moi, lui pour *Andromaque*, moi pour le film, c'était le refus de l'idée du spectacle, et au contraire l'idée d'épreuve, sinon imposée, du moins proposée au spectateur – qui n'est plus le spectateur confortable, mais quelqu'un qui participe à un *travail* en commun, un travail long, difficile et responsable comme celui d'un accouchement. Mais c'est un travail qui est perpétuellement à refaire, ce travail de négation du spectacle. Il y a une récupération perpétuelle qui est faite, ou risque d'être faite, du stade précédent, qui est tout de suite repris sous un angle esthétique, ou sous un angle de contemplation : le recul prudent des gens qui ne se laisseront pas attraper deux fois, qui est l'attitude de base de tout public occidental.

5 C

– Et c'est justement la peur d'être toujours récupéré qui fait qu'il n'y a pas de limite à ce désir de casser le spectacle. Les films comme ceux de Bergman, comme ceux de Godard, ne sont en fait que superficiellement récupérés par cette sorte de parisianisme qui permet d'intégrer les films en disant : « Ah oui, quand même, le thème de l'absence de Dieu », et des conneries de ce genre. Cette récupération superficielle oblige pourtant le metteur en scène à aller plus loin dans le film suivant, pour essayer une fois pour toutes de montrer qu'il ne s'agit pas de l'absence de Dieu ou de n'importe quoi, mais d'être brusquement confronté avec tout ce qu'on refuse, de gré ou de force.

– *Que pensez-vous, à ce propos, des films de Garrel ?*

– A mon avis, ils correspondent exactement à ce qu'on attend aujourd'hui du cinéma. C'est-à-dire que les films soient sinon une épreuve, du moins une expérience, quelque chose qui fait que le spectateur est transformé par le film, qu'il a subi quelque chose par le film, qu'il n'est plus le même après avoir vu le film. De même que les gens qui ont fait le film ont vraiment investi des choses personnelles gênantes, que le spectateur soit dérangé par la vision du film, que le film le fasse sortir des rails de ses habitudes de pensée : qu'il ne puisse être vu impunément.

– *Mais justement, les gens intelligents qui n'aiment pas Garrel lui reprochent d'avoir une conception de l'art comme un « grand cri » et de faire un cinéma qui n'est pas si loin de celui de Hitchcock, un cinéma de la fascination, un cinéma hypnotique, et qui apparaît finalement très ancien.*

– Je me suis beaucoup demandé si l'on pouvait faire un cinéma « distancié », et finalement, je n'y crois pas. Le cinéma est forcément fascination et viol, c'est ainsi qu'il agit sur les gens, c'est quelque chose d'assez trouble, quelque chose qu'on voit dans le noir, où l'on projette la même chose que dans les rêves : c'est là le lieu commun qui est vrai.

– *Et Straub ?*

– C'est une autre sorte d'envoûtement, qui n'est pas contredit par la tension intellectuelle qu'il exige, mais lié à celle-ci au contraire – très proche d'ailleurs du travail énorme qu'on fait parfois dans le rêve pour le suivre. Mais l'onirisme, ce n'est pas forcément l'envoûtement, ça peut être beaucoup de dimensions.

– *Ce qui est sûr, c'est qu'on bat en brèche toute une conception du cinéma basée sur la communication, sur la facilité de la communication.*

– Et qui est du théâtre ; c'est admirable, mais incompatible avec ce que devient le cinéma, je crois ; littéralement, en tout cas.

– *Il y a pourtant dans le cinéma américain foison d'exemples – Lubitsch, le Chaplin de* Verdoux *– fondés sur le fait qu'on pouvait dire des choses aux gens en ayant l'air de leur dire autre chose.*

– C'est peut-être tout ça qui, pour le moment, semble interdit, non pas parce que c'était néfaste et mauvais en soi, mais parce que ça a été récupéré, c'est devenu docile.

– *Disons carrément : « parce que c'était inefficace ».*

– Ça a vraiment été récupéré, comme Racine est récupéré par la Comédie Française. Et on peut essayer de le reprendre, mais en changeant d'abord la règle du jeu.

– *Est-ce que vous êtes assailli par les références quand vous tournez ?*

– Non, vraiment pas ; pas clairement en tout cas. J'essaie de suivre la logique de ce qui se passe, c'est tout.

– *Pourquoi ce titre,* L'Amour fou *?*

– C'est un pur jeu de mots ; c'est sur le principe des sens multiples du mot « fou ». C'est évidemment en hommage à Breton et à tout ce qu'il représente. C'est un beau titre.

– *Et maintenant, qu'est-ce que vous faites ?*

– J'aimerais bien pouvoir terminer le montage du film en 16 sur les répétitions : pour avoir un autre film en marge du film. Ce qui peut être amusant, à ce moment, c'est de voir le film, puis de voir le film en 16, et puis de

313

revoir le film après : je crois qu'on a une autre idée de tout ce qui se passe sur *Andromaque*, et peut-être aussi du reste. C'est aussi la seule justification du principe d'une « version courte » : proposer au spectateur un autre angle de vision sur la même « réalité » de départ, et voir ce qui se passe, ce que ça modifie, comment les perspectives bougent...

(Propos recueillis au magnétophone le 27 juillet 1968 par Jacques Aumont, Jean-Louis Comolli, Jean Narboni et Sylvie Pierre.)

Cahiers du cinéma, n°204, septembre 1968.

1. Œuvre consternante pour zarb et ensemble instrumental écrite par Jean-Claude Eloy à partir des éléments musicaux de *La Religieuse*, comportant des structures fixes, des séquences permutables et de véritables cadences du soliste.

314

Table des matières